ВЛАДИМИР МЫСИН

ВОЙНА МИРОВ

ТРОЯНСКИЙ КОНЬ

ПОБЕЖДАЮЩАЯ МОЛИТВА

ИСКРЫ ТЕОЛОГИИ

БОГ – ЭТО СВЕТ, КОТОРЫЙ ДЕЛАЕТ СЧАСТЛИВЫМ!

«На подвиг души Своей Он будет смотреть с довольством; чрез познание Его Он, Праведник, Раб Мой, оправдает многих и грехи их на Себе понесет. Посему Я дам Ему часть между великими, и с сильными будет делить добычу, за то, что предал душу Свою на смерть, и к злодеям причтен был, тогда как Он понес на себе грех многих и за преступников сделался ходатаем» Ис.53:11-12.

СКВОЗЬ ТУСКЛОЕ СТЕКЛО

Книга Владимира Мысина

«И разумные будут сиять, как светила на тверди, и обратившие многих к правде – как звезды, вовеки, навсегда» Дан.12:3.

«И как безмерно величие могущества Его (Бога) в нас, верующих по действию державной силы Его, Которую Он воздействовал во Христе, воскресив Его из мертвых и посадив одесную Себя на небесах, превыше всякого начальства и власти, и силы и господства, и всякого имени, именуемого не только в сем веке, но и в будущем, и все покорил под ноги Его, и поставил Его выше всего, главою Церкви, Которая есть тело Его, полнота Наполняющего все во всем» Еф.1:19-23.

ПОСВЯЩЕНИЕ

Эту книгу я посвящаю памяти моих дорогих родителей: – Сергею Александровичу и Лидии Григорьевне Мысиным. Они уже в вечности и видят небеса не как «сквозь тусклое стекло», а навсегда обрели покой у ног нашего Господа и Спасителя.

Пройдя через невероятные трудности жизни, оказывая нам любовь и заботу, они вырастили девять детей и Господь подарил им в награду 27 внучат и 27 правнучат, дал им увидеть сыновей у сыновей своих до 4 рода.

Спасибо Вам наши дорогие папа и мама за Ваши добрые наставления и молитвы о нас. До скорой встречи в Царстве Любви и Правды на Небесах.

«Наше же жительство – на небесах, откуда мы ожидаем и Спасителя, Господа нашего Иисуса Христа, Который уничиженное тело наше преобразит так, что оно будет сообразно славному телу Его, силою, которую Он действует и покоряет Себе все» Фил.3:20-21. 1Кор.15:50-54.

«Блаженны чистые сердцем, ибо они Бога узрят»

СКВОЗЬ ТУСКЛОЕ СТЕКЛО

«Посему, как <u>преступлением одного</u> **всем человекам** осуждение, так <u>правдою одного</u> **всем человекам** <u>оправдание к жизни</u>. Ибо, если преступлением одного смерть царствовала посредством одного, то тем более приемлющее обилие благодати и дар праведности будут царствовать в жизни посредством единого Иисуса Христа» Рим.5:17-18.

TRIBNET PUBLICATION

SACRAMENTO, CALIFORNIA

PRINTED IN THE UNITED STATES OF AMERICA
WWW.TRIBNET.ORG

COPYRIGHT VLADIMIR MYSIN, 2021

ISBN – 978-1-7375865-6-2

ALL IMAGES FROM WIKIPEDIA COMMONS, PUBLIC DOMAIN.

ВСЕ ТЕКСТЫ ПИСАНИЯ ВЗЯТЫ ИЗ «СИНОДАЛЬНОГО ПЕРЕВОДА БИБЛИИ».

БЛАГОДАРНОСТЬ

От всего сердца я выражаю благодарность руководству Миссии «Слово к России», за предоставленную возможность закончить работу над этой книгой.

С особой признательность и благодарностью, я всегда вспоминаю Компанию "S.M. Financial" и ее бессменного руководителя Сергея Мысина, за поддержку служения нашей Миссии и за финансовое участие в издании этой книги.

Выражаю икреннюю благодарность нашим детям Николаю, Сергею, Валерию, Роману и Виктории, за их постоянную поддержку служения Миссии «Слово к России». Да воздаст вам Господь сторицей за вашу заботу о деле Божием.

Выражаю глубокую благодарность моей жене Любочке Мысиной. Она по силам и сверх сил, собирала вещевые посылки поддерживая служения в наших филиалах в Украине и России.

Особая благодарность моему брату Саше Мысину и его супруге Надежде. В тот трудный «ковидный 2020 год», они внесли в служение Миссии сумму, которая помогла нам остаться в служении. Да воздаст вам Господь по богатству Своей благодати.

От всей души благодарю Анатолия и Лизу Перегудиных, за их помощь в дизайне и в профессиональной подготовке текста для издания этой книги.

Огромная благодарнось нашему давнему Американскому другу Douglas Kriger за его советы и помощь в издании. Он любезно дал возможность издать эту книгу через его Издательство "TRIBNET PUBLICATION".

Сердечная благодарность всем нашим друзьям и соработникам Миссии, кто продолжает поддерживать служение Миссии. Благодаря вашему усердию, в следующем 2022 году, Миссия «Слово к России» будет отмечать свой «Золотой Юбилей» – 50 лет служения Господу!

Итак не оставляйте упования вашего, которому предстоит великое воздаяние» Евр.10:34-35.

Владимир Мысин

СКВОЗЬ ТУСКЛОЕ СТЕКЛО

СОДЕРЖАНИЕ

БОГ – ЭТО СВЕТ, КОТОРЫЙ ДЕЛАЕТ СЧАСТЛИВЫМ! II
СКВОЗЬ ТУСКЛОЕ СТЕКЛО III
ПОСВЯЩЕНИЕ IV
СКВОЗЬ ТУСКЛОЕ СТЕКЛО V
БЛАГОДАРНОСТЬ VI
ПРЕДИСЛОВИЕ 4
СКВОЗЬ ТУСКЛОЕ СТЕКЛО 15

Тайна Церкви *25*

Тайна Усыновления *37*

Тайна Наследства *38*

Тайна Сокровища *40*

Тайна Спасения *43*

Путь Церкви *58*

Полнота Церкви *64*

Страшные Близнецы *66*

Благоговение *73*

Тайна Ангелов *74*

Царство Небесное 90

ВОЙНА МИРОВ 115

ПОБЕЖДАЮЩАЯ МОЛИТВА 137

ТРОЯНСКИЙ КОНЬ 151

Предисловие 151

Глава Первая. Зеленый Коридор 155

Глава Вторая. Свидетельства Древних Философов 174

Глава Третья. Пение Как Единство Церкви 179

Глава Четвертая. Троянский Конь 200

Заключение 214

ИСКРЫ ТЕОЛОГИИ 217

Правильное Время 217

Молитвы Праведников 219

Вера и Неизбежность 221

Укрепляйте Фундамент Веры 223

Забывайте Прошлое 225

Знамения Времени 226

Мировые Часы 229

Мера Беззакония 231

Символ Изменения 232

Суть Библии 236

Вера или Дела *237*

Христос Воскрес! *239*

Уникальный Христос *242*

С Днем Отца *244*

С Днем Матери *245*

Вечная Любовь *247*

С Рождеством Христовым *248*

Радость Рождества *250*

Долина Смертной Тени *252*

Умножающиеся Плоды *254*

Помните Господа *256*

Кто Мой Ближний? *258*

Не Оставляйте Упования *260*

Христу Надо Служить *262*

Дорожите Временем *264*

Как Смотрит Бог *265*

Лазарь *266*

Сердце Господа *268*

Поздравляем с Днем Матери *270*

Уготованное На Небесах *271*

Христос Воскрес! *273*

Поздравляем с Днем Отца *274*

Ступени к Славе 276

Не Препятствуйте Господу 278

Страшные Близнецы 280

Чудо Евангелия 282

Желтый Сигнал 284

Формула Счастливой Жизни 286

Помыслите о Претерпевшем 289

Сохрани Нас от Зла 291

Вера Еноха 293

Служители Радости 295

Настоящий Христианин 296

Сила Господа 298

Живо и Действенно 299

Приобретайте Сердце Мудрое 301

Каждому Дню – Свои Заботы 303

Благословенные Филиппийцы 305

Не Забывайте Господа 307

Верующие Теряют или Приобретают? .. 309

Благодеющая Рука Бога 311

Две Встречи 313

Четыре Друга 314

Как Стать Великим? 316

Благословенная Пасха *318*

Верность в Малом *319*

Жатва Христианина *321*

Звездное Небо *325*

Псалмы Царей Вавилонских *328*

Путь к Истинному Счастью *333*

Сумрачная Полоса Жизни *334*

Цикличность Мира *337*

Сети Смерти *339*

Рабы Обстоятельств *342*

Лекарства, Подаренные Иисусом *344*

Не Умолкайте *345*

День Господень *347*

Идите и Проповедуйте *348*

БИОГРАФИЯ 351

ПОСЛЕСЛОВИЕ 353

Я ДОКАЗАЛ СУЩЕСТВОВАНИЕ БОГА 359

ЭКОЛОГИЯ ЖИЗНИ 360

ПРЕДИСЛОВИЕ

Прихожане церквей замечают, есть у проповедников, так называемые, неудобные темы. Проповедей, на эти темы, они стараются избегать; также и в личных беседах, многие христиане показывают, или незнание этих тем, или простое игнорирование.

Мое желание, не обижая никого, собрать здесь основные противоречивые вопросы, на которые встречаются разные точки зрения. Я не взял эту информацию из воздуха. Это реальные вопросы, на которые, в разное время, разные люди, спрашивали и мое мнение. Я уверен, со многими из них сталкивались и мои читатели.

При всем этом, мы должны учитывать, что события описанные в Новом Завете – это события двухтысячелетней давности. Это был совсем другой мир и примерять на него рубашку 21-го века, надо с большой осторожностью и, тем более, к событиям из Ветхого Завета. Как жили эти люди? В каких условиях? Какие были у них приоритеты?

Только основы бытия, сохранились до наших дней со времен Ноя: ели, пили, женились, выходили замуж; есть богатые, есть нищие, а вот условия, в которых живут сегодня люди, законы, понятия, религия, отношения и во многих других вещах, произошли достаточно большие изменения.

В этой статье, я хочу уделить больше внимания небесной тематике и будущей жизни с Господом; побудить каждого лично исследовать подобные вопросы, о которых мы так мало слышим с церковных кафедр или слышим одностороннюю трактовку, без учета мест Писания, дающие основание и для иной точки зрения.

Кроме этого, до обидного мало, раскрывается величие и грандиозная роль Церкви Христа в событиях грядущего невидимого мира. О том, какая это привилегия быть членом Церкви.

Также, очень скупо мы слышим в проповедях, в чем был глубинный смысл подвига Христа, каким образом Он победил и разрушил Смерть. Что это значит, лишить силы дьявола и разрушить его Державу Смерти?

Многое, из здесь написанного, не влияет на наше личное спасение. Поэтому, принимайте это как информацию для расширения вашего личного кругозора, чтобы быть осведомленными о разных мнениях, с которыми вы можете повстречаться в ваших беседах.

Да благословит Вас Бог.

Владимир Мысин

СКВОЗЬ ТУСКЛОЕ СТЕКЛО

«Слава Божия – облекать тайною дело» Пр.25:2.

Как в прошедших веках, так и в наше время, жизнь человеческая окружена тайнами. Тайны влекут к себе человеческие помыслы, возбуждают желания и мало найдется в этом мире, что могло бы сравниться со страстной силой влечения человека, желающего проникнуть в какую-либо тайну. Много тайных дел делается под этим солнцем. Много тайного, непознанного, неизвестного окружает нас в материальном мире. Во все времена на земле ценились люди умеющие хранить тайны.

Несмотря на стремительное развитие науки, тайн и загадок на земле не убавляется, а скорее наоборот, – становится еще больше. Чем глубже проникает наука в тайны мирозданья, тем больше возникает вопросов. Такие привычные нам явления, как время, свет, материя и другие части нашего бытия и по сей день таят много неразгаданных загадок. Например на вопрос, который несколько тысяч лет назад Бог задал Иову: – Знаешь ли ты, по какому пути разливается свет? – наука до сих пор не имеет ответа. (Иов.38:24)

О тайнах земли и неба можно говорить до бесконечности: человек, океан, горы, животные, птицы, растения продолжают радовать, удивлять и преподносить немало сюрпризов.

Трезво и беспристрастно сопоставляя условия нашей жизни и перспективы человечества, мы обязательно придем к выводу, жизнь человека на земле, это весьма хрупкое явление. Время, болезни, природные катаклизмы, несчастные случаи и многое другое, способны оборвать тонкую ниточку человеческой жизни в любую минуту.

С одной стороны, практически, все живое на земле ходит, летает, ползает, плавает, по вершине большого вулкана, ибо недра земли, это кипящая огнедышащая масса и один Бог знает, где, когда и при каких условиях будет ее следующее извержение. Не случайно Священное Писание говорит, что в конце концов земля и все дела на ней сгорят. (2 Петр.3:10)

С другой стороны, нашу землю окружает бездна ледяного космоса наполненного абсолютным холодом, смертоносной радиацией, блуждающими кометами и астероидами, способные уничтожить здесь все живое и саму землю. Нас отделяет от космоса тоненькая прослойка атмосферы, благодаря которой, на земле продолжается жизнь.

С космической точки зрения, землю можно сравнить с большим апельсином. Оранжевая мякоть апельсина подобна раскаленной магме наполняющей недра земли; кожуру апельсина можно сравнить с затвердевшей землею, а все что находится на поверхности земли, это как тоненький слой плесени на кожуре апельсина. За пределами атмосферы, мгновенная смерть ожидает все живое.

О тайнах и загадках природы написано много книг и я не имею намерения повторять эти нескончаемые исследования, но хочу обратить внимание на самую волнующую и загадочную: тайну неба и загробной жизни. На протяжении тысячелетий множество споров, теорий, полемики, возникало вокруг вопроса, существует ли загробная жизнь?

Какая она? А там лучше или хуже? Множество философских систем строились и рушились, одна заменяла другую в поисках истины. Практически все религии мира содержат учения о загробной жизни.

Во многих религиях можно найти какие-то положительные качества, не будем осуждать их, но что критически важно: Все религии, – это стремление человека найти Бога, это поиски направленные снизу вверх, от земли к небу и только христианство, – ответ свыше на поиски человека. Христос – это рука протянутая с неба на землю.

Только Христос, сошедший с неба, дает нам откровение жизни вечной. Одно из имен, которым Христос Себя называл, содержит в себе ключевое определение: «Я есть дверь». Дверь - это легальный вход в какое-либо строение. Поэтому, именно Христос, обозначен в Священном Писании, как вход в Царство Небесное. «Я есмь путь и истина и жизнь: никто не приходит к Отцу, как только чрез Меня...» Иоан.14:6.

Таким образом, для верующих в откровения Писания не существует вопроса: есть ли жизнь за гробом или нет? Священная Библия дает однозначный ответ: – загробная жизнь, это не просто жизнь, а жизнь вечная, по сравнению с которой, наша земная жизнь похожа на маленькую прихожую перед входом в роскошный королевский дворец.

Писание достаточно много говорит нам о будущей вечной жизни в Царстве Небесном. Об этом были проповеди Христа и Иоанна Крестителя. «...покайтесь, ибо приблизилось Царство Небесное». Матф.3:2. Матф.4:17. Матф.4:23. Мар.1:15. Лук.4:43. Об этом были проповеди Апостолов. Д.А.20:25. 2Кор.5:1-2. Об этом были чаяния и мечты христиан всех поколений.

Какая она жизнь будущего века? О ней мы знаем пока очень немного и рассматриваем ее, по словам Апостола Павла, как сквозь тусклое стекло.

Представьте себе, что вы живете в стране, в которой все жители ведут честный образ жизни, ни в ком нет ни малейшей неправды не только в словах, но и в мыслях.

Представьте себе место, где нет болезней и страданий, нет госпиталей и автомобилей Скорой Помощи, нет депрессий, нет солдат, полиции и пожарных команд, нет судей и адвокатов, нет тюрем и лагерей с колючей проволокой, нет зла и насилия, нет страховых компаний, банков и валютных рынков, где нет финансовых и экономических кризисов, нет налогов, долгов и кредитных карточек, нет коррупции и воровства, нет потерянных детей и реабилитационных центров, нет торнадо и ураганов, землетрясений, наводнений и извержений вулканов, нет засухи и голода, горя и слез, нет греха, обиды и несправедливости, нет смерти и кладбищ и многое многое другое, что делает нашу жизнь на этой земле такой трудной, часто несправедливой, приносит огорчения, слезы и страдания. Этого мы не встретим на Новой Земле. Там будет Царство нескончаемой Радости.

Я перечислил здесь маленькую часть, что ожидает

всех спасенных в будущей жизни. Но самое главное, нас там ожидает встреча с нашим Господом и Спасителем Иисусом Христом и с Отцом Небесным. Во все века Церковь Христа жила ожиданием этого славного дня. Но в состоянии ожидания пребывает не только Церковь: Мы читаем также, что вся тварь населяющая землю ожидает избавления сынов человеческих. (Рим.8:19-22) Писание говорит, что в состоянии ожидания находятся и небожители. На Тайной Вечере Христос сказал ученикам примечательную фразу: «Сказываю же вам, что отныне не буду пить от плода сего виноградного, до того дня, когда буду пить с вами новое вино в Царстве Отца Моего» Матф.25:29.

Нас порою упрекают в том, что мы отказываемся принимать спиртные напитки говоря: даже Христос, будучи на земле, пил вино. Нет смысла с этим спорить. Евангелист Лука пишет:

«Ибо пришел Иоанн Креститель, ни хлеба не ест, ни вина не пьет; и говорите: «в нем бес». Пришел Сын Человеческий, ест и пьет; и говорите: «вот человек, который любит есть и пить вино, друг мытарям и грешникам» Лук.7:33-34. (Подобное мы читаем и в Матф.11:18-19.) Здесь я хочу привести две основные причины, почему многие верующие отказываются от спиртного.

Господь оставил Церкви большие права: «И Я говорю тебе: ты – Петр (камень), и на сем камне Я создам Церковь Мою, и врата ада не одолеют ее, и дам тебе ключи Царства Небесного: и что ты свяжешь на земле, то будет связано на небесах, и что разрешишь на земле, то будет разрешено на небесах» Матф.18:17-18.

Поскольку наше братство решило воздерживаться от употребления спиртного, мы связали это на земле и это связано на небесах. Это первая причина. Есть христианские деноминации, которые не придерживаются этого принципа; мы не осуждаем их. Это дело совести любого верующего. Можно много говорить о вреде и пользе вина; есть много положительных и отрицательных примеров и с той и с другой стороны, не стоит продолжать этот бесконечный спор.

По второй причине братья рассудили так: Господь сказал ученикам на Вечере, (Матф.25:29) что Он не будет пить вина, до тех пор, пока Он не встретится с ними в Царстве Небесном. Вино есть символ радости и веселья. Этими словами Христос дал понять: Он так любит Своих учеников, они так Ему дороги, что даже на небе, для Него, не будет полноценной радости до тех пор, пока Он не встретится с ними на небесах.

Мы, как ученики Его, помня, что Господь ради нас отказался пить вино в небе, также отказываемся пить вино на земле, пока не придем в Царство Небесное и будем пить там с Господом новое вино. Все очень просто. Если эта истина лично вас устраивает, мой дорогой читатель, вы можете присоединиться к миллионам трезвенников – христиан, если нет, – это дело вашей совести.

Враг душ человеческих наполнил землю учениями отвергающие сотворение мира, существование Бога и вечной жизни будущего века. К сожалению, эта идея многим людям приходится по душе и причина этому очень проста: люди более возлюбили Грех, более возлюбили тьму, нежели свет. (Иоан.3:19)

Но хотим мы этого или нет, признаем мы загробную жизнь или нет, верим ли мы в существование Бога или нет, Писание весьма категорично говорит нам две фундаментальные истины:«Всем людям положено однажды умереть, а потом суд». (Евр.9:27)

Исполнение первой части, установления Божьего, мы видим постоянно. Люди умирают. Как ни стараются врачи и ученые, но найти рецепт бессмертия не удается никому. Каждый день на земле умирает более 150 тысяч человек. Рано или поздно, эта участь постигнет каждого человека. Это определение Божие, о котором говорит Священная Библия; спорить с этим бесполезно. Зайдите на ближайшее кладбище, в любом городе, в любом поселке и вы убедитесь в этом. Вы не найдете на всей земле места, жители которого сказали бы вам: а нам не нужны кладбища. У нас никто не умирает. Поэтому, хотим мы этого или нет, верим мы в это или нет: смерть царствует на земле. Это железный факт.

К сожалению, находится много людей, которые упорно не хотят верить во вторую часть этого определения: «а потом суд». Таким «мудрецам» я советую подумать: если так категорично и повсеместно исполняется первое определение, то как же не исполнится второе? Также как и первое, оно дано нам Богом. Этот факт, ставит перед каждым человеком два критических вопроса:

Если я прожил жизнь без Бога, – где и как будет проходить моя загробная жизнь? И если я прожил земную жизнь с Богом, – что ожидает меня в этом случае?

Исследуя Священное Писание мы находим, что Бог оставил там немало информации о жизни будущего века сопоставляя которую, мы будем в состоянии открыть много волнующих деталей грядущего Царства Небесного.

В первых трех главах Послания к Ефесянам, Дух Святой, через Апостола Павла, приоткрывает вековую завесу тайны происходящего на небесах, сокрытых от нашего взора стеной материальности. Многие места Писания, о которых мы будем рассуждать далее, свидетельствуют, что на небесах нет анархии и беспорядка, но течет хорошо организованная жизнь, с начальствами, властями, силами.

Из этого вытекают следующие вопросы: Что это за начальства и власти на небесах? Как много там начальников и властей? Как много там тех, кто находятся под этой властью? В 53 главе Книги пророка Исаии, мы читаем, что Христос получит часть между великими и сильными.

«На подвиг души Своей Он будет смотреть с довольством; чрез познание Его Он, Праведник, Раб Мой, оправдает многих и грехи их на Себе понесет. Посему Я дам Ему часть между великими, и с сильными будет делить добычу, за то, что предал душу Свою на смерть, и к злодеям причтен был, тогда как Он понес на себе грех многих и за преступников сделался ходатаем» Ис.53:11-12.

Известно, Христос ничего общего не имел с сильными и великими на земле. Значит, через пророка Исайю, Бог говорит о властях и силах невидимого небесного мира. Кто они, эти великие и сильные невидимого мира?

Апостол Петр пишет, после воскресения Христос восшел на небо, пребывает одесную Бога и Ему покорились Ангелы, власти и силы. (1 Петр.3:22) Что это за Ангелы, власти и силы, которые покорились Христу после Его воскресения? Почему они раньше не покорялись Ему?

Слово Божие говорит, видимый мир произошел из невидимого мира. По исполнению полноты времени, видимый мир будет уничтожен огнем, а человечество уйдет в мир невидимый, в котором Бог создаст новое небо и новую землю. «Верою познаем, что веки устроены словом Божиим, так – что из невидимого произошло видимое» Евр.11:3. Таким было начало видимого мира.

В Послании к Коринфянам мы читаем: «Ибо видимое временно, а невидимое вечно» 2Кор.4:18. Таким образом, Писание открывает нам рамки мироздания нашего мира: – Мы пришли из невидимого и опять идем в невидимое.

Это ставит человека перед фактом загробной жизни и открывает наше нынешнее место во Вселенной: Позади нас вечное невидимое прошлое, откуда пришел наш мир; в середине – видимый сегодняшний день, а впереди ожидает нас вечное невидимое будущее, к которому наш мир летит на крыльях времени.

Следовательно, тот невидимый мир, из которого произошел наш видимый, более совершенный и надежный, по сравнению с нашим видимым миром. Постоянное и стабильное превосходнее временного и проходящего. Христос однажды прямо сказал Иудеям, указывая им реальный контраст местонахождения этих миров: «Вы от нижних, Я от вышних; вы от мира сего, Я не от сего мира» Иоан.8:23.

Я хочу сказать, мой дорогой читатель, в этой книге вы найдете больше вопросов чем ответов, ибо тайна жизни будущего века, это огромная, интересная и волнующая тайна. Я не претендую здесь на абсолютное объяснение всех вопросов связанных с жизнью будущего века и, думаю, такого человека мы не найдем. Но если прочитав эту книгу, у вас появится желание, самостоятельно исследовать этот вопрос, молиться о своих личных откровениях, говорить об этом со всеми ближними и дальними, поможет вам увидеть красоту и величие Царства Небесного, это уже очень хорошо.

Поэтому, начиная наше исследование, у меня есть практическое пожелание: Прочитайте еще раз Новый Завет с единственной целью: записывайте в отдельную тетрадь все места Писания, все параллели, говорящие о вечности, о Царстве Небесном, о воскресении, о жизни будущего века и вы будете приятно удивлены, как много интересного вы найдете в Писании на эту тему.

В результате вашего исследования, вы сами станете богословом в этой области. Вам будет о чем говорить с детьми и родственниками на семейных вечерах и юбилеях, при встрече с друзьями и соседями; у вас появятся замечательные темы для проповедей в церкви и т.п.

Не ждите, когда в вашу церковь приедет знаменитый проповедник и скажет проповедь о красоте и великолепии Царства Небесного, а ваши дети и родственники услышат эту проповедь.

«Вы дайте им есть...» – сказал Христос ученикам и эти слова относятся к каждому христианину. Мы должны рассказать людям о Царстве Небесном! В наше тревожное время экономических потрясений и финансовых кризисов, когда многие люди пребывают в состоянии уныния и депрессии, мы должны указать им на свет надежды Царства Небесного. Это наполнит их жизнь новым смыслом. Сразу после крещения и искушения в пустыне, Христос вышел на служение с проповедью о Царстве Небесном. «С того времени Иисус начал проповедовать и говорить: покайтесь, ибо приблизилось Царство Небесное» Матф.4:17.

«И ходил Иисус по всей Галилее, уча в синагогах их и проповедуя Евангелие Царствия...» Матф.4:23.

«Но Он сказал им: и другим городам благовествовать я должен Царствие Божие, ибо на то Я послан» Лук.4:43.

В чем был успех проповеди Апостола Павла? Интересно, с какой темы он начинал свои проповеди? Также, как и Иисус Христос, Павел говорил людям о Царстве Небесном. «В надежде на уготованное вам на небесах, о чем вы прежде слышали в истинном слове благовествования» Кол.1:5. Посмотрите, в самом начале своего Послания Павел напоминает им о чем была его проповедь, когда он первый раз пришел в Колоссы. Его проповедь была о «надежде на уготованное на небесах». Именно эта тема нашла отклик в сердцах окружающих и в Колоссах образовалась церковь.

В этом Послании, Павел особенно подчеркивает надежду на Сына. «Он есть прежде всего, и все Им стоит. И Он есть глава тела Церкви; Он – начаток, первенец из мертвых, дабы иметь Ему во всем первенство» Кол.1:17-18. Линия этой надежды начинается еще с Ветхого Завета. Давид пророчески пишет: «Почтите Сына, чтобы Он не прогневался, и чтобы вам не погибнуть в пути вашем...» Пс.2:12.

Последний раз идя в Иерусалим, Павел сделал остановку в Милите и призвав пресвитеров церкви из Ефеса засвидетельствовал им. «И ныне, вот, я знаю, что уже не увидите лица моего все вы, между которыми ходил я, проповедуя Царствие Божие» Д.А.20:25. Из многих мест Писания мы видим, что проповедь о Царстве Небесном была стержнем проповедей нашего Господа и Апостолов. Этот факт должен помочь нам расставлять приоритеты своих проповедей с акцентом на уготованное нам на небесах.

Тайна Церкви

Говоря о жизни Будущего Века, следует обратить особое внимание на величайшую тайну Вселенной, тайну Церкви. В Писании мы находим много терминов о местах обитания в будущей жизни. Царство Небесное, Царство Христа, Царство Божие, Новый Иерусалим, Рай, Лоно Авраамово, Вечные Обители, Дом Отца, Третье Небо, Новое Небо, Новая Земля и т.д.

В том мире, также, есть ад, геена, преисподние места, тьма внешняя, озеро огненное, держава смерти, узы вечного мрака.

Бог, через откровения, приоткрывает людям эту завесу, но полную картину жительства на небесах, мы познаем когда перешагнем порог вечности. Подобно как эскимосу, родившемуся и выросшему в заполярных льдах, можно долго подробно и талантливо объяснять как выглядит апельсин, какой он формы, какого цвета, какой имеет вкус, как мелкие брызги летят от его шершавой оранжевой кожуры когда мы очищаем его, как течет между пальцев прохладный ароматный сок, когда мы разламываем на дольки его мякоть, но пока эскимос сам не возьмет в руки и не попробует апельсин, он никогда не сможет понять и представить его себе в полной мере.

Так и небо. Сколько бы нам не рассказывали, мы не сможем представить его себе во всей полноте, находясь в оковах материальной плоти. Но стремиться к этому надо. «О горнем помышляйте...», призывает нас Писание. (Кол.3:2)

В Лос Анджелесе есть одно уникальное место известное далеко за пределами Америки. (Glendale Forest Lawn Memorial Park) Это огромный мемориальный центр, один из самых больших в мире. Но знаменит он не только своим масштабом, красотой и количеством захоронений известных покойников: на территории этого мемориала хранится самая большая картина в мире, на которой запечатлена сцена распятия Иисуса Христа и находится шикарный Исторический Музей. Специально для этой картины, на вершине холма, было построено помещение в виде большого храмового здания с великолепной акустикой и роскошным зрительным залом.

Уникальна не только сама картина, но и как ее представляют. Когда посетители заходят в зал и устраиваются в удобных темно-красных бархатных креслах расположенных большим, вытянутым вдоль сцены, полукругом, они не могут видеть картины. Она закрыта плотными тяжелыми занавесами.

Затем в зале гаснет свет. В полной темноте раздвигается занавес и диктор рассказывает краткую историю картины, описывая фрагменты и эпизоды этого произведения.

В тот момент, когда он рассказывает о каком-то событии, на противоположной стене загорается луч тонкого прожектора, освещающий на картине именно этот эпизод, оставляя картину в полной темноте. Так фрагмент за фрагментом, эпизод за эпизодом, перед глазами зрителей проходит грандиозный замысел художника. В финале, загорается свет и, во всем своем великолепии, картина предстает перед взором изумленных зрителей. Трудно передать словами глубину впечатления, которое потрясает в этот момент сердца присутствующих.

Нечто подобное происходит и с грядущим Царством Небесным. В Писании мы находим много информации о жизни будущего века, которая, подобно тонким лучикам прожектора, открывает нам, что ожидает любящих Господа. Но только сбросив оковы материальности и перешагнув порог вечности, мы узрим Царство Небесное во всем его великолепии. Как пишет об этом Апостол Павел: «Не видел того глаз, не слышало ухо, и не приходило то на сердце человеку, что приготовил Бог любящим Его» 1Кор.2:9.

Книга Притчей: «Слава Божия – облекать тайною дело» Пр.25:2. Библия открывает нам, что намерение создать Церковь Бог имел прежде сотворения мира и держал его в тайне, до прихода в мир Мессии. (Еф.3:8-12) В Ветхом Завете, через пророков, Бог открывал людям только контуры этой тайны. А когда Христос завершил Свое дело на земле, стало ясно, что конечная цель Его прихода, – уничтожение греха и смерти, спасение человечества и создание Церкви. Теперь Бог повелевает христианам возвещать эту тайну всем народам и снимает покрывало покрывающее тайну Церкви.

Эту тайну Бог открыл Апостолу Павлу через откровение и дает ему особое поручение: открывать верующим, в чем состоит домостроительство тайны Церкви. Павел много раз упоминает в Посланиях, что ему Бог открывал тайны. Одна из них – это тайна домостроительства Церкви: «Как вы слышали о домостроительстве благодати Божией, данной мне для вас, потому что мне через откровение возвещена тайна, о чем я выше писал кратко» Еф.3:2-3.

«Тайну, сокрытую от веков и родов, ныне же открытую святым Его, которым благоволил Бог показать, какое богатство славы в тайне сей для язычников, которая есть Христос в вас, упование славы, Которого мы проповедуем, вразумляя всякого человека и обучая всякой премудрости, чтобы представить всякого человека совершенным во Христе Иисусе» Кол.1:26-28.

Иудеи не понимали Христа и ожидали Мессию, Который освободит их от Римского ига. Но план Божий шел гораздо далее границ Римской империи: Бог освобождал от цепей греха и смерти всю Вселенную и открывал людям вход в Царство Небесное!

Приход в мир Христа, в первую очередь, это исполнение обещания Бога послать Израильскому народу Мессию, поэтому деятельность Христа не выходила за пределы Иудеи. Посылая учеников благовествовать, Христос завещал им ходить только в пределах Израиля: «...на путь к язычникам не ходите и в город Самарянский не входите; а идите наипаче к погибшим овцам дома Израилева» Матф.10:5-7. В другом месте ко Христу подошла женщина – хананеянка и Он сказал ей: «Я послан только к погибшим овцам дома Израилева» (Матф.15:24), на что смиренная женщина ответила, что и псы едят крохи падающие со стола господ.

Когда Израиль отверг Господа Христа, Бог, полностью исполнив обещание народу Израильскому послать им Мессию Спасителя, переводит стрелку Плана Спасения на «План Б», – так условно можно назвать это событие. Этот план, по причине ожесточения Израиля, (Рим.11:25) открывал двери спасения язычникам и включал в себя благовестие, до края земли, усилиями уверовавших во

Христа Иудеев и язычников. Сегодня мы видим, этот план сработал на сто процентов. Бог достиг Своей цели в деле спасения человечества.

Представим себе, как развивалась бы история человечества, если Израильский народ принял Иисуса Христа, как Мессию? Назовем это условно – «План А».

От самого начала, Бог видел народ Израильский, как царство священников, как народ – миссионер, через который благая весть спасения, подобно цунами, разлилась бы по всему языческому миру. «Итак, если вы будете слушаться гласа Моего и соблюдать завет Мой, то будете Моим уделом из всех народов: ибо Моя вся земля; а вы будете у Меня царством священников и народом святым» Исх.19:5-6. (Втор.7:6)

Прежде всего, на Израиля должно было совершиться излияние Святого Духа. Затем, благословляемые и наставленные Христом, исполненные силою Духа Святого, десятки тысяч миссионеров действующие подобно Апостолу Павлу, заполнили бы все уголки Римской Империи. Новые церкви загорались бы повсеместно с неудержимостью лесного пожара и эта лавина заполнила бы весь языческий мир за очень короткие сроки.

План Божий создания Церкви был тайной не только для людей, но и для обитателей неба. (Еф.3:8-12) Писание называет ее – «Тайна Благочестия». «Великая благочестия тайна – Бог явился во плоти...» (1Тим.3:16)

Бог явился во плоти и заложил основание Церкви. Для осуществления этой тайны, немало условий должны были быть исполнены без малейших отклонений. Рождение Иисуса Христа на землю, было завершающим этапом Божьего плана Спасения, которому предшествовала колоссальная подготовительная работа. Началась она с избранием Авраама и возникновением на земле совершенно нового, уникального, народа, через который в мир родился Мессия.

Рождение Исаака, подобно рождению Иисуса Христа, было абсолютным чудом. От столетнего, физически омертвелого Авраама и 90-летней Сарры, которая и в молодом возрасте была неплодной, рождается Исаак. Рождение его было результатом прямого воздействия на них силы Божией. Бог ждал, когда у Авраама и Сарры омертвеет все человеческое, тогда Он, Своею силою, возрождает их к жизни. Поэтому, называя народ Израильский особенным народом, – в этом есть зерно истины. Начало ему положено благодаря непосредственному вмешательству Божественной силы.

Когда из этого народа воссиял обещанный Богом Мессия, вся Вселенная наблюдала, как шаг за шагом, Бог, в Иисусе Христе, воплощал Свое намерение. Апостол Павел пишет об этом в Послании к Ефесской церкви. «Мне, наименьшему из всех святых, дана благодать сия – благовествовать язычникам неисследуемое богатство Христово и открыть всем, в чем состоит домостроительство тайны, сокрывавшейся от вечности в Боге, создавшем все Иисусом Христом, дабы ныне соделалось известной чрез Церковь начальствам и властям на небесах многоразличная премудрость Божия, по предвечному определению, которое Он исполнил во Христе Иисусе, Господе нашем, в Котором мы имеем дерзновение и надежный доступ чрез веру в Него» Еф.3:8-12.

Со времен Второй Мировой Войны, многие страны строят убежища внутри больших гор, чтобы, в случае военного конфликта, спастись от разрушительной силы огня, ударной волны и пагубной радиации ядерного оружия. Представьте, что нас пригласили на экскурсию в одно из таких убежищ. Подойдя к подножию, нашему взору открылось бы, что вся гора закрыта облаками и нам не видно, как она высока, какие очертания имеет ее вершина и т.д. Все, что мы видим, – это основание и ее начальную часть. Зайдя во-внутрь горы, мы осматриваем помещения, инженерные конструкции, склады, но не видим, что происходит на ее вершине.

В подобном состоянии находится сегодня Церковь Христа. Мы созерцаем только основание великого строения, которое называется Церковь. На наших глазах происходит каждодневный процесс строения Церкви. Мы видим это в узком масштабе поместных церквей и деноминаций; видим черновую работу, когда, кирпичик за кирпичиком, души христиан, как живые камни, Духом Святым устраиваются в грандиозное здание Церкви. Во всем своем великолепии Церковь Христову мы увидим только за порогом вечности.

Мы читали выше, что план появления Церкви, был сокрыт от веков и родов, от жителей земли и от сил и властей на небесах. (Еф.3:8-12) Таким образом, Воскресением Иисуса Христа, Бог начал Новую Эру не только на земле, но и на небе, чтобы представить Богу всякого человека совершенным во Христе Кол.1:28.

Как потрясающе пишет Апостол Павел о величии Церкви: «И как безмерно величие могущества Его (Бога) в нас, верующих по действию державной силы Его, Которую Он воздействовал во Христе, воскресив Его из мертвых и посадив одесную Себя на небесах, превыше всякого начальства и власти, и силы и господства, и всякого имени, именуемого не только в сем веке, но и в будущем, и все покорил под ноги Его, и поставил Его выше всего, главою Церкви, Которая есть тело Его, полнота Наполняющего все во всем» Еф.1:19-23.

В этом Послании, Дух Святой открывает перспективу Церкви, которая, в итоге, становится на небесах превыше всего. Так Бог превознес Сына Своего нашего Господа и Спасителя Иисуса Христа за победу над грехом и смертью. Бог ставит Его превыше всего – главою Церкви.

В этом Послании нам открывается величественная панорама плана Божия, чтобы посредством Иисуса Христа, произошло объединение небесного и земного: «Открыв нам тайну Своей воли по Своему благоволению, которое Он прежде положил в Нем, в устроение полноты времени, дабы все небесное и земное соединить под главою Христом...» Еф.1:9-10. Поэтому, одно из имен Христа – Примиритель. Многие места Писания говорят: Христос Своею жертвой примиряет человека с Богом; примиряет землю и небо.

«В человеках благоволение» возвестили Ангелы при рождении в мир Спасителя. «Совершилось» – сказал Христос за несколько мгновений до смерти. Это слово стало началом новой эры. Земная миссия Христа закончилась Его полной победой! (Я желаю, чтобы каждый человек, заканчивая свою жизнь, мог бы с радостью произнести это же слово: «Совершилось!» Совершилось мое личное спасение, свершилось дело моей жизни.)

С Воскресением Иисуса Христа, нерукотворный Храм-Церковь получил Основание и начал строится. В земном периоде, Бог посредством Церкви устраняет преграду между Старым и Новым Заветами и примиряет их: «И облекшись в нового, (человека) который обновляется в познании по образу Создавшего его, где нет ни Иудея, ни обрезания, ни необрезания, варвара, Скифа, раба, свободного, но все во всем Христос» Кол.3:10-11. (Гал.3:27-28)

Эта преграда должна быть устранена на земле для осуществления конечной цели: через Церковь объединить во Христе небесное и земное. Для этого необходимо было устранить земную преграду разъединяющую Старый и Новый Заветы, преграду между язычниками и Израильским народом. Апостол Павел уделяет этому критически важному вопросу много внимания и подробно объясняет его верующим Ефесской Церкви.

«Итак помните, что вы, некогда язычники по плоти, которых называли необрезанными так называемые обрезанные плотским обрезанием, совершаемым руками, что вы были в то время без Христа, отчуждены от общества Израильского, чужды заветов обетования, не имели надежды и были безбожники в мире; а теперь во Христе Иисусе вы, бывшие некогда далеко, стали близки Кровию Христовою. Ибо Он есть мир наш, соделавший из обоих одно и разрушивший стоявшую посреди преграду, упразднив вражду Плотию Своею, а закон заповедей учением, дабы из двух создать в Себе Самом одного нового человека, устраивая мир, и в одном теле примирить обоих с Богом посредством креста, убив вражду на нем; и, пришед, благовествовал мир вам, дальним и близким, потому что чрез Него и те и другие имеем доступ к Отцу, в одном Духе» Еф.2:11-18.

Таким образом, и язычники и Израиль одинаково нуждались в примирении с Богом, ибо никто не мог оправдаться делами закона. Бог решает эту задачу посредством креста, на котором Христос убивает вражду между язычниками и Израильским народом.

Далее, в третьей главе, Павел открывает нам, неслыханные ранее, ступени духовного роста человека, которые стали возможными с рождением Церкви.

«Для сего преклоняю колена мои пред Отцом Господа нашего Иисуса Христа, от Которого именуется всякое отечество и на небесах и на земле, – да даст вам, по богатству славы Своей, крепко утвердиться Духом Его во внутреннем человеке, верою вселиться Христу в сердца ваши, чтобы вы, укорененные и утвержденные в любви, могли постигнуть со всеми святыми, что широта и долгота, и глубина и высота, и уразуметь превосходящую разумение любовь Христову, дабы вам исполниться всею полнотою Божию» Еф.3:14-19.

Все начинается с Отца Господа нашего Иисуса Христа. Бог, по богатству Своей славы, посредством Духа Его, дает человеку утвердиться во внутреннем человеке верою. Утвержденная вера вселяет в сердце Христа и поднимает человека на более высшую ступень. Основываясь на любви, (Бог есть Любовь) происходит утверждение и укоренение веры, которая приводит человека к новым горизонтам: открываются Широта, Долгота, Глубина и Высота духовных познаний. Совокупность этих познаний приводит к всестороннему пониманию Любви Христа и, через это понимание, приходит исполнение ВСЕЮ ПОЛНОТОЮ БОЖИЕЙ.

В последующих главах, Послания к Ефесянам, мы читаем еще об одной тайне: Тайне единения Христа и Церкви. Павел сравнивает это с единением мужа и жены в бракосочетании и пишет: «Тайна сия велика; я говорю по отношению ко Христу и к Церкви» Еф.5:28-32.

После бракосочетания нет на земле более близких людей, чем муж и жена. Двое стали одной плотью! Некогда чужие люди, имеющие разных родителей, разные фамилии, иногда даже разные национальности, становятся роднее всех родных. Они живут в одном доме, у них общая фамилия, общее имущество, у них рождаются общие дети и т.д.

Некогда Адам, увидев Еву, сказал в своей первозданной мудрости: «И сказал человек: вот, это кость от костей моих и плоть от плоти моей; она будет называться женою: ибо взята от мужа» Быт.2:23.

Такое же сравнение: – «Потому что мы члены тела Его, от плоти Его и от костей Его» Еф.5:30, – приводит Павел говоря о единении Христа и Церкви.

Писание сравнивает единение Христа и Церкви с браком. Если смотреть как это происходит в земных браках, значит Христос и Церковь будут в таком же тесном союзе, подобно как жених и невеста. Кому то эти выводы покажутся слишком смелыми, но Писание дает нам на это твердое основание.

Послании к Колоссянам: «Ныне радуюсь в страданиях моих за вас и восполняю недостаток в плоти моей скорбей Христовых за тело Его, которое есть Церковь» Кол.1:24.

Эта истина красной нитью проходит через другие Послания. «Так мы многие составляем одно тело во Христе, а порознь один для другого члены» Рим.12:5.

Таким образом, во Христе, мы становимся гражданами неба и свои Богу: «Итак вы уже не чужие и не пришельцы, но сограждане святым и свои Богу, бывши утверждены на основании Апостолов и пророков, имея Самого Иисуса Христа краеугольным камнем, на Котором все здание, слагаясь стройно, возрастает в святой храм в Господе, на котором и вы устрояетесь в жилище Божие Духом» Еф.2:19-22.

Что это значит, – стать своим Богу? Представим обычную земную картину: Как человек может стать своим в чужой семье?

Через брак. Когда наш сын женится, он приводит в дом жену. Женщина эта родилась и выросла в другой семье, иногда в другом городе или в другой стране. После брака свершается чудо. Чужой человек становится членом семьи. Она оставляет свой дом, родителей, меняет фамилию, переходит жить в семью мужа и становится своей в этой семье. Как говорит Писание: «И стали двое одна плоть». Теперь родители мужа говорят этой женщине: наша доченька. А родители жены называют мужа своей дочери сыном.

Удивительно! За одно мгновение, благодаря древнейшему закону на земле – закону семьи, который Бог установил при сотворении человека, некогда чужие люди становится своими.

Когда у них рождается ребенок, он становится в этой семье своим. Поиграв на улице с детворой, он бежит прямиком в дом к родителям. Он не предупреждает их по телефону о своем приходе, не договаривается заранее о визите. Он без стука открывает дверь и входит в дом, потому что он там свой. Он говорит: это мой дом, хотя он его не строил; говорит: это мои родители, хотя он их не выбирал. Почему? Потому что ребенок был рожден в этой семье. Он там свой. Трудно представить себе большую трагедию для ребенка, если его выгоняют из дома или он теряет родителей. Таким же образом, мы становимся своими в семье Бога.

Входя в Церковь, мы, Духом Святым, входим в тело Иисуса Христа. Через брак Христа и Церкви, мы, некогда чужие, получаем усыновление и становимся своими в семье Бога.

Представьте, на вашей дочери решил жениться принц. Сын английской королевы! Вот было бы разговоров! Это была бы огромная честь, для вашей дочери, – стать своей в королевской семье.

Что здесь самое интересное: Это ничто, по сравнению с тем, что предлагает нам Бог Отец в Иисусе Христе. – Небесный Принц, Сын Царя Царей, Наследник Всемогущего Творца всей Вселенной, Повелитель и Творец всего видимого и невидимого, предлагает нам, каждому в отдельности, стать членом Его семьи, стать своим в семье Бога. Иметь Отцом Бога, быть сонаследниками в Царстве Небесном, сочетаться с Его Единородным Сыном брачными узами и жить в Его Небесном Доме во веки веков. Что это? Фантазия? Нет, это факт подтвержденный многими местами Писания.

Тайна Усыновления

Таким образом, спасение человечества – это желание Бога. Это Его великая любовь и милость людям, которую мы ничем не заслужили и Бога никто не принуждал это делать. «Предопределив усыновить нас Себе чрез Иисуса Христа, по благоволению воли Своей» Еф.1:5.

Как это происходит? Во-первых, усыновление происходит по желанию Бога. Это Его план, Его воля, Его желание, Его инициатива и человек ничего не сделал, чтобы склонить Бога к этому поступку.

«Бог, богатый милостью, по Своей великой любви, которую возлюбил нас, и нас, мертвых по преступлениям, оживотворил со Христом, – благодатью вы спасены, – и воскресил с Ним, и посадил на небесах во Христе Иисусе. Дабы явить в грядущих веках преизобильное богатство благодати Своей в благости к нам во Христе Иисусе. Ибо благодатью вы спасены чрез веру, и сие не от вас, Божий дар» Еф.2:4-8. В этих кратких строках, Дух Святой, как в телеграмме раскрывает весь план Спасения Божьего.

Итак, первопричина нашего призвания и веры, – Бог Отец призвавший нас к участию в наследии святых. Он есть Композитор и главный Дирижер великой Симфонии Спасения. «Чтобы мы поступали достойно Бога, во всем угождая Ему, принося плод во всяком деле благом и возрастая в познании Бога, укрепляясь всякою силою по могуществу славы Его, во всяком терпении и великодушии с радостью, благодаря Бога и Отца, призвавшего нас к участию к наследию святых во свете, избавившего нас от власти тьмы и введшего в Царство возлюбленного Сына Своего» Кол.1:10-13.

Ныне, в Иисусе Христе, тайна усыновления открыта. Посредством Церкви, которая, как невеста Иисуса Христа, стала телом Его, мы, как живые камни, входим в тело Господа, получаем усыновление; как члены семьи Божией, становимся своими Богу и согражданами святым в Царстве Небесном.

Только этот факт уже должен привести в восторг всех искупленных, но Бог идет еще дальше: Усыновленные Богом вместе с Иисусом Христом получают право на наследство на небесах. «Открыв нам тайну Своей воли по Своему благоволению, которое Он прежде положил в Нем, в устроение полноты времени, дабы все небесное и земное соединить под главою Христом; в Нем мы и соделались наследниками, бывши предназначены к тому по определению Совершающего все по изволению воли Своей» Еф.1:9-11.

Таким образом, происходит не формальное усыновление. Бог, в Иисусе Христе, наделяет каждого усыновленного правом на наследство и мы, вместе со Христом, становимся наследниками в Царстве Небесном.

Тайна Наследства

Тема наследства всегда была волнующей темой: причиной огорчений с одной стороны и неожиданной улыбкой судьбы с другой. Человек не собирает наследство сам себе. Это не будет наследством поскольку все, что человек имеет, оно и так принадлежит ему. Наследство же приходит как дар, от кого-то другого. Так как право решать кому даровать наследство, целиком находится во власти обладающего им, то потенциальные наследники, обычно, заранее стараются завоевать его благорасположение. Тот, кто обладает наследием, не особенно беспокоится и не уговаривает наследников проявлять к нему внимание. В этом, как правило, нет необходимости, ибо наследники, и без того, во всем стараются угодить ему.

Человечество не может похвалиться, что мы заслужили небесное наследство. Человекам это невозможно, – ответил Иисус Христос ученикам на вопрос о спасении: «Они же чрезвычайно изумлялись и говорили между собою: кто же может спастись? Иисус, воззрев на них, говорит: человекам это невозможно, но не Богу; ибо все возможно Богу» Мар.10:26-27.

На эту истину указывают и другие места Писания. Апостол Петр, в первых стихах своего Послания благодарит Бога Отца за Его великую милость к нам и напоминает верующим о нашем наследстве на небесах: «Благословен Бог и Отец Господа нашего Иисуса Христа, по великой Своей милости возродивший нас воскресением Иисуса Христа из мертвых к упованию живому, к наследству нетленному, чистому, неувядаемому, хранящемуся на небесах для вас»1Пет.1:3-4.

Еще одно место Писания о наследстве: «Чтобы Бог Господа нашего Иисуса Христа, Отец славы, дал вам Духа премудрости и откровения к познанию Его, и просветил очи сердца вашего, дабы вы познали, в чем состоит надежда призвания Его, и какое богатство славного наследия Его для святых, и как безмерно величие могущества Его в нас, верующих по действию державной силы Его» Еф.1:17-19.

Законная жена, придя в дом мужа, становится полноправным членом семьи со всеми правами на наследство. Подобное происходит у Христа с Церковью: Христос – есть Сын Божий, Церковь – есть тело Иисуса Христа, таким образом, все вошедшие в Церковь, как часть Тела Христова, получают усыновление и становятся детьми Божьими. Поэтому, верующие называют друг друга братья и сестры, так как мы имеем одного Отца, Который усыновил нас в Иисусе Христе. Как дети от родителей получают наследство, так усыновленные во Христе, мы имеем наследство на небесах.

Дух Святой, через Апостола Павла открывает в Послании к Галатам потрясающую истину: «Когда пришла полнота времени, Бог послал Сына Своего Единородного, Который родился от жены, подчинился закону, чтобы искупить подзаконных, дабы нам получить усыновление. А как вы – сыны, то Бог послал в сердца ваши Духа Сына Своего, вопиющего: «Авва, Отче!» Посему ты уже не раб, но сын: а если сын, то и наследник Божий чрез Иисуса Христа» Гал.4:4-7.

Еще одно место: «Потому что вы не приняли духа рабства, чтобы опять жить в страхе, но приняли Духа усыновления, Которым взываем: «Авва, Отче!» Сей Самый Дух свидетельствует духу нашему, что мы – дети Божии. А если дети, то и наследники, наследники Божии, сонаследники же Христу, если только с Ним страдаем, чтобы с Ним и прославиться. Ибо думаю, что нынешние временные страдания ничего не стоят в сравнении с той славою, которая откроется в нас» Рим.8:15-18. Здесь Писание открывает еще одно имя Духа Святого называя Его «Духом усыновления».

О, бездна богатства, доброты и милости, любви и щедрости Отца нашего Небесного; какие благодатные пути уготовил Бог любящим Его, как безмерно богатство благодати Его, которую Он явил в Единородном Сыне Своем Иисусе Христе! Аминь. Аминь. Аминь.

Тайна Сокровища

Проповедуя людям о Царстве Небесном, Христос призывал учеников собирать в нем сокровища, которое ни моль ни ржа не точит и не могут украсть воры. (Матф.6:19-21) Следовательно, кроме наследства, человек может собирать сокровища на Небесах.

Интересно, а зачем на небесах сокровища? Какие

это будут сокровища? Для какой цели нужны сокровища? Будем ли мы там покупать и продавать или еще что? Очень интересно.

Что дают деньги и сокровища в этом мире? Это возможность лучших условий жизни, лучшего питания, мы можем приобрести дом, автомобиль, яхту, самолет, одежду, пищу и т.п. Чем еще привлекают деньги сердца человеческие? Они дают власть и свободу. Временную земную власть. Если у тебя много денег, перед тобой открывается много дверей, с тобой хотят дружить многие люди.

Деньги и богатство дают ложную уверенность в завтрашнем дне. Это хрупкое основание. История знает много случаев, когда богачи в один час становились нищими и немало таких, кто накладывали на себя руки не в силах пережить это. Любое значительное падение сток-маркета приводит появлению новых нищих. Пока человек имеет жизнь и дыхание многое еще можно исправить. Люди после банкротства поднимаются и порою становятся еще богаче. Это еще полбеды.

Намного страшнее, если человек окажется нищим за порогом вечности. Там уже ничего нельзя будет исправить. Хочет этого человек или нет, все, чем он здесь обладает, останется на земле.

Писание советует нам приобретать себе друзей богатством неправедным, чтобы, когда мы обнищаем, они приняли нас в вечные обители. Лук.16:4-9. Это место говорит, мы можем использовать свои земные ресурсы (богатство неправедное), чтобы приобретать друзей на небе.

Оказывая помощь нуждающимся, мы собираем сокровище и приобретаем друзей на небе. Встретившись с богатым юношей, Христос, на его примере, указал нам простой и надежный метод, как можно собрать сокровище на небесах: «Продай имение свое и раздай нищим» – сказал Христос юноше, – «и будешь иметь сокровище на небесах». Таким образом, можно сказать, что нищие это клерки Небесного Банка. Все, что мы даем в руки нищим, бедным, вдовам, сиротам, обездоленным, мы, фактически, даем в руки работникам небесного банка, которые зачисляют это на наш небесный банковский счет.

«Ибо вы и моим узам сострадали, и расхищение имения вашего приняли с радостью, зная, что есть у вас на небесах имущество лучшее и непреходящее. Итак не оставляйте упования вашего, которому предстоит великое воздаяние» Евр.10:34-35.

Господь призывает нас собирать сокровища на небесах. Также, мы прочитали выше: «имущество лучшее и непреходящее». Значит, на небесах, кроме наследства и сокровища, будет еще особое имущество. Оно никогда не будет стареть, разрушаться и никогда не обесценится.

Нечто интересное мы читаем о небесных сокровищах. Это будут сокровища обладающие удивительными качествами: «Продавайте имения ваши и давайте милостыню. Приготовляйте себе влагалища неветшающие, сокровище неоскудевающее на небесах, куда вор не приближается, и где моль не съедает» Лук.12:33. Наши земные сокровища имеют плохую привычку: – они постоянно оскудевают! Не даром говорят в народе: «Деньги – как вода, так и текут сквозь пальцы». Здесь мы находим слова Господа об уникальном сокровище, которое не оскудевает! Значит, сколько бы мы ни тратили, его никогда не станет меньше! Какие интересные ожидают нас события. Имущество непреходящее и сокровища неоскудевающие,

Мы помним историю о Сарепской вдове, которая имела масла и муки всего на одну порцию хлеба. Но, чудо! Она послушалась голоса пророка и мука и масло не кончались много месяцев. (3 Цар.17гл.)

Как это получилось? Невидимый лучик из Царства Небесного, опустился на дом Сарепской вдовы. Единственно, что от нее требовалось – это послушание пророку.

Народ Израильский 40 лет ходил по пустыне и у них не было с собой предприятий по изготовлению пищи, одежды, обуви и других предметов необходимых для жизни. Но, все сорок лет, одежда и обувь их не изнашивались. (Втор.8:4. Неем.9:21) Даже если на этой земле Бог делает такие чудеса, можно только представить себе, как чудесно будет на Новой Земле.

Тайна Спасения

Размышления о Церкви и спасении приводят ко многим вопросам: Касается ли это какой-то одной деноминации или Тело Христа будет составлено из верных представителей разных течений?

Кто войдет в Церковь Христа? Войдут ли в нее те, которые жили до потопа? А кто жили от потопа и до Иисуса Христа? Войдут ли в нее те, кому Христос проповедовал в преисподних местах? Войдут ли в нее жители неба, чьи колена тоже преклонятся пред Иисусом Христом? Или это привилегия только для жителей земли? Войдут ли в число Церкви спасенные народы, о которых говорится в Книге Откровения? Много интересных вопросов.

Логично будет предположить, поскольку строителем Церкви является Дух Святой: все, кто, до Иисуса Христа, умирали исполненные Святым Духом, также войдут в число Церкви. (Еф.2:22)

Жертва Иисуса Христа имеет гораздо большее значение, чем спасти земных грешников Нового Завета. Время, которое Иисус Христос был во гробе, Он не был в покое. Духом Своим Он сошел в преисподние места и проповедовал находящимся там обитателям.

О чем проповедовал Иисус Христос в преисподней? Зачем Он стал там проповедовать? Каждая проповедь имеет свою цель.

Какая была цель Его проповеди?

Вопрос спасения, во все времена, вызывал обширные споры и привлекал внимание верующих разных конфессий.

В Книге Откровения мы читаем о спасенных народах, которым нет числа. Например дикари, которые жили тысячу лет назад, когда Евангелие еще не было проповедано и они не слышали о Христе, могут ли они надеяться на спасение?

Они же не виноваты, что им никто не проповедовал Евангелие.

А мусульмане, буддисты, конфуциане и люди других религий, которые с детства научены своей вере, никогда не слышали и не могли услышать о Христе, – где они будут? Ясно, что в число Церкви они не попадут, но пошлет ли их Бог в ад на веки вечные? Некоторые места Писания, дают основание утверждать, что в плане спасения не все так просто и однозначно.

Книга Деяния Апостолов: «Петр отверз уста и сказал: истинно познаю, что Бог нелицеприятен, но во всяком народе боящийся Его и поступающий по правде приятен Ему» Д.А.10:34-35. (Что значит «Бояться Бога?» Писание дает нам четкое определение: «Страх Господень – ненавидеть зло».)

Может ли Бог, послать в ад тех кто не вошли в Церковь, но боялись Его уклонялись от зла и поступали по правде? Тех, которые были приятны Ему, но не имели шанса услышать благую весть о Христе?

Более тридцати лет мы жили на Востоке среди мусульманского народа. Среди них есть глубоко верующие люди, которые искренно любят Бога, боятся Его и тщательно служат Богу так, как они были научены. Там есть много замечательных традиций, которым надо поучиться западным народам. (Крепкие семейные устои, почитание старших, благодарное отношение к хлебу и т.п.) Сегодня многие могут услышать благую весть через радио, интернет, но даже 200 – 300 лет назад, в далеких азиатских кишлаках, затерянных в горах и пустынях, услышать о Христе у них не было ни одного шанса.

Пойдут ли в ад, на веки вечные, если среди них будут такие, которые боялись Бога, удалялись от зла и поступали по правде? Тот, Кто призывает и учит людей людей справедливости, может ли Сам поступить несправедливо? «Судия всей земли поступит ли неправосудно?» Быт.18:25. Так, что же будет с ними?

Здесь мы касаемся вопроса, который волнует сердца многих и многих людей, чьи родные, близкие, друзья и знакомые ушли в вечность.

Как долго согрешившие души будут в аду? Кончатся ли когда-нибудь их мучения? Например, богачи (притча о богаче и Лазаре), которые попали в ад во времена Христа и начали там получать воздаяние адскими мучениями, – как долго они там будут? К тому времени, когда смерть и ад будут брошены в озеро огненное, они уже пробудут в аду, как минимум три тысячи лет. Две тысячи лет – время благодати и Тысячелетнее Царство. Затем Страшный Суд, после которого смерть, ад, дьявол, зверь, лжепророк и все, кто не был записан в Книгу Жизни, будут брошены в озеро огненное. (Откр.22 гл.) Будут ли эти грешники вместе с адом брошены в озеро огненное? В Откровении написано, что смерть и ад отдадут мертвых бывших в них. (Откр.20:13) Зачем? Только ли для того, чтобы быть судимыми на Страшном Суде, а затем опять попасть в озеро огненное? Так они и так уже в аду.

Как нам понимать выражение: – «Смерть вторая»? Значит ли это, что существование тех, кто будет подвержен второй смерти, полностью прекратиться? Или они продолжат мучиться в озере огненном?

Слово смерть, в обычном понимании, означает прекращение жизни. Но если грешники, подвергшиеся второй смерти, продолжат свои мучения, это не будет означать прекращение жизни. Жизнь, даже в мучении, это все равно жизнь. Поэтому, как мне кажется, вторая смерть означает полное исчезновение человека или существа как падший ангел.

В Писании мы имеем подтверждение этому мнению. Пророк Иезекииль, говорит пророчество о судьбе дьявола. «Множеством беззаконий твоих в неправедной торговле твоей ты осквернил святилища твои, и Я извлеку из среды тебя огонь, который и пожрет тебя... и не будет тебя во веки» Иез.18:12-19.

Еще одно место из Послания к Коринфянам. «Последний же враг истребится – смерть» 1Кор.15:26. Когда произойдет это истребление? По всей видимости, когда смерть и ад будут брошены в озеро горящее огнем и серою. (Откр. 22 гл.)

Есть ли мера наказания за грехи? Мы читаем в Писании, что мера наказания однозначно есть, как и мера награды. Например: «Раб, знавший волю господина, бит будет много, а который не знал и сделал достойное наказания, бит будет меньше...»Лук.12:47. Или еще одно место: «но и Тиру и Сидону отраднее будет на суде, нежели вам» Лук.10:14. Писание ясно говорит, мера наказания будет неодинакова. Кто-то бит будет больше, а кто-то меньше. Также и награды будут неодинаковые, по мере того, как жил и трудился человек на земле. Те кто, на основании Христа, строили из золота, серебра и драгоценных камней получат свои награды. Венец Правды, венец Славы, венец Жизни, кому-то дадут в управление города на Новой Земле, кто-то будет царствовать со Христом, кто-то будет священником в Храме Бога. Кто-то спасется, как головня из огня, а кто-то получит звание Высшей Почести во Христе. (Фил.3:14)

Есть ли возможность душам, попавшим в ад, избежать второй смерти? Например, богач, из притчи о богаче и Лазаре, если только его не выпустят оттуда раньше, ко времени кончины земного века, уже более трех тысяч лет отмучается в адском пламени, а Лазарь столько же времени проведет в блаженстве. Такая мера наказания очень непропорциональная, даже рассуждая человеческими мерками. Кончатся когда-нибудь мучения грешников, если они, во время земной жизни, по каким-либо причинам, не приняли Христа и прожили греховную жизнь? Будет ли этот срок достаточным наказанием за беспечную земную жизнь для этого богача?

Когда несчастный грешник попадает в ад, как это расценивать? Это наказание или результат выбранного жизненного пути? Как бы мы это не называли; – конечный результат ужасный! – Ад!!! Что такое наказание? Прежде всего, наказание, это не месть, но плата за провинность, а также, инструмент для исправления. В чем смысл наказания? Наказание дается для исправления и смысл его состоит в том, что получивши наказание человек уже не будет делать то, за что он наказан. Итак, какой же целью Христос сходил в Преисподние места и проповедывал? (1 Петр.19:20) (Еф.4:9) Чтобы еще раз сказать им какие они нехорошие? Как много грехов они сделали на земле? Так они и без того, давно уже поняли это. Может Он хотел рассказать им о Своей победе над грехом и смертью? А им то, несчастным, что от этого?

В чем цель любой христианской проповеди? Наставление, призыв, указание верного пути, ободрение ослабевших, указание на будущие события, призыв к вере, надежда на спасение и т.п. Так о чем мог проповедовать Христос в Преисподней? И зачем?

А может победа Христа имеет гораздо большее значение, чем мы себе это представляем? В Писании есть очень важные слова Господа: «Посему говорю вам: всякий грех и хула простятся человекам, а хула на Духа Святого не простится человекам,... не простится ему ни в сем веке, ни в будущем» Матф.12:31-32.

Здесь Христос говорит о прощении в будущем веке. Это, как бы, не совсем укладывается в рамки наших устоявшихся религиозных канонов: Умер грешник, – и все! Конец ему.

Конечно, в число Церкви такие не попадут, но, может быть, мы увидим их среди спасенных народов населяющих Новую Землю? Они будут приходить в Новый Иерусалим для поклонения и использовать листья Дерева Жизни для исцеления народов. (Откр. 22 гл.)

Здесь возникает еще один вопрос: каким народам, на Новой Земле, будут требоваться листья Дерева Жизни для исцеления? Там, что, люди могут болеть, как и на этой земле? Если Церковь, это тело Христа, то, конечно же, тело Христа не нуждается ни в каких вспомогательных средствах для исцеления.

Он есть Сын Божий! Этим все сказано. Он имеет жизнь в Себе Самом. Этот факт еще раз подчеркивает разницу между Церковью и спасенными народами.

Меня печально удивляет, как, порою, некоторые наши братья и сестры, одним махом, не задумываясь, отправляют на вечную погибель миллионы людей, за то, что они не так верят и не так служат Богу, как они сами научены.

Во всех народах и племенах земли есть люди, которые генетически ненавидят зло и удаляются от него. И напротив: есть люди, которые ищут злого и делают его с наслаждением. Многие тексты Писания иллюстрируют категорию злодеев.

О таких мы читаем в Притчах Соломона: «Не вступай на стезю нечестивых, и не ходи по пути злых: оставь его, не ходи по нему, уклонись от него, и пройди мимо: потому что они не заснут, если не сделают зла, пропадет сон у них, если они не доведут кого до падения...» Пр.4:14-16.

Еще одно место. «...ибо они полагают удовольствие во вседневной роскоши, срамники и осквернители, они наслаждаются обманами своими, пиршествуя с вами, глаза у них исполнены любострастия и непрестанного греха, они прельщают неутвержденные души, сердце их приучено к любостяжанию: это сыны проклятия» 2 Петр.2:12-14.

 Подобное пишет Апостол Павел. Страшная характеристика совершенно падших людей, которые прекрасно понимают стороны добра и зла, но не только сами не останавливаются в своих злодеяниях, но стараются вовлечь как можно больше людей в погибель. «...Они знают праведный суд Божий, что делающие такие дела достойны смерти, однако не только их делают, но и делающих одобряют» Рим.1:18-32.

В Книге Деяния Апостолов (13гл.) описывается посещение Апостолом Павлом и Варнавою Кипра. Когда они проповедывали слово Божие проконсулу острова Сергию, около него находился некто Елима волхв, который, всячески противился им и отвращал Сергия от веры. Тогда, Павел, исполнившись Духа Святого, сказал слова наглядно характеризующие людей, которые сознательно служат злу и являются настоящими детьми дьявола. «О, исполненный всякого коварства и всякого злодейства, сын дьявола, враг всякой правды! Перестанешь ли ты совращать с прямых путей Господних?...»

Дети всегда идут к своим отцам. Будет ли удивительным, если люди, сознательно служащие злу и дьяволу, разделят участь своего господина.

За несколько дней до Своих страданий, Христос сказал «Елеонскую Проповедь». (Матф. 24 и 25 главы) Там есть интересная в этом смысле иллюстрация того, как в конце веков будет происходить суд над народами. Заметим: над народами, а не над Церковью.

Церковь на суд не приходит и верующие переходят от смерти в жизнь, пройдя чрез Судилище Христово. «Верующий в Меня не судится..» говорит Христос Никодиму. (Иоан.3:18) Еще одно место: «Истинно, истинно говорю вам: слушающий слово Мое и верующий в Пославшего Меня имеет жизнь вечную и на суд не приходит, но перешел от смерти в жизнь» Иоан.5:24.

Так о ком же говорит Христос в Елеонской Проповеди?

«Когда же придет Сын Человеческий во славе Своей и все святые Ангелы с Ним, тогда сядет на престоле славы Своей, и соберутся пред Ним все народы: и отделит одних от других, как пастырь отделяет овец от козлов, и поставит овец по правую сторону, а козлов – по левую.

Тогда скажет Царь тем, которые по правую сторону Его: «Приидите, благословенные Отца Моего, наследуйте Царство, уготованное вам от создания мира: ибо алкал Я, и вы дали мне есть, жаждал, и вы напоили Меня, был странником, и вы приняли Меня, был наг, и вы одели Меня, был болен, и вы посетили Меня, в темнице был, и вы пришли ко Мне».

Тогда праведники скажут Ему в ответ: «Господи!

Когда мы видели Тебя алчущим, и накормили? Или жаждущим, и напоили? Когда мы видели Тебя странником, и приняли? Или нагим, и одели? Когда мы видели Тебя больным, или в темнице, и пришли к Тебе?» И Царь скажет им в ответ: «Истинно говорю вам: так как сделали это одному из сих братьев Моих меньших, то сделали Мне...».

Затем Царь обратился к находящимся от Него по левую сторону. Он отправил их в огонь вечный сказав им те же слова, что и праведникам, но с той разницей, что они не оказали Ему никакой помощи. Матф.25:31-46.

Что это за праведники, которым, по словам Христа, было «уготовано Царство от создания мира?» Ясно, что это не Церковь, которая, как мы читали выше, на суд не приходит.

Об этом свидетельствует и такой факт: когда Царь стал перечислять их добрые дела, они совершенно не представляли, что делая их, они служи ли этим Господу.

Христиане в церквах научены и прекрасно знают: все, что мы делаем, мы делаем для славы Господа. Посещения больных, пожертвования, миссионерские поездки, благотворение нищим и нуждающимся и, множество других добрых дел, мы делаем для Господа, для Его славы.

«Ибо мы – Его творение, созданы во Христе Иисусе на добрые дела, которые Бог предназначил нам исполнять» Еф.2:10. Евангелие пронизано духом добрых дел и все верующие это отлично знают.

Как же тогда понимать ответ праведников? Если это говорится о Церкви. Получается, что праведники, (все вместе) стали лицемерить перед Царем?

Зная, что делая добрые дела, они делали их для Господа, тут они притворились, что не понимают о чем идет речь и стали переспрашивать Царя: «...а когда мы видели

Тебя нагим? ...а когда мы видели Тебя алчущим? И т.д.»

Пред Престолом Славы все будет открыто, там не будет и тени лицемерия. Поэтому, праведники и те несчастные, которые понесут на себе осуждение, совершенно искренне говорили, что они не знали оказывая или не оказывая милость своим ближним, тем самым послужили они Господу или нет.

Следовательно, мы можем сделать однозначный вывод: Это не члены Церкви и даже не приближенные, но это люди, которые никогда не видели Библии и совершенно не знакомы с тем, что в ней написано. Иначе они бы так не отвечали.

Несмотря на это, Царь говорит им: «...войдите благословенные!» Очевидно, что в числе Церкви этих людей мы не встретим, но тем не менее, они наследуют Царство, уготованное им от создания мира.

В этой проповеди Господа, есть еще одна весьма интересная деталь: Царь, на престоле, посылая в ад этих несчастных, ни одним словом не упомянул их грехи. Вся вина их заключалась в том, что они не оказывали милость своим ближним.

Царь не сказал им: «вы с кого-то в подворотне зимой пальто сняли». Нет. Но вы не одели пальто ближнему своему, когда он дрожал от холода. Царь не сказал им: «вы у кого-то мешок муки украли». Нет. Но вы не накормили голодного, когда тот нуждался в хлебе. Оказывается, чтобы попасть в ад, не обязательно делать злые дела, достаточно не делать добрые дела.

На первый взгляд, это странно: большую группу людей отправляют в ад и ни одного слова об их грехах. А где грехи?

Может цена, которую Господь наш заплатил на

Голгофе, покрывает всех людей без исключения? Апостол Павел пишет очень важную истину: «Посему, как преступлением одного всем человекам осуждение, так правдою одного всем человекам оправдание к жизни» Рим.5:18.

В притче о верных рабах, которая иллюстрирует Царство Небесное, Христос открывает картину подведения итогов земной жизни и процесс получения наград. Господин назначает их управителями городов. «...И сказал ему: хорошо, добрый раб! За то, что ты в малом был верен, возьми в управление десять городов. Пришел второй и сказал: господин! Мина твоя принесла пять мин. Сказал и этому: и ты будь над пятью городами» Лук.19:11-26.

Эта притча однозначно указывает, что на Новой Земле, кроме Нового Иерусалима, будет много городов. Они будут наполнены, добрыми, жизнерадостными людьми, а ими будут управлять верные Господу начальники. Следовательно, Церковь будет принимать непосредственное участие в управлении Новой Землей, а может быть и в других местах Вселенной.

Церковь, как Тело Иисуса Христа, будет жить в Новом Иерусалиме, который Господь наш называет: «Дом Отца». «В доме Отца Моего обителей много. А если бы не так, Я сказал бы вам:

«Я иду приготовить место вам. И когда пойду и приготовлю вам место, приду опять и возьму вас к Себе, чтобы и вы были, где Я» Иоан.14:2-3.

Здесь все понятно. Но кто будет населять города, которыми будут управлять верные рабы Господа? По всей видимости, это и будут те благословенные праведники, о которых мы читали выше.

Подобное мы читаем в Евангелии от Матфея: «Господин его сказал ему: «хорошо, добрый и верный раб!

В малом ты был верен, над многим тебя поставлю...» Матф.25:21

«Побеждающему дам власть над язычниками, и будут пасти их жезлом железным...» Откр.2:26-27.

Из этого факта можно сделать вывод: те, кто не войдут в Тело Церкви, так и будут язычниками, но язычниками спасенными, а Церковь будет управлять ими в духе железной дисциплины. Там будут строгие законы, которые все жители Новой Земли будут исполнять с радостью.

Говоря с учениками о Царстве Небесном, в притче о десяти девах, Христос сравнивает его с брачным пиром. (Матф.25гл.) Давайте вспомним, кто обычно присутствует на брачном пире? Рассмотрим три основные категории. Первая – это главные лица: жених и невеста. Следующая категория – друзья жениха и подруги невесты. Они тоже занимают почетные места рядом с женихом и невестой. Затем идут родственники, званые гости и обслуживающий персонал. Это типичный состав участников брачного пира. Я много раз слышал толкование этой притчи в проповедях и, как правило, толкуют ее прямолинейно: Мудрые девы – это церковь, т.е. спасенные, а немудрые девы – это мир, погибшие грешники.

В этой притче не все так просто, как кажется на первый взгляд. Прежде всего, мы должны помнить, что притча о десяти девах – это притча в которой Христос иллюстрирует Царство Небесное, а не Церковь и мир: «Тогда подобно будет Царство Небесное...»

Все 10 дев собирались войти в Царство Небесное. Все 10 дев ожидали жениха, все они имели светильники и знали о грядущей вечной жизни. Это явно не мирские люди, но люди знающие Писание. Мирские не думают и не собираются на брак в Царство Небесное, а многие вообще говорят, что Бога нет.

Другая важная истина: мы не должны забывать: в этой притче речь идет о девах, подругах невесты, а не о невесте. Писание же называет Церковь невестой, а не девой. «...и сказал мне: пойди, я покажу тебе жену, невесту Агнца» Откр.21:9.

«Возрадуемся и возвеселимся и воздадим Ему славу; ибо наступил брак Агнца, и жена Его приготовила себя. И дано было ей облечься в виссон чистый и светлый: виссон же есть праведность святых. И сказал мне Ангел: напиши: блаженны званные на брачную вечерю Агнца» Откр.19:7-9.

Как известно, невеста не входит в число званных на брачный пир, по той простой причине, что – это ее брак. Она не званная на брачном пире, а вместе с женихом – она хозяйка этого пира. Остальные присутствующие, – друзья жениха, подруги невесты, родственники, гости, (кроме родителей) – это званные персоны.

Здесь Господь явно говорит о двух группах: Агнец и жена Его, которая приготовила себя и званные на брачную вечерю.

Как нам понимать эту притчу? Мы уже уяснили, речь не идет о невесте – Церкви, которая вместе с женихом – Христом, как хозяйка, будет восседать на этом браке, но о званных на брачный пир. «...пришел жених и готовые вошли с ним на брачный пир, и двери затворились» Матф.25:1-13. Следовательно, эта притча совершенно не касается Церкви. Многие путают это и, таким образом, происходит искажение ее смысла. Церковь войдет в Царство Небесное; но Царство Небесное, это не только Церковь; но нечто гораздо большее.

Ситуация такова: Невеста – Церковь пригласила 10 своих подруг быть на ее браке. К сожалению, пять подруг оказались неготовыми. (Интересно, какие друзья будут со стороны жениха?) Никто не будет спорить, что невеста и званные на брачный пир, это не одно и тоже. Между ними огромная разница. По всей видимости, это и есть разница между Церковью Христа и спасенными народами, которые будут населять Новую Землю.

Мы должны помнить, что Христос жил на Востоке и говоря эту притчу, Он говорил ее людям, которые также жили на Востоке окруженные многообразием Восточных традиций и обычаев. Здесь нам и следует искать разгадку смысла этой притчи.

Традиции и обычаи Востока достаточно своеобразны, по сравнению с обычаями Западных народов. Как говорится в известной пословице: «Восток – дело тонкое». Кто родился и вырос в Украине, в Германии или в Америке, трудно будет разглядеть смысл этой притчи, не зная восточных традиций.

На Востоке, было обычным явлением, особенно в старые времена, что невеста и жених вообще не видят друг друга до самой свадьбы. (Вспомните Исаака и Ревеку.)

Кроме этого, невеста не знает точного времени, когда за ней придет жених со своими друзьями. Она знает день свадьбы, но не знает в какое время. Поэтому невеста должна быть готова всегда.

Если жених застает невесту не собранной или спящей, это является позором не только для дома невесты, но и для всего селения. Девы, гости, которые сопровождают невесту, если жених запаздывает, могут себе позволить даже вздремнуть, но только не невеста. Она должна в любое время быть готова встретить своего жениха в полном наряде, приготовленная. Поэтому, невеста не заснет никогда!

Это полностью согласуется с тем, что мы читаем в Писании о Церкви ожидающей и желающей пришествия дня Господня. Именно так заканчивается притча и о десяти девах: «Итак, бодрствуйте, потому что не знаете ни дня, ни часа, в который придет Сын Человеческий» Матф.25:13. В этих словах заключается основной смысл притчи.

Многие места Писания призывают нас бодрствовать. Апостол Павел пишет Фессалоникийцам о пришествии: «Но вы, братья, не во тьме, чтобы день застал вас, как тать; ибо все вы сыны света и сыны дня: мы – не сыны ночи, ни тьмы. Итак, не будем спать, как и прочие, но будем бодрствовать и трезвиться» 1Фес.5:4-6.

Нигде, в Писании, мы не находим, что Церковь дойдет до спящего состояния, (а девы заснули все; и неразумные и мудрые) напротив, мы находим множество призывов бодрствовать. В самые страшные дни Великой Скорби, Церковь Христа будет бодрствовать и смело свидетельствовать, даже до страданий и смерти. Понятно, что спящая Церковь не в состоянии это делать.

Много еще в духовном мире такого, что наш человеческий разум, ограниченный рамками материальности, не в состоянии охватить до конца. Это нормально. Пусть это не смущает нас, но стремиться к этому нужно. Бог поощряет такие стремления. Богу всегда были приятны люди ищущие, пытливые, желающие познать больше через изучение Его Слова. Давид, Даниил, Апостол Павел и многие другие пророки и сильные мужи Божии, изучали и познавали мир посредством Писания и откровения свыше.

Такие люди всегда были предметом особого внимания Господа.

Я лично, когда встречаются вопросы, на которые трудно дать однозначный ответ, успокаиваю себя словами Писания: «Судия всей земли поступит ли неправосудно?» Быт.18:25.

Путь Церкви

Многие места Писания свидетельствуют о роли Христа в земной истории. Три первые главы Послания к Ефесянам повествуют нам о грандиозном Плане Божием и открывают великую перспективу Церкви, которая вместе со Христом станет «превыше всего на небесах». (Еф.1:22-23) Получив от Бога откровение об этом обетовании, Павел взволнованно начинает четвертую главу умоляя нас поступать достойно звания, в которое мы призваны.

В Послании к Филиппийцам, Павел призывает нас быть настолько близкими к Господу, чтобы даже чувства Господа наполняли наши сердца. «Ибо в вас должны быть те же чувствования, что и во Христе Иисусе: Он, будучи образом Божиим, не почитал хищением быть равным Богу; но уничижил Себя самого, приняв образ раба, сделавшись подобным человекам и по виду став как человек; смирил Себя, быв послушным даже до смерти, и смерти крестной. Посему и Бог превознес Его и дал Ему имя выше всякого имени, дабы пред именем Иисуса преклонилось всякое колено небесных, земных и преисподних, и всякий язык исповедал, что Господь Иисус Христос в славу Бога Отца» Фил.2:5-11.

Здесь, Дух Святой, в телеграммной форме, открывает нам каким путем шел Иисус Христос к славе. Путь смирения и любви доступен любому человеку на земле. Писание не учит нас как верою переставлять горы, но как можно путем смирения, терпения и любви, путем служения своему ближнему, достичь звания «высшей почести» во Христе Иисусе. Не каждый человек может быть Билли Грэмом или Апостолом Павлом, но каждый человек, (если захочет) может смиряться и, в терпении, в любви и страданиях, достигнуть вечной жизни.

Нам порою кажется, что Бог ожидает от нас каких-то особых подвигов, но давайте вспомним, какие заслуги были у нищего Лазаря? Он не проповедовал на стадионах, не открывал новые синагоги, не был священником или левитом в храме, не писал богословские книги. Что особенного он сделал? Какие подвиги веры он имел в своем багаже? Ответ простой: – Лазарь в смирении и терпении, без ропота и проклятий, проходил свое земное поприще и отнесен был Ангелами в райское лоно Авраамово.

Мы прочитали, что всякое колено небесных, земных и преисподних сил преклонится пред Иисусом Христом Господом нашим. (Фил.2:5-11) Павел прямо указывает на три сферы бытия: небесная, земная и преисподняя и открывает нам, в конце концов, всякое колено небесных, земных и преисподних сил преклонится пред Иисусом Христом.

Мы не знаем, преклонились ли пред Иисусом Христом всякое колено на небесах? Мы не знаем, преклонилось ли пред Иисусом Христом всякое колено в преисподнем мире? Может быть уже преклонились.

Но точно знаем, на земле еще не всякое колено преклонилось пред Господом. Многие люди, сегодня, отвергают Бога не желая покориться под Его сильную руку. Следовательно, процесс формирования мира еще не закончен, но, по всем признакам, приближается к концу. Многие богословы уверены, нынешнее поколение – это поколение, которое будет встречать приход Христа за Церковью.

В Нагорной Проповеди Иисуса Христа есть наставление: «Блаженны вы, когда будут поносить вас и гнать и всячески неправедно злословить за Меня; радуйтесь и веселитесь, ибо велика ваша награда на небесах» Матф.5:11-12.

Эту истину Христос доказал Своею жизнью. Наверное, никого более так не гнали и злословили, как нашего Господа и Спасителя. И вот результат: Его имя поставлено Богом выше всякого имени на небе и на земле. Пред именем Иисуса преклонится всякое колено небесных сил, земных и преисподних.

Вы можете возразить: сегодня, во многих странах, нет гонений за проповедь и веру. Но злословие вы можете получить не только за проповедь Евангелия. Попробуйте бороться с неправдой, которая является весьма ненавистным грехом в глазах Божиих и вы быстро получите свою порцию гонений в любой стране.

«Чтобы... ты знал, как должно поступать доме Божием, который есть Церковь Бога столп и утверждение истины» 1Тим.3:15. Поэтому, задача каждого христианина бороться со злом, грехом и неправдой. Но когда мы видим неправду в окружающем мире, всегда ли мы находим в себе силы, желание и смелость обличать это зло? Писание говорит, если видим брата согрешающего, мы должны подойти и обличить его, и если брат примет обличение, покается и оставит грех, мы приобретем брата для вечности. (Матф.18:15-17)

Апостол Павел пишет Тимофею: «Согрешающих обличай пред всеми, чтоб и прочие страх имели» 1Тим.5:20. Легко сказать: «обличай пред всеми...» Как много найдется сегодня людей, готовых пред всеми обличать? – Сразу наживешь себе врага. А если этот согрешающий имеет какую-то власть и позицию в мирской жизни или в церковной? – Тут тебе почти гарантированы гонения. Мало кто сегодня решается на открытые обличения зная, что любые обличения, почти наверняка, вызовут ответный огонь и отношения будут испорчены.

Поэтому, многие христиане видя брата или сестру согрешающих, (или друзей, соседей, сотрудников по работе) предпочитают молчать и не бороться с неправдой под благовидным предлогом: «К миру призвал нас Господь...» Но, таким образом, мы сами лишаем себя награды на небесах, а люди, которых мы не обличили, если не остановятся, придут к печальному финалу. Ибо мы читаем о Царстве Небесном: «Не войдет в него ничто нечистое, и никто преданный мерзости и лжи...» Откр.21:27.

«А вне – псы, и чародеи, и любодеи и убийцы, и идолослужители и всякий любящий и делающий неправду» Откр.22:15. Кроме печальной участи всех лжецов в вечности, когда ситуация с ложью в стране достигает критической точки, Бог за ложь и неправду наказывает целые народы: «И скажи народу земли: так говорит Господь Бог о жителях Иерусалима, о земле Израилевой: они хлеб свой будут есть с печалью и воду свою будут пить в унынии, потому что земля его будет лишена всего изобилия своего за неправды всех живущих на ней» Иез.12:19. Таким образом, у истинного христианина всегда есть много работы и одна из задач, – борьба с неправдой.

В чем состоит смысл фразы бороться с неправдой? Чтобы иметь право обличать, наша жизнь должна быть честной. Тогда мы будем иметь моральное право помогать другим избавляться от неправды.

Печальная ситуация в том, что немало христиан, сегодня, не могут открыть рот для обличения и борьбы с неправдой, потому что у самих не все в порядке в этом плане. Только победив неправду в своей жизни, мы можем приступать ко второй части борьбы: – Теперь мы имеем право обличать других. Иначе все будет выглядеть, как в притче о соринке и бревне и, от нашего обличения, будет больше вреда, чем пользы.

В этом заключается смысл слов Христа: «Вы соль земли». Если благодаря вам на земле станет меньше неправды: – вы соль земли. Поэтому на вопрос: как бороться с ложью? Есть простой ответ: — Не допускать ее в свою жизнь и обличать ложь в окружающих. «Да отступит от неправды всякий исповедующий имя Господа» 2 Тим.2:19.

Становясь на путь обличения лжи, мы вторгаемся в сферу, в которой господствует дьявол. Когда лжецы говорят ложь, они говорят слова дьявола, ибо он есть отец лжи.

Кто говорит правду, говорит слова Бога, ибо Он есть Истина и Отец Истины. Таким образом, по окончании земного поприща, все дети пойдут к своим отцам. Кто любит истину, говорит истину и живет по истине, пойдет к Отцу Истины, а кто живет по законам лжи, говорит ложь, пойдет к отцу лжи.

Писание не просто так говорит: «...от слов своих человек оправдается, и от слов своих осудится». (Матф.12:37)

«Если вы знаете, что Он праведник, знайте и то, что всякий делающий правду, рожден от Него» 1Иоан.2:29.

На земле есть тысячи разных школ, колледжей, институтов, университетов и т.п. заведений, в которых обучают самым разным профессиям. Но ни одно учебное заведение в мире не производит специалистов, которые способны заниматься особым строительством: – «созидание тела Христова».

Только Церковь имеет эту привилегию. Под руководством Святого Духа, осуществлять подготовку святых, которые входят в служение и становятся в ряды строителей тела Христова. «И Он поставил одних Апостолами, других пророками, иных Евангелистами, иных пастырями и учителями, к совершению святых, на дело служения, для созидания тела Христова,...» Еф.4:11-12.

Хочу обратить внимание на уникальный процесс

этого строительства: Все строители, созидая тело Христа, фактически созидают себя самих и чем больше отдают, тем больше получают.

«Но истинною любовью все возвращали в Того, Который есть глава Христос, из Которого все тело, составляемое и совокупляемое посредством всяких взаимно скрепляющих связей, при действии в свою меру каждого члена, получает приращение для созидания самого себя в любви» Еф.4:15-16.

Нам обычно кажется, что «там на верху» они все видят, все знают, а «здесь внизу» от нас, многое сокрыто. Но тайна Церкви была сокрыта и от небесных начальств и властей. Только когда родилась Церковь, властям на небесах стала известна многоразличная премудрость Божия.

«Бог, богатый милостью, по Своей великой любви, которую возлюбил нас, и нас, мертвых по преступлениям, оживотворил со Христом, – благодатью вы спасены, – и воскресил с Ним, и посадил на небесах во Христе Иисусе» Еф.2,4-6.

Входя Духом Святым в Церковь, мы уже находимся во Христе на небесах. Войти в Царство Божие – это не значит войти в него после смерти тела; это значит войти сейчас, жить по его законам и быть его гражданином.

Апостолу Павлу, через многие откровения Божии и видения, было открыто, что ожидает верующих в Сына Божия, поэтому он так страстно обращается ко всем христианам: «...умоляю вас поступать достойно звания» Еф.4:1.

Далее он говорит еще более убедительно: «Посему я говорю и заклинаю вас Господом, чтобы вы более не поступали, как поступают прочие народы, по суетности ума своего, будучи помрачены в разуме, отчуждены от жизни Божией, по причине их невежества и ожесточения сердца их... Но вы не так познали Христа, потому что вы слышали о Нем и в Нем научились, – так как истина во Иисусе, – отложить прежний образ жизни ветхого человека, истлевающего в обольстительных похотях, а обновиться духом ума вашего и облечься в нового человека, созданного по Богу, в праведности и святости истины» Еф.4:17-24. Да благословит нас Бог, крепко держаться этого образа.

Полнота Церкви

Число десять – символ математической полноты. Оно много раз встречается в Писании. Ниже перечислены десять граней полноты служения Церкви.

1. Через Церковь начальствам и властям на небесах стала известна многоразличная премудрость Божия. Еф. 3:8-12.

2. Церковь стала Ковчегом Спасения для погибающего человечества. Д.А.2:47. Кол.1:18-22. Еф.5:25-27.

3. Посредством Церкви и под главою Христа, Бог примиряет и объединяет небесное и земное. Еф.1:9-10.

4. Церковь, слагаясь, стройно возрастает святым храмом в Господе, через который верующие устрояются в жилище Божие Духом. Еф.2:19-22.

5. Бог, через Церковь, устраняет преграду между Старым и Новым Заветами. Кол.3:10-11. Гал.3:27-28. Еф.2:1-18

6. Через Церковь верующие исполняются всей полнотою Божией. Еф.3:14-19.

7. Через Церковь мы получаем усынов-

ление, становимся детьми Божьими и наследниками во Христе Иисусе. Гал.4:4-7. Рим.8:15-18. Еф.1:5. Еф.2:4-8. Еф.1:9-11.

8. Церковь – столп и утверждение истины, светит истинным светом указывая людям путь к спасению; она до конца будет бороться с грехом и ложью на земле. 1Тим.3:15.

9. Церковь – это единственное учебное заведение на земле, в котором готовятся уникальные строители, которые совершают святых и строят тело Христово. Еф.4:11-12.

10. Через Христа, Основателя и краеугольного Камня Церкви, Бог, не вменяет людям преступлений и покрывает нас праведностью Иисуса Христа. 2Кор.5:17-21.

Враг душ человеческих прилагает огромные усилия, чтобы разрушить Церковь. Христос на земле перенес много страданий. Теперь Господь на небесах, но на земле осталось Его тело, поэтому, свою злобу и ненависть дьявол перенес на Церковь. Мы не должны удивляться встречая факты гонений, скорбей и других нападок врага. Гнали Меня, будут гнать и вас, – говорил Христос Своим ученикам. История Церкви доказывает, это были не пустые слова.

Страшные Близнецы

В Едемском саду грех одержал победу над человеком и на земле родилась смерть, – самый живучий враг. В конце веков смерть истребится последняя, ибо, прежде чем истребить смерть, из вселенной должен быть истреблен всякий грех, ставший причиной рождения смерти.

Мы привыкли думать, что первый ребенок, которого родили Адам и Ева – это Каин. Но знаете ли вы, прежде чем Адам и Ева родили Каина, у них родились страшные близнецы! Имя этим близнецам – Грех и Смерть. Похоть, зачавши рождает грех, а сделанный грех, рождает смерть, – говорит Писание. (Иак.1:15)

Ева, послушав змея, увидела, что плод вожделенный и, в ее душе, как роса на траве, появилась похоть, которая зачала грех. В этот момент, у Евы еще было время остановиться. Но, увы, Ева, пошла на поводу у похоти и, сделала грех. Это ужасное событие, как гром прозвучало во Вселенной. Весь духовный мир пришел в движение. Одни, оплакивали жемчужину Вселенной – землю, понимая последствия греха, а другие, – со злорадством ликовали, – на земле родились грех и смерть.

Вместе с грехом и смертью, на нашу Землю заползли другие мерзкие твари, – последствия греха. Болезни, немощи, голод, боль, зло, страдания и т.п., все что проявилось, впоследствии, в делах плоти. Благодарение Богу, – всю эту компанию Христос пригвоздил ко кресту вместе с грехом.

Скорбь была и в животном мире: – к ним, также пришла смерть. До этого, животные, как и люди, были бессмертными. Мы читаем в Послании к Римлянам: «Ибо тварь с надеждою ожидает откровения сынов Божиих, – потому что тварь покорилась суете не добровольно, но по воле покорившего (ее), – в надежде, что и сама тварь освобождена будет от рабства тлению в свободу славы детей Божиих. Ибо знаем, что вся тварь совокупно стенает и мучится доныне; и не только она, но и мы сами, имея начаток Духа, и мы в себе стенаем, ожидая усыновления, искупления тела нашего» Рим.8:19-23. (*Это место Писания дает основание полагать, что в будущей жизни на Новой Земле будут обитать и животные.*)

Таким образом, для спасения человечества, Христу предстояло решить две колоссальные задачи: Он должен был победить грех и полностью исполнить закон. Это было далеко не простое дело. До Иисуса Христа никто не мог этого сделать: «Ибо делами закона на оправдается никакая плоть» Гал.2:16.

Писание называет Христа Адам с неба. Он имел непорочное зачатие, которое обрубило греховные корни Едема в Его плоти, поэтому дьяволу надо было, чтобы Христос согрешил, хотя бы один раз. Тогда Смерть ужалила бы Его жалом греха, как жалила она миллионы людей и, плоть Христа, принадлежала бы ей по закону.

Благодарение Господу: <u>Он ни разу не согрешил</u>. Таким образом Христос победил грех и был свободен от притязаний смерти. Он имел право сказать Своим Ученикам на тайной вечере: «Уже не много Мне говорить с вами, ибо идет князь мира сего, и во Мне не имеет ничего» Иоан.14:30.

Если кто-то решится сказать сегодня, как Христос: «князь мира не имеет во мне ничего», дьявол быстро напомнит любому человеку список его согрешений. Братья и сестры, прошедшие тюрьмы и лагеря, когда были на допросах и судебных заседаниях, удивлялись, как много было написано против них. Выяснялось, что за ними давно следили, записывали все, что они делали, что говорили, с кем встречались и власти предъявляли им обвинения на основании этих рукописаний.

Благодарение Богу, благодаря жертве нашего Господа, дьявол не сможет предоставить на суд его рукописание, написанное против нас: Христос взял его из среды и пригвоздил ко кресту.

Это было особое рукописание. Его нельзя было взять и просто выбросить в мусорный ящик. Чтобы истребить его, Христу пришлось сойти на землю, победить грех, возложить его на Себя и умереть на кресте с этим рукописанием на плечах. Никто, более, не имел права взять это рукописание; для этого необходима была совершенно безгрешная плоть.

Даже Пилат, как верховный судья от светской власти, засвидетельствовал: Христос не сделал ничего достойного смерти. Но Его оболгали, назвали злодеем, жестоко избили, лицемерно судили и убили руками беззаконных. «Потому любит Меня Отец, что Я отдаю Жизнь Мою, чтобы опять принять ее; никто не отнимает ее у Меня, но Я Сам отдаю ее: имею власть отдать ее и власть имею опять принять ее» Иоан.10:17-18.

Представьте, какое потрясение произвело это в Державе Смерти: К ним попадает Дух Человека с земли, таким же путем, как и остальные души – через смерть тела. Но вот проблема! Смерть забрала в свою державу Того, Кого <u>она не имела права забирать</u>! Смерть прикоснулась к Тому, к Кому <u>она не имела права прикасаться</u>. Все души, попадали в преисподнее царство смерти за свои грехи, но в теле Христа нет жала греха.

Таким образом, <u>Смерть согрешила нарушив закон Вселенной</u>: – **Она поразила Того, Кого она не имела права поражать!**

Никто в Державе Смерти не имел права к Нему прикасаться. Ад и Смерть не имели над Ним власти. Христос беспрепятственно проповедует духам находящимся в темнице и, как власть имеющий, забирает у побежденного дьявола ключи ада и смерти.

Поскольку, Христос, исполнивший Закон и не сделавший греха, не должен был умирать, державная сила Бога восстанавливает справедливость и воскрешает Его из мертвых. Преисподняя не смела Его удерживать.

«Он расторгнул узы смерти» Деян.Ап.2:24..

«А как дети причастны плоти и крови, то и Он также восприял оные, дабы смертью лишить силы имеющего державу смерти, то есть дьявола» Евр.2:14.

Своей победой, Господь лишил дьявола его главного оружия – Смерти. С этого времени, людям открылись врата Царства Небесного, а Держава Смерти лишилась своих слуг, – Греха и Смерти. Люди продолжали грешить, но грехи их омывались жертвенной Кровью Господа и, вместо Державы Смерти, души верующих уходили в Царство Небесное. «Ныне же будешь со Мною в раю» – Эти слова Христа, благоразумному разбойнику на кресте, говорят нам о многом!

Победа Иисуса Христа над грехом и смертью, открыла дорогу Духу Святому, Который теперь постоянно находится на земле и совершает титаническую работу по созиданию Церкви Христовой. До победы Иисуса Христа, Дух Святой пребывал на отдельных избранных мужах Божиих, на пророках и священниках. После победы, Дух Святой живет в нерукотворенных храмах миллиардов рожденных свыше христиан, устрояя их в Тело Христово – Церковь.

«Посему, как <u>преступлением одного</u> **всем человекам** осуждение, так <u>правдою одного</u> **всем человекам** <u>оправдание к жизни</u>. Ибо, если преступлением одного смерть царствовала посредством одного, то тем более приемлющее обилие благодати и дар праведности будут царствовать в жизни посредством единого Иисуса Христа» Рим.5:17-18.

Одержав победу в земном Адаме, дьявол потерпел поражение от Небесного Адама.

Беседуя с учениками, Господь привел на примере Иоана Крестителя, реальную картину контраста праведности человеческой и стандартов Неба. «Истинно говорю вам: из рожденных женами не восставал больший Иоанна Крестителя; но меньший в Царстве Небесном больше его» Матф.11:11.

Немного подробнее поговорим о праведности в Иисусе Христе. Посмотрите, даже Иоан Креститель, наибольший из пророков, не дотягивал до стандартов Царства Небесного. Меньший в Царстве Небесном, был больше его. Поэтому, шансов, спастись своими стараниями, у человечества не было никаких.

Проблему эту Господь решает посредством Церкви. Каждый возрожденный христианин, <u>входя Духом Святым в Тело Господа – Церковь</u>, покрывается абсолютной праведностью Христа. Вместе с праведностью, христианин получает еще один подарок, – оправдание.

В прощении, всегда остается доля вины: – «Да, тебя простили, но ты был виновен; ты делал плохие поступки, но тебя пожалели и простили». Т.е. поступки, как темное пятно, остались в твоей биографии, просто за них решили тебя не наказывать, а простить.

Оправдание – это высшая степень. Это признание, что человек совершенно не причастен к каким-то негативным делам. Его не надо прощать за какие-то провинности. Он чист. Он не виновен. Таким образом, оправдание, – весьма ценный дар от Господа и, этот дар, дается нам вместе с праведностью Иисуса Христа. Мы, ни коим образом, не заслужили этот дар; это Его великая любовь к нам, милость, благодать и человеколюбие. Да будет имя

Его благословенно!

От Адама и до ныне, люди умирали за свои грехи. Все они, вкусив смерть, попадали в Державу Смерти законно, ибо возмездие за грех – смерть. В этом плане, дьявол не был виновен в их смерти; ужаленные грехом люди умирали заслуженно. Каждый раз, когда человек делает грех, его жалит смерть. Сколько раз в день согрешает человек – столько раз смерть вонзает в него свое жало.

Мы не видим на теле человека следов от этого жала. Это сокрыто от наших глаз. Но следы этого жала видит Бог, видят Ангелы, видит духовный мир. Мы можем видеть сегодня на экране телевизора какого-нибудь артиста, бизнесмена, политика, видеть их гладкими, румяными, процветающими и преуспевающими. Но если Бог открыл бы наши духовные очи, мы бы пришли в ужас увидев, насколько тот или иной человек, может быть изжален жалом смерти и является, по сути дела, живым трупом. «Жало же смерти – грех; а сила греха – закон» 1Кор.15:56.

«Кто соблюдает весь закон и согрешит в одном чем-нибудь, тот становится виновным во всем» Иак.2:10.

До Христа никто не мог победить грех. Грех, как исполин на арене, неизменно выходил победителем и умножался. «А когда умножился грех, стала преизобиловать благодать, дабы, как грех царствовал к смерти, так и благодать воцарилась чрез праведность к жизни вечной Иисусом Христом, Господом нашим» Рим.5:20-21.

В земной миссии Христа исполнение Закона Божия, имело критически важное значение. Исполнив закон Христос доказал, что Бог не дал людям закон, который невозможно было исполнить. Как пишет Апостол Павел: «А что законом никто не оправдывается пред Богом, это ясно, потому что праведный верою жив будет» Гал.3:11. Гал.2:16.

Таким образом, грехи не могли войти в Тело Иисуса. В Его Теле не было жала греха, поэтому наши грехи были возложены на Него. «Но Он <u>взял на Себя</u> наши немощи, и <u>понес</u> наши болезни... и к злодеям притчен был, тогда как <u>Он понес на Себе грех многих</u> и за преступников сделался ходатаем» Ис.53гл.

Грехи, с телом Иисуса, возлагаются на крест и поднимаются от земли. В этом глубокая символика. Грех поднимается от земли и лишается своей земной житницы, где пожинал обильную жатву. Закон говорит: «Проклят всяк висящий на древе». Следовательно, если какого-то человека распинали, вина его была настолько велика, что на него автоматически падало проклятье.

С Христом была иная ситуация. Христос не мог быть проклят по закону, ибо Он исполнил закон. Тело нашего Господа было чистым и непорочным, поэтому, проклятье не могло пристать ко Христу, но поразило и заклеймило пригвожденный, вместе с телом Иисуса, ко кресту грех.

Таким образом, в Иисусе Христе, Бог начал процесс уничтожения греха, который будет завершен в конце веков. «Он же однажды, к концу веков, явился для уничтожения греха жертвою Своею» Евр.9:26. Очевидно, что вместе с грехом была проклята и Смерть, ибо Смерть и Грех не разделимы.

Одним человеком грех вошел в мир и одним Человеком он побеждается. Одним грехом в мире стали царствовать грех и смерть и одной праведной жизнью они уничтожаются. Как поражение одного человека, стало поражением всего человечества, так и победа одного Человека, стала победой всего человечества. (Евр.9:26. Рим.5:16-19) Слава Богу за Его чудесный план!

Благоговение

Когда на Христа были возложены грехи всех людей, произошло разделение Его с Богом Отцом. Произошло самое страшное, чего Он так страшился. Христос, победивший грех, сохранивший абсолютную святость, – покрывается самыми страшными грехами и теряет присутствие Отца Небесного. Поэтому Христос агонически горько восклицает: «Боже Мой, Боже Мой, для чего Ты Меня оставил?» Матф.27:46.

Здесь я обращаю внимание на мощное духовное оружие христианина, которое называется «благоговение». Это оружие действует безотказно в самых критических ситуациях. В Послании к Евреям мы читаем: «Он, во дни плоти Своей, с сильным воплем и со слезами принес молитвы и моления могущему спасти Его от смерти, и услышан был за Свое благоговение» Евр.5:7.

Итак, благоговение! Посмотрите, какое значение оно имеет в глазах Божиих! Когда совершилось самое страшное: – Бог оставляет Христа, ибо на Него возлагаются грехи человечества, Господь, с сильным воплем, со слезами принес молитвы и моления Богу и был услышан не за то, что Он исполнил Закон и прожил безгрешную жизнь, – <u>но за Свое благоговение</u>!

Это пример страждущим и ищущим Господа: Может быть ваша жизнь полна грехов и пороков, от которых вы так устали и кажется, Бог отвернулся и оставил вас. Я хочу ободрить вас замечательной истиной: – начните молиться особой молитвой; со слезами и благоговением. Ваша молитва обязательно будет услышана. Бог принял молитву Христа в тот момент, когда грехи всего человечества разделили Его с Отцом. В это время, ничто другое не могло открыть дорогу в небо молитвам и молениям Господа. Только <u>глубокое благоговение</u> пробило греховные тучи разделяющие Его с Богом и Он был услышан «за Свое благоговение».

Тайна Ангелов

Говоря о вечности и о Царстве Небесном, нельзя обойти вопрос Ангелов; неотделимую часть Царства Небесного. Ангелы имеют доступ к земной жизни, как исполнители Божьей Воли, как посланники и сослужители людям. В Библии мы имеем множество мест, в которых упоминается об огромной роли Ангелов в жизни людей.

В Писании мы находим упоминания разного рода служения Ангелов. Они имеют способность появляться и исчезать, имеют способность являться так, что одни люди видят их, а другие не видят, могут находиться на земле, как обычные люди и т.п.

Христос предупреждает нас, чтобы мы не обижали слабых и немощных: «...ибо Ангелы их на небесах всегда видят лицо Отца Моего Небесного» Матф.18:10. Значит у каждого человека есть Ангел, который видит лицо Отца Небесного.

В Псалмах мы читаем: «Ангел Господень ополчается вокруг боящихся Его и избавляет их» Пс.33:8. В Книге Бытие Патриарх Иаков в молитве благословения говорит: «Ангел, избавляющий меня от всякого зла...» Быт.48:16. Люди порою говорят в молитвах: «Господи, пошли нам Ангела – хранителя...» Как видно из этих мест Писания, такие просьбы имеют под собой основание.

Таким образом, можно основательно говорить: роль Ангелов в нашей жизни очень велика. В вечности мы увидим полную картину, как каждому человеку служили невидимые Ангелы, наши верные друзья и хранители.

Сколько их у каждого человека? Один? Два? Или больше? Пребывают ли они постоянно с человеком или прилетают периодически проверить, как тут идут дела?

Но только ли в человеческих судьбах участвуют Ангелы? Джон Мильтон в книге «Потерянный и возвращенный рай» описывает служение Ангелов во Вселенной. Огромное количество Ангелов принимают участие в поддержании порядка и функционировании Вселенной. В Книге Откровения мы читаем о четырех Ангелах, которые держали четыре ветра земли.

Умер Лазарь и был отнесен Ангелами на лоно Авраамово. Написано во множественном числе. Сколько их было? Какие это Ангелы? Те ли это Ангелы, которые пребывают с человеком во время его земной жизни или специальная команда прилетает с неба? Вот было бы хорошо, если мы могли бы увидеть их, хоть на одну секундочку, в тот момент, когда они забирают душу человеческую на небо.

Если сейчас кто-то выйдет из плоти и поднимется над землею. А дальше что? – Куда лететь? Перед нами откроется бескрайний космос. – Но в какой стороне Царство Небесное? Ясно, без помощи Ангелов человеку не обойтись.

А кто уносит души человеческие в ад? Какие Ангелы? Мы видим из Писания, что Ангелы тоже бывают разные. В Послании к Коринфянам Апостол Павел пишет об ангеле сатаны. 2Кор.12:7.

Злой дух от Бога находил на Саула, – мы читаем в 1-ой Книге Царств. Когда Господь шел поражать первенцев Египта, Он не допускал губителю входить в домы Израильтян. Исх.12:23. Кто этот губитель? Особый Ангел Смерти, которому Господь поручил эту страшную работу? Или некто еще?

В Притчах Соломона мы читаем: «...жестокий ангел будет послан против него» Пр.17:11. В Откровении мы читаем об ангеле бездны. Откр.9:11.

До своего падения, сатана был Ангелом Света.

Если со стороны Бога у каждого человека есть свой Ангел хранитель, то наверное со стороны дьявола у человека есть свой ангел – искуситель или что-то в этом роде. Ангел хранитель, – а может это его голос мы слышим, как голос совести?

Все ли Ангелы исполняют Божью волю? Мы находим места Писания о том, что Ангелы, как и люди, порою, также ведут себя по разному.

Третья часть Ангелов последовала за сатаною. Еще одна группа Ангелов, оставши небесные жилища, не сохранили своего достоинства и ожидают теперь суда находясь в узах адского мрака. Есть достаточно разные характеристики Ангелов в Священном Писании.

Небо, на котором сегодня обитает Бог и Ангелы, еще находится в зоне где бывает и сатана. Мы читаем в Книге Иова: «предстали пред Богом сыны Божии и пришел между ними и сатана». На небе никто этому не удивился и Бог совершенно спокойно разговаривал с сатаной. В Книге Откровения (12-я гл.) мы читаем, только во время Седьмой Трубы, на небе произойдет война в результате которой, вселенная будет очищена от сатаны и его ангелов.

Поэтому Апостол Петр пишет, что нынешнее небо *(оскверненное сатаной и будущей войной)* и земля сберегаются огню. «А нынешние небеса и земля,... сберегаются огню на день суда и погибели нечестивых человеков» 2 Петр.3:7.

Где-то, в невидимом мире, есть также место, где

содержатся на день суда ангелы не сохранившие своего достоинства. «Ибо, если Бог ангелов согрешивших не пощадил, но, связав узами адского мрака, предал блюсти на суд для наказания...» 2 Петр.2:4. Что это за ангелы?

Апостол Иуда, также упоминает ангелов и открывает в чем состояло их преступление. Они, по какой то причине, самовольно оставили свои небесные жилища и не сохранили своего достоинства. «И ангелов, не сохранивших своего достоинства, но оставивших свое жилище, соблюдает в вечных узах, под мраком, на суд великого дня» Иуда.1:6.

Здесь возникает вопросы: Если ангелы оставили свои жилища, куда направились эти ангелы, когда они вышли из своих небесных обителей? Как долго жили в том месте эти непослушные ангелы? Чем они занимались? Почему за это их связали узами адского мрака и будут судить?

Многие современные богословы, в том числе Иудейские раввины, считают, что речь здесь идет о сынах Божиих, о которых мы читаем в Книге Бытие. «Тогда сыны Божии увидели дочерей человеческих, что они красивы, и брали их себе в жены, какую кто избрал... В то время были на земле исполины, особенно же с того времени, как сыны Божии стали входить к дочерям человеческим, и они стали рождать им. Это сильные, издревле славные люди» Быт.6:2-4.

Другие богословы полагают, ангелы не сохранившие своего достоинства, это те ангелы, которых увлек за собою сатана.

Это мнение имеет значительные разногласия. Ангелы, которых увлек за собою сатана, сейчас, вместе со своим господином, господствуют в воздухе и действуют в сынах противления. «И вас, мертвых по преступлениям и грехам вашим, в которых вы некогда жили, по обычаю мира сего, по воле князя, господствующего в воздухе, духа, действующего ныне в сынах противления, между которыми и мы все жили некогда по нашим плотским похотям, исполняя желания плоти и помыслов...» Еф.2:1-3.

И еще одно место: «Потому что наша брань не против плоти и крови, но против начальств, против властей, против мироправителей тьмы века сего, против духов злобы поднебесных» Еф.6:12.

Когда настанет Великая Скорбь, во время Седьмой Трубы, (последней трубы) дракон и ангелы его будут воевать на небе против Архангела Михаила и Ангелов Божиих и потерпят сокрушительное поражение. В результате, небо будет полностью очищено от дьявола и его ангелов. «И произошла на небе война: Михаил и Ангелы его воевали против дракона, и дракон и ангелы его воевали против них, но не устояли, и не нашлось уже для них места на небе» Откр.12:7-8.

Это будет страшное время в земной истории. При последней Седьмой Трубе, (1Кор.15,51-52. 1Фес.4:16-17.) Церковь Христа будет восхищена, а на земле начнется заключительный период ужасной скорби. Низвергнутые на землю, дьявол и его ангелы, после поражения в небесной войне, в страшной злобе, в ярости и досаде, будут терзать землю, пока Бог не свяжет сатану на тысячу лет.

Эти места Писания свидетельствуют: ангелы, которых увлек за собою сатана, пока еще находятся на свободе и продолжают служить своему господину.

Но ангелы, не сохранившие своего достоинства, <u>уже находятся в темнице</u> и будут находиться там до времени суда Великого Дня. Естественно, находясь в темнице, они не смогут принять участия ни в событиях последнего времени, ни в войне против Архангела Михаила и его Ангелов. Следовательно, это не одни и те же ангелы и здесь явно говорится о двух различных группах падших ангелов.

Где находится адский мрак во Вселенной? Очевидно, где-то в бескрайнем космосе, Бог отделил особое место и полностью лишил это место света. Ученые находят во Вселенной загадочные гигантские черные дыры, обладающие сверхмощной гравитацией, которые поглощают в себя все, что к ним приближается. Может быть, какая-то из таких черных дыр и содержит в себе ангелов не сохранивших своего достоинства.

Страшно представить ужас положения этих несчастных существ. Каждому человеку приходилось попадать в особо темные помещения, такие темные, что хоть откроешь глаза, хоть закроешь, нет никакой разницы: – полная темнота, ни малейшего пятнышка света, как говорится – не видно ни зги. Попробуйте мысленно поместить себя в помещение громадных размеров: например сто километров на сто и столько же в высоту. Полная темнота, полная невесомость и вы находитесь в середине этого помещения. Куда бы вы не направились, куда бы не повернулись, везде тьма, полная тьма, ни одной светлой искорки. Куда идти? Куда бежать? Ничего не видно, вокруг только тьма и пустота. Ужас!

А если это место будет размером с нашу галактику? Диаметром в миллионы световых лет? В таком месте не надо строить стен и заборов с колючей проволокой, не надо ставить сторожей с оружием для охраны. Оттуда никто, никогда, никуда не убежит. Там один только сторож: – «узы адского мрака».

Какое страшное состояние. Тысячи лет находиться, в полной темноте, в ожидании суда. В это время вспоминать свою прошлую жизнь в присутствии Бога, на небесах наполненных светом, вспоминать товарищей Ангелов, радость и счастье, которое текло там нескончаемым мирным потоком и... ждать, ждать, ждать. Ужас их положения не описать словами.

Из истории Израильского народа, мы находим описание одного уникального события, которое может послужить некоторой иллюстрацией к этому вопросу. В Книге Исход упоминается о казнях Египетских. Одна из этих казней заключалась в том, что на Египет упала «осязаемая тьма». Ни где более в Писании, мы не находим упоминания, о чем либо подобном. Люди не видели друг друга, не вставали со своих мест, скотина была во дворах, не нужна была ни охрана, ни высокие заборы, никто никуда не ходил, в полной темноте все тихо сидели на своих местах.

Писание называет нам два разных места, куда будут извергнуты осужденные грешники. Одно место говорит, что те кто не записан в Книгу Жизни будут брошены в озеро огненное, (Книга Откровения), а другое место говорит о неверных сынах царства, которые будут брошены во «тьму внешнюю». (Матф.8:12)

В притчах о Царстве Небесном, (Матф.22:13; 25:30) Христос также говорит, что неверные рабы будут выброшены во «тьму внешнюю», где будет плач и скрежет зубов.

Вся Вселенная наполнена светом. Многочисленные галактики, звездные миры, заполняют ее своим жемчужным светом. Она простирается на таком огромном пространстве, что его невозможно представить человеческим воображением. И везде есть свет.

Но вот Христос говорит здесь о «тьме внешней», куда будут выброшены противники Божии. Значит в этом месте совершенно не будет света. По всей видимости, на каком-то супердалеком расстоянии, где заканчивается звездная Вселенная, есть другой мир, в котором царствует тьма, которую Христос назвал определением говорящее нам о многом: «тьма внешняя». Это, по всей видимости, и есть «узы адского мрака». Так далеко будут выброшены враги Господа. Да сохранит нас Господь от такой участи.

Мы, земное племя, сотворенные по образу и подобию Божию. Бог, Который есть Отец светов, Который Сам есть Свет, родил нас словом истины. (Иак.1:17-18) Мы дети света, мы родились на земле наполненной светом, поэтому мы не можем себе представить жизни без света, ибо мы творение Того, Кто есть свет! «Бог есть свет, и нет в Нем никакой тьмы» 1Иоан.1:5. Древние теологи называли Бога: – «Свет, Который делает счастливым!» Это очень удачное сравнение Бога.

Таким образом, быть отвергнутым и отлученным от Бога, значит еще, – быть отлученным от света. Это страшно! Люди, не понимают и не могут себе представить величину этой трагедии. Находясь в полной темноте, знать и помнить, что у тебя был шанс примириться с Богом, что Он много раз звал тебя и ты много раз пренебрегал этим. Может по своему упорству, по своей гордыне, в угоду какой-то выгоде, каким-то идеям или понятиям, не желая оставить призрачный мир плотских удовольствий, эти воспоминания многократно будут усугублять мучения такого человека.

Немного подробней я хочу остановиться на вопросе сынов Божиих, который приводит к нескольким различным мнениям. Сразу хочу предупредить, чтобы мы не сильно надрывались в разборе этого вопроса и рассматривали его чисто с познавательной точки зрения, **ибо на наше спасение он не влияет.**

Часть богословов считают, что сыны Божии, о которых говорится в Книге Бытие – это сыны праведного Сифа, которым Бог заменил праведную ветвь убитого Авеля. После рождения у Сифа сына Еноса, стали призывать имя Господне. Писание говорит, что «всякий, кто призовет имя Господне, спасется» Рим.10:13. Следовательно, древние люди, когда Адаму было еще только 235 лет, уже стали заботиться о своем спасении.

В Писании мы находим места свидетельствующие, все, кто принадлежит Богу – есть Его сыны. «Ибо все, водимые Духом Божиим, суть сыны Божии» Рим.8:14.

«Ибо все вы сыны Божии по вере во Христа Иисуса; все вы, во Христа крестившиеся, во Христа облеклись» Гал.3:26-27.

Сейчас трудно сказать, водились ли Духом Божиим сыны Сифа или нет. Скорее всего – да, ибо никто не станет призывать имя Господне, если его не привлечет Господь. Сыны Сифа не могли стать сынами Божьими по вере во Христа Иисуса, ибо эта тайна, была еще сокрыта от веков и родов. Они, также, не могли креститься во Христа, но так как они призывали имя Господне, мы можем согласиться, что они водились Духом Божиим и поэтому их можно назвать также, и сынами Божьими.

Еще одно место записанное в Псалмах Давида: «Воздайте Господу, сыны Божии, воздайте Господу славу и честь» Пс.28:1. Во времена Давида верующих никогда не называли сынами Божьими, это понятие пришло уже с Новым Заветом. Следовательно, Давид ни в коем случае не имел здесь ввиду сынов Сифа или религиозных Иудеев. Более того, любые сравнения с Богом считались у Иудеев богохульством и за это строго наказывали. Много раз Иудеи собирались побить Христа камнями за то, что Он называл Себя Сыном Божием.

В Писании мы находим упоминание и о других сынах Божиих. В Книге Иова, Бог рассказывает Иову о творении земли и говорит, что сыны Божии уже были в это время и с восторгом наблюдали процесс творения. «Где ты был, когда Я полагал основание земли? Скажи, если знаешь. Кто положил меру ей, если знаешь? Или кто протягивал по ней вервь? На чем утверждены основания ее, или кто положил краеугольный камень ее, при общем ликовании утренних звезд, когда все сыны Божии восклицали от радости?» Иов.38:4-7.

Что это за сыны Божии? Конечно, это не могли быть сыны Сифа, о которых мы читаем в Книге Бытие, ибо тогда человек еще не был сотворен. Следовательно, у Бога есть и другие сыны, которые существовали раньше человека. Христос в Своем ответе саддукеям сказал, что те, которые достигнут воскресения мертвых и жизни будущего века, равны Ангелам и будут сынами Божьими. «А сподобившиеся достигнуть того века и воскресения из мертвых ни женятся, ни замуж не выходят, и умереть уже не могут, ибо они равны Ангелам и суть сыны Божии, будучи сынами воскресения» Лук.20:35-36.

В Книге Иова есть еще один аргумент в пользу того, что сыны Божии, – это совсем не обязательно потомки Сифа. «И был день, когда пришли сыны Божии предстать пред Господа; между ними пришел и сатана» Иов.1:6. Ясно, что не сыны Сифа, вместе с сатаной, приходили пред лицо Господа, но некие другие сыны Божии, которые продолжали находиться на небе, в то время, когда земная цивилизация уже далеко шагнула вперед.

Читая четвертую и пятую главы Книги Бытие, мы видим, что жизнь на земле активно развивалась. Люди жили долго, брали себе по нескольку жен, рождали детей и наполняли землю. В шестой главе мы находим нечто особенное: «тогда увидели сыны Божии дочерей человеческих, что они красивы и стали брать их себе в жены».

Здесь кажется довольно странным поведение сынов Божиих, если допустить, что это сыны Сифовы. Такое впечатление, что они росли в какой-то резервации, в которой не было ни одной женщины. Затем, однажды, они спустились с гор и у них открылись глаза: – они увидели, что дочери человеческие красивы!!? Если эти ребята родились и выросли на земле, наполненной дочерьми человеческими, то чего им было удивляться? Если они видели их всегда, вокруг себя и повсюду, с самого рождения, для них это не должно было быть чем-то особенным. Бабы как бабы.

Но на небесах, где нет женщин, где ни женятся и не выходят замуж, вполне возможно, для некоторых ангелов образ жизни на земле, где мужчина становится одной плотью с женщиной, – существом неведомым для небожителей, – это было нечто совершенно новое, удивительное и соблазнительное. Соблазн был так велик, что некоторые ангелы решились на дерзкий поступок: – Вопреки воле Божией, они оставляют свои небесные жилища и переселяются на землю, как говорят эмигранты, на постоянное место жительства. Они берут себе в жены дочерей человеческих и живут с ними земной жизнью.

Какими идеями и доводами обосновывали они это решение? – сказать трудно. Чем эти несчастные ангелы оправдывали такой поступок? – неизвестно. Но факт остается фактом: сила соблазна, в лице красивых дочерей человеческих, была столь велика, что некоторые ангелы, – сыны Божии, – не устояли перед этим соблазном.

По этому поводу есть теория. Якобы, ангелы, оставившие свои жилища, вначале имели добрые намерения: – они хотели помочь развитию цивилизации. Людей, живших на земле первобытным, примитивным образом, научить знаниям и умению использовать возможности сокрытые в земных ископаемых и в других сферах жизни. Они научили полудикие племена землян различным ремеслам и искусству, строить красивые дома, возделывать землю, обрабатывать камни и дерево, помогли изготовить орудия труда, музыкальные инструменты, ткани и прочие полезные вещи, до которых людям самим пришлось бы развиваться многие столетия.

Эта теория находит косвенное подтверждение в археологических раскопках, открывающие нам загадочную картину древних цивилизаций. Многие археологи удивлены тем, что рядом с примитивными орудиями труда и быта, они находят архитектурные строения потрясающей сложности и красоты. Шедевры мирового зодчества найдены без всякого переходного периода. Изумительной красоты статуи, которые до сих пор не могут превзойти современные скульпторы, а только копируют их. Храмы, дворцы и многое другое, явно доказывает, этот необъяснимый всплеск цивилизации не мог произойти без постороннего вмешательства. Вполне возможно, это дело рук падших ангелов, имевших в своем арсенале космические знания и несравненно больший кругозор, чем ограниченное, зарождающееся племя землян. От них же, люди научились магии, умению исчислять небесные светила, составлять гороскопы и т.п.

Противники этой теории говорят, ангелы – это суть духи, не имеющие плоти и потому, они не могут жить так, как мужчины живут с женщинами.

Сторонники этой теории аргументируют тем, что согласно Вселенскому принципу Свободы Выбора, не исключено, что Ангелы имели возможность обрести материальную плоть.

Люди обычно представляют себе Ангелов (*в основном их так и рисуют на картинках*) с большими крыльями за спиной, в белых просторных одеждах, светлыми и блестящими, с огненными мечами в руках и т.п. Но в Писании мы имеем факты, когда Ангелы, по поручению Бога являлись на землю, во многих случаях, их не могли отличить от людей. Они выглядели как люди, они были одеты как люди, они вели себя как люди, они принимали пищу как люди и не было в их облике и поведении такого, что отличало бы их от людей.

В Книге Судей (13гл.) записана история рождения Самсона. К родителям Самсона несколько раз приходил Ангел, но они этого не знали и думали, что к ним приходит один из пророков, до тех пор, пока Ангел, на их глазах, в пламени жертвенника вознесся на небо. «...Маной же не знал, что это Ангел Господень». «...тогда! Маной узнал, что это Ангел Господень».

Еще одно место в Книге Иисуса Навина. «Иисус, находясь близ Иерихона, взглянул, и видит, и вот стоит пред ним человек, (*не ангел*) и в руке его обнаженный меч. Иисус подошел к нему и сказал ему: наш ли ты, или из неприятелей наших? Он сказал: нет; я вождь воинства Господня, теперь пришел сюда. Иисус пал лицом своим на землю, и поклонился, и сказал ему: что господин мой скажет рабу своему?» Ис.Нав.5:13-15. Такая же картина, как и в случае с Маноем. Ангел, вождь воинства небесного, выглядит как человек и Иисус Навин обращается к нему, как к человеку. У него даже и в мыслях не было, что перед ним стоит Ангел, вождь воинства небесного.

В Книге Бытие мы читаем, что к Аврааму пришли три Небожителя, один из которых был Господь. Авраам приготовил им обед и они ели. (Быт.18:1-8) Могли бы бесплотные духи вкушать материальную пищу?

Когда два Ангела пошли в Содом и Гоморру выводить Лота и его семью, они выглядели как обычные люди. Лот приготовил им пищу и Ангелы ели ее. (Быт.19,1-3) Если бы эти Ангелы были в белых одеждах, с большими крыльями за спиной, с огненными мечами в руках, не думаю, что у кого-то из развратных содомлян появилось бы желание к ним домогаться. (*Вспомните, как пала стража у гроба Христа, когда во время Его воскресения ко гробу явился Ангел в блистающих белых одеждах. Матф.28:3.*) Таким образом, многие места Писания свидетельствуют, Ангелы могли выглядеть и вести себя, как обычные люди.

Апостол Павел пишет в Послании к Евреям о страннолюбии и говорит, что некоторые люди, встретившись с Ангелами не подозревали, что общаются с небожителями. «Страннолюбия не забывайте; ибо чрез него некоторые, не зная, оказали гостеприимство Ангелам» Евр.13:2.

Мой племянник Алеша, когда ему было четырнадцать лет, встретился с Ангелом. (*Этот случай я описал в книге «Разговор с будущим».*) Алеша говорит, что Ангел, с которым он общался около двух часов, ростом был примерно 2 метра 10 сантиметров. Такой габариты позволяли падшим ангелам жить нормальной человеческой жизнью.

Таким образом, я лично, более склоняюсь к версии, что сыны Божии входившие к дочерям человеческим, это вторая волна падших ангелов, которые оставили свои жилища. Они сейчас связаны узами адского мрака и содержатся в них ко дню Страшного Суда. Обретя человеческую плоть, они брали себе в жены дочерей человеческих, от которых стали рождаться исполины.

Если сыны Сифовы такие же потомками Адама и Евы, как и все остальные, – с какой это стати их дети стали рождаться исполинами? И где сейчас эти исполины? Если это святая праведная ветвь, от которых рождались исполины, то от них и должно бы быть продолжение рода человеческого после потопа. Таким образом, вся земля сегодня должна быть заполненна исполинами, потому что Ной – это потомок Сифа. (Особенно евреи, являясь прямыми потомками Сифа, все были бы исполинами). Логики здесь нет никакой. Но, если это были падшие ангелы, принявшие человеческую плоть, ростом более двух метров, это все ставит на свои места.

По-видимому, гены исполинов, потерявших свою плоть во время потопа, были в женах сыновей Ноя. Затем они проявились в некоторых народах, с которыми Израилю приходилось вести войны. Об этом свидетельствует Книги Ветхого Завета. Нам хорошо известна история поединка Давида с Голиафом, который явно был потомком исполинов. Рост Голиафа был «шесть локтей и пядь». (2м. 92см.) В 1-ой Книге Паралипоменон, упоминается о египтянине, рост которого был 5 локтей. (2м. 25см.)

В учебной Библии Джона Мак-Артура, говорится, что сыны Божии, это падшие ангелы, о которых пишут Апостолы Иуда и Петр. Эти ангелы, «не сохранившие своего достоинства», в образе мужчин, вступали в сожительство с дочерями человеческими. Пренебрегши своим положением в небе, они последовали плотским похотям и впали в ужасные грехи. Упоминание Содома и Гоморры указывает на сходство греха гомосексуализма с грехом падших ангелов. (Петр.2:4, Иуд.1:6)

Поэтому Бог категорически заповедал Иисусу Навину истреблять потомков исполинов, которые размножились и жили в пределах земли ханаанской, которую Бог определил в наследие народу Израильскому. Еврейское название этих племен: – Рефаимы. Этим же словом – рефаим, – евреи обозначали также духи умерших, находящихся в царстве мертвых.

Это привело падших ангелов к печальному финалу. Используя свои знания, они совершали в глазах неискушенных первобытных землян, разные чудеса через волхвование и магию космических законов. Они строили в свою честь храмы и выдавая себя за богов, заставляли людей поклоняться им, как богам. Помните, как возмутился дух Апостола Павла увидевшего в Афинах множество идолов. Огромный пантеон языческих богов в Азии, Египте, в Греции, в Риме – имеют свои корни от реальных имен тех падших ангелов, которым, некогда, поклонялись первобытные земляне. Они, развратившись, ввели землю в такое зло и разврат, что Бог раскаялся и восскорбел в Своем сердце. «И увидел Господь, что велико развращение человеков на земле, и что все мысли и помышления сердца их были зло во всякое время. И раскаялся Господь, что создал человека на земле, и восскорбел в сердце Своем» Быт.6:5-6.

В этой же главе мы находим причину, почему так огорчился Бог. «И воззрел Бог на землю, – и вот, она растлена: ибо всякая плоть извратила путь свой на земле» Быт.6:12. (*Это именно то, что делают сегодня разные извращенцы.*)

Древние традиции поклонения идолам были очень сильны в Египте и, народ Израильский, пробыв там четыреста лет, настолько пропитался духом идолопоклонства, что Господь долго еще очищал Израильтян от этой заразы. Стоило только Моисею задержаться на горе, – они тут-же сделали себе золотого тельца и стали ему поклоняться. (Исх.32гл.)

Поэтому Закон, данный через Моисея, был просто необходим, чтобы довести народ до осознания греховности; для отвращения сердца народа от идолопоклонства и всякого рода плотских извращений, которые неизменно сопровождают многие ритуалы поклонения идолам.

Подводя итог, мы имеем все основания полагать, что в духовном небесном мире, произошло две волны падений. Первая – Ангел Света сатана, восстает против Бога и увлекает за собою третью часть ангелов. Эти ангелы, вместе со своим господином, которого Писание называет драконом и древним змием, доныне господствуют в воздухе. Во время Великой Скорби они будут воевать против Ангелов Божиих. (Откр.12:7-9.)

Вторая волна – это ангелы оставившие небесные жилища и, соблазнившись красотой дочерей человеческих, стали жить с ними как люди. От них на земле рождались исполины. Во время потопа, эти ангелы лишились своей плоти и содержатся ныне в узах адского мрака на день суда. (Иуд.1:6. 2 Петр.2:4.)

В неканонической Библии, в Книге Еноха, которую упоминает Апостол Иуда, называются имена падших ангелов. Также Библейский Справочник Геллея (Стр.80) пишет, что под «сынами Божьими» подразумеваются или падшие ангелы или потомки Сифа.

Сегодня мы знаем результат: Бог потопом очищает землю от зла. От праведного Ноя Бог начинает новый виток цивилизации, обрубив, через потоп, греховные метастазы прежних поколений, а непокорных ангелов, лишившихся своей плоти, содержит в узах адского мрака на день суда. Этой версии придерживаются также и Иудейские раввины. Думаю, это более логичная схема, чем голословно утверждать, что сыны Божии – это потомки праведного Сима.

Как бы то ни было, как бы мы не считали, это не приближает нас к Господу и не удаляет. Для нашего спасения это не имеет значения.

Царство Небесное

Как это ни печально, мы должны признать, что жизнь в 21-м веке не стала легче и безопасней. На земле стало больше страха и неуверенности в завтрашнем дне. То и дело начинаются новые войны, появляются новые болезни, новые природные катаклизмы, террористические акты, экономические кризисы, катастрофы, нестабильность, все это стало подобием визитной карточки нашего времени.

А если к этому прибавить, что возраст уже перевалил за золотую середину, личные перспективы и карьера в бизнесе уже позади, а впереди маячит старость окруженная хороводом сопутствующих проблем, многие начинают переживать депрессию, разочарование. Возможно, что ваш брак разрушился, мечты не сбылись, карьера не удалась и вы невольно задаете себе вопрос: - А, что мне ожидать от будущего?

Сегодня, я хочу ободрить всех усталых и обремененных словами Священного Писания, чтобы мы укрепились надеждой Вечной Жизни и настроили радары нашей души на небесные цели.

Что же такое небо? Как много мы знаем о нем? Если мы еще раз прочитаем Новый Завет и обратим внимание на все, что написано о Небе и о будущей жизни, мы будем приятно удивлены, что, о Царстве Небесном, есть много интересной информации. (*Заметим, что в Ветхом Завете почти ничего не говорится о небе.*)

Может кому-то небо сегодня кажется скучным и безвидным, как на карикатурах безбожных художников. Что-то вроде кучки облаков, на которых, со скучающим видом, сидят по несколько человек. Но это далеко не так. Библия дает много информации о Небе. Нам надо только собрать ее воедино.

В Библии мы находим разные определения Неба и будущей жизни. Царство Небесное, Царство Божие, Царство Христа, Рай, Третье Небо, Лоно Авраамово. Но Апостолу Иоанну было показано нечто особенное: Новое Небо, Новая Земля и Новый Иерусалим. Где же мы будем жить в будущей жизни?

Писание говорит, человеку для жительства Бог определил землю. «Небо – небо Господу, а землю Он дал сынам человеческим» Пс.113:24. – Восклицает псалмопевец Давид. Таким образом, можно уверенно сказать, именно Новая Земля будет местом нашего постоянного жительства в вечности.

Часто приходится слышать, после окончания земной жизни, мы будем вечно жить на небе с Ангелами. Но после окончания земной истории, Бог сотворит Новую Землю, которая и будет нашей конечной станцией в вечности.

Это был план Божий для этой земли, которому помешало осуществиться грехопадение Адама и Евы. Но у Бога не остается бессильным никакое слово – сказал Ангел в разговоре с девой Марией. (Лук.1:37) Поэтому, то что Бог планировал для старой земли, это мы обязательно увидим на Новой Земле. В первую очередь, это коснется Едемского Сада – земного рая, который Бог некогда насадил на этой земле. Возможно, вся Новая Земля будет как Едемский Сад. (Апостол Павел пишет, что рай на небе уже существует).

Нынешнее Небо, куда уходят праведники Нового Завета, не есть наше постоянное место жительство. По видимому, какой-то период времени, души праведников умерших во Христе, будут находиться на нынешним небе, где сейчас находится рай.

Где это место? На каком небе? Там где находиться третье небо, о котором упоминает Апостол Павел? Если это третье небо, там ли обитает Бог с тьмами Ангелов? А сколько там на небе небес? Мы знаем точно, что есть третье небо. Следовательно, если есть третье небо, значит есть второе небо и первое. А третье небо – это последнее небо или есть еще и четвертое, пятое, шестое и т.д. Говорим же мы иногда: Я был на седьмом небе от счастья.

Где находилось лоно Авраамово? Почему из этого места Авраам мог видеть место мучения богача в адском пламени? Апостол Павел пишет о человеке, который был восхищен в рай, а ветхозаветние праведники уходили в преисподние места. По всей видимости, там же было и лоно Авраамово, поскольку Авраам и обитатели лона, видели мучения попавшего в ад богача и даже могли слышать голос этого бедняги.

Думаю, после победы Христа, когда открылся вход в Царство Небесное, все праведники из лона Авраамова были переселены в рай, куда был восхищен человек о котором пишет Апостол Павел. Некоторые богословы полагают, что Павел пишет о самом себе. (*Это не столь важно. Кто бы это ни был, важно что он был восхищен в рай.*)

В Послании к Евреям мы читаем, что Бог сотворит новый город, который имеет основание. Значит, город будет стоять долго. Когда у здания есть хорошее основание – оно стоит многие столетия. Если у здания был хороший строитель, здание будет стоять еще дольше. А если какой-либо замок или дворец украшал и проектировал хороший художник и архитектор, – такие здания, как шедевры красоты и зодчества, становятся знаменитыми. Со всего мира едут туристы, насладиться уникальной красотою таких строений.

В 1989г. наша эмиграция шла через Италию. Никогда не забуду, когда в Ватикане, мы первый раз зашли в Собор Святого Петра. Я много видел красивых зданий, музеев, храмов, но в этом соборе, я особенно глубоко прочувствовал властную, завораживающую силу красоты. Мы как во сне, ходили под сводами храма и, забыв о времени, рассматривали шедевры работ самых выдающихся художников и скульпторов человечества: Микеланджело, Леонардо Да Винчи, Рафаель и многих других мастеров. Помню, в голове у меня все время крутилась одна мысль: «Я не представлял себе, что на свете, может быть так красиво!»

Какая же красота и совершенство нас ожидает в Новом Иерусалиме, если главным Архитектором, Строителем и Художником его будет Сам Бог!!! Как Бог любит нас! Он спроектировал этот новый город и никому не доверил строить его. Он Сам строил каждый дом в этом городе, каждую улицу. Бог заложил под этот город прочное основание и украшал этот город так, чтобы он нам понравился. Какое будет ликование и восторг, когда в город зайдут его жители, заполнят приготовленные обители и будут жить в нем во веки веков.

Когда мы читаем слово – город, я думаю, многие не раз задумывались: что это значит на самом деле? Мы хорошо знаем, что из себя представляют наши земные города. Во-первых, это много людей, это здания, улицы, тротуары, транспорт, магазины, кафе, рестораны, парки, стадионы, учебные заведения, офисы, церкви, театры, музеи, госпиталя и многое многое другое. Люди в городах ведут самую разнообразную жизнь, работают, учатся, занимаются спортом, посещают церкви, ходят в театры, слушают музыку, читают книги, отдыхают, ходят в гости и т.д. и т.п. Все это мы находим в земных городах.

Небо, (Евр.11:16) в английском переводе, описывается, как «страна, в которой Бог приготовил им город». Страна обычно состоит из больших и маленьких городов, поселков, деревень, в стране много людей, армия, правительство, законы и т.п. Писание говорит, Бог поселит нас на Новой Земле и там, также, будет Новое Небо. Как же будет выглядеть Новая Земля?

До деталей и мелочей, мы не можем себе это представить. Апостол Павел пишет: «Не видел того глаз, не слышало ухо, и не приходило то на сердце человеку, что Бог приготовил любящим Его» 1Кор.2:9.

Поскольку Писание называет наше новое местожительство Новая Земля, можно предположить, там будет много того, что мы видим на этой земле. Мы не можем представить себе землю без рек, озер, гор, лесов, полей, цветов, воздуха, людей, животных, птиц, без морей и океанов, без городов и селений и многого другого, что делает нашу землю такой прекрасной и восхитительной. Логично предположить, что Новая Земля будет иметь подобное тому, к чему мы привыкли на этой земле, но и много такого, что не приходило на сердце человеку.

Бог, Который сотворил старую землю такой прекрасной, конечно же знает, как сотворить Новую Землю еще более совершенной и красивой с учетом всего замечательного, что мы имеем на этой земле.

Подобно, как новая модель автомобиля, имеет теже основные базовые характеристики, (колеса, двигатель, тормоза, салон) что и старая, но новая модель имеет все в улучшенном варианте, с добавлением новых возможностей. Возможно Новая Земля будет иметь все, что мы имеем на старой земле, но будет лучше, красивее и совершеннее.

Но самое замечательное, Новая Земля будет свободна от зла, греха, смерти, страданий, от слез и горя. Бог Отец и Иисус Христос будут обитать с людьми в ее изумительной столице Новом Иерусалиме. Как мы будем любить наш новый вечный дом, где будем жить во веки веков.

Как мы будем выглядеть на Новой Земле? На примере Иисуса Христа мы видим, Его Тело, после Воскресения, имело такие же физические функции, как и наши земные тела. Это позволяло Ему говорить, ходить, делать работу и т.п. Христос мог появляться в любом месте и исчезать. В то же время, Он вкушал физическую земную пищу, а тело Его имело осязаемую плоть и кости. Явившись ученикам, Христос предложил им дотронуться до Его Тела и говорит: <u>Я не дух! Дух плоти и костей не имеет, как вы видите у Меня!</u> Его тело было подобно нашим земным телам, но, после Воскресения, стало обладать фантастическими возможностями и совершенно новыми качествами.

Мы можем уверенно сказать, на Новой Земле мы не будем подобны бесплотным духам и выглядеть как прозрачные медузы, наши тела преобразятся и станут подобны телу нашего Господа. «Наше же жительство – на небесах, откуда мы ожидаем и Спасителя, Господа нашего Иисуса Христа, Который уничиженное тело наше преобразит так, что оно будет сообразно славному телу Его, силою, которою Он действует и покоряет Себе все» Фил.3:20-21. 1Кор.15:50-54.

Человеческое тело – чудо Вселенной! Это верх творческой мысли, эстетики, красоты, гармонии, практичности. Обладать телом, огромная привилегия во Вселенной. Я думаю, бесплотные духи населяющие Вселенную, с восхищеньем смотрят на человека обладающим таким чудесным телом.

Ученые с восторгом отзываются о каждой части нашего тела и приводят любопытные факты. Чтобы изготовить (*не клонировать копию, а изготовить*) искусственным путем один человеческий орган, средства, которые необходимы для этой цели, исчисляются в триллионах долларов. А чтобы изготовить и оживить человеческое тело, – не хватит всех денег в мире. Бог дает каждому человеку бесценное тело даром. Мы ни за какие деньги не сможем приобрести себе новое тело.

Апостол Павел, описывая картину заключительных событий земной истории, открывает нам и судьбу наших тел. «Но то скажу вам, братия, что плоть и кровь не могут наследовать Царствия Божия, и тление не наследует нетления. Говорю вам тайну: не все мы умрем, но все изменимся вдруг, во мгновение ока, при последней трубе; ибо вострубит, и мертвые воскреснут нетленными, а мы изменимся; ибо тленному сему надлежит облечься в нетление, и смертному сему – облечься в бессмертие. Когда же тленное сие облечется в нетление и смертное сие облечется в бессмертие, тогда сбудется слово написанное: «поглощена смерть победою». 1Кор.15:50-54. Таким образом, Писание ясно говорит, у нас там будет новое тело, как у Христа после Его воскресения.

Кульминацией нашей жизни на Новой Земле будет событие: мы, в своих новых телах, станем подобны Христу и Богу! Эту потрясающую истину, Дух Святой говорит через Апостола Иоанна: «Возлюбленные! Мы теперь дети Божии; но еще не открылось, что будем. Знаем только, что, когда откроется, будем подобны Ему, потому что увидим Его, как Он есть» 1Иоан.3:2.

Как мы себя будем чувствовать? Если мы представим наши молодые годы, когда наше тело не знало усталости, болезней, было полное энергии и оптимизма, таким будет наше новое тело, но самое главное: – оно не будет больше умирать.

Когда мой племянник Алеша был восхищен Ангелом в рай, он встретил своего дедушку, недавно умершего в возрасте 85 лет, который был там уже не старцем, а в возрасте около 25 лет. В таком же возрасте были и другие наши родственники, независимо, в каком возрасте они умерли. А дети, так и остались детьми.

Я думаю, эта информация совпадает с нашими ощущениями. Моему тестю, недавно исполнилось 90 лет, но он совершенно не чувствует себя старым. Его внутреннее мироощущение остановилось на определенном уровне и уже не меняется: «Я чувствую себя так, как будто я недавно пришел с армии». (Он демобилизовался когда ему было 23 года). Многие пожилые люди с кем я беседовал на эту тему, ощущают примерно то же самое: – Тело устало, а душа не стареет.

Можно уверенно сказать: Новая Земля – не будет похожа на дом престарелых с инвалидами в колясках, но ее будут населять молодые, здоровые, энергичные люди. Они будут радоваться жизни, вечно жить и вечно благодарить своего Спасителя.

Где мы будем жить на Новой Земле? Здесь нам приходиться проявлять много стараний, чтобы найти и устроить себе жилище. Люди продают и покупают земли, квартиры, дома, огораживаются заборами, строят подвалы, гаражи. Что мы будем иметь на нашей Новой Земле, под куполом Нового Неба?

Новый Иерусалим – это будет особый город на Новой Земле. Как велика будет эта Земля? Только ли Новый Иерусалим будет там или будут еще города и поселки, как на этой земле? В притче о Царстве Небесном и верных рабах, Господин назначает их управителями городов: «И сказал ему: хорошо, добрый раб! За то, что ты в малом был верен, возьми в управление десять городов. Пришел второй и сказал: господин! Мина твоя принесла пять мин. Сказал и этому: и ты будь над пятью городами» Лук.19:11-26.

Эта притча однозначно указывает, на Новой Земле будет много городов. Они будут наполнены активными, жизнерадостными людьми, под управлением верных Господу начальников. Новый Иерусалим будет построен Богом, а остальные города, кто будет их строить?

Апостол Иоанн цитирует слова Христа о будущей жизни: «В доме Отца Моего обителей много...» Иоан.14:2. Христос говорит о доме Отца, как об одном доме и говорит, что в этом доме есть много обителей. Слово обитель, явно указывает на отдельное, индивидуальное место. Будут ли это отдельные комнаты в большом доме, наподобие современных многоэтажных квартир или апартаментов, или это будет комплекс уютных двух-трех этажных домиков, стоящих стена к стене, как мы видим в больших городах земли? – Мы не знаем. Знаем, что там будет достаточно места и нам не надо будет годами стоять в очереди в горисполкоме, ожидая ключи от новой квартиры.

Все эти вопросы уже решены. Там уже все готово и единственное, что от нас ожидает Господь: – быть готовыми к восхищению. Быть готовыми войти в Царство Небесное.

Иоанн был показан великий город, который нисходил с неба от Бога. «И увидел я новое небо и новую землю; ибо прежнее небо и прежняя земля миновали, и моря уже нет. И я Иоанн увидел святый город Иерусалим, новый, сходящий от Бога с неба, приготовленный как невеста, украшенная для мужа своего. И услышал я громкий голос с неба, говорящий: се, скиния Бога с человеками, и Он будет обитать с ними; они будут Его народом, и Сам Бог с ними будет Богом их; и отрет Бог всякую слезу с очей их, и смерти не будет уже; ни плача, ни вопля, ни болезни уже не будет; ибо прежнее прошло».Откр.21:1-4.

По окончании земной истории, когда Вселенная будет свободна от греха и смерти, Бог сотворит Новое Небо и Новую Землю. Кульминационным, завершающим аккордом этого грандиозного события будет неописуемое, фантастическое, зрелище: Сверкая всеми цветами радуги, как сияющая Вселенская жемчужина, с Нового Неба на Новую Землю будет опускаться огромный город – Новый Иерусалим, славная столица Новой Земли. Это будет Великий Город, Великого Царя царей, где Бог будет обитать с людьми! Вся Вселенная, затаив дыхание, будет наблюдать эту неповторимую картину.

Улицы этого города будут из золота, в нем будет двенадцать жемчужных ворот, россыпи драгоценных камней будут сверкать в стенах Нового Иерусалима. Он будет украшен, как невеста! (*Вспомните любую свадьбу: невеста украшена на порядок выше, чем все остальные.*) Это будет Царство любви, света, правды, мира, святости и радости. Солнца там не будет, но слава Божия будет освещать нашу Новую Землю, на которой мы будем жить вечно.

Изумительный город предстанет нам полностью готовым и множество искупленных жителей его, будут праздновать в нем свое новоселье. Все в нем будет полностью законченным. Нам не надо будет забивать гвозди в стены обителей и подкрашивать панели, утеплять окна или вызывать сантехника, чтобы поменять кран на кухне. Подобно тому, когда вы входите в номер 5-ти звездной гостиницы, – там все сделано и приготовлено. Нет нужды что-либо добавить или убавить. Все хорошо, все предусмотрено, все готово и находится на своих местах.

Особый интерес вызывают размеры и уникальная композиция города. Он простирается в длину и в ширину. – В этом нет ничего особенного. Земные города строятся по такому же принципу. Но, далее: – нечто невиданное! – Этот удивительный город будет простираться на такое же расстояние и в высоту!

Это конкретно, что-то новое! Никто не говорит, например, город Мариуполь простирается на 80 км. в длину и на 80 км. в высоту. Такой планировки нет ни в одном городе земли. Да, на земле строят небоскребы, но они только своей вершиной возвышаются над другими домами. Новый Иерусалим будет застроен в длину, в ширину, и в высоту; и все эти размеры одинаковы.

На глазах Апостола Иоанна, Ангел, золотой тростью, измерил этот великий город. По видимому, он имеет форму равностороннего куба или равносторонней пирамиды. Длина, широта и высота его – равны. Иоанн пишет, размеры его равны 12-ти тысячам стадий. Поскольку, в 16 стихе Иоанн упоминает о квадрате и о трех мерах, мы можем предположить, 12 тысяч стадий, – это сумма сложенная от измерения длинны, ширины и высоты. «Город расположен четырёхугольником и длина его такая же, как и широта. И измерил он город тростью на двенадцать тысяч стадий; длина и широта и высота его равны» Откр.21:16.

Следующий вопрос: Какова длина стадии? Несколько библейских словарей толкуют ее по разному. Справочник Геллея утверждает, длина стадии около 500 метров. В словаре Нюстрема, мера стадии около 200 метров. Библейская Энциклопедия Брокгауза приводит данные, что стадия равна 185 метров. В Википедии длина стадии, также неоднозначна и колеблется от 172 до 230 метров. В большинстве систем мер, это расстояние равняется 600 футам. (Международный фут равняется 30,4см.) Это приблизительно 200 метров.

Таким образом, мы имеем различные величины определения. Я предлагаю взять за основание наших исчислений среднюю цифру: 200 метров. Итак, Новый Иерусалим имеет суммарный размер границ, – 12 тысяч стадий. Делая расчет 12 тысяч на 200 метров, мы получаем общую цифру 2,400 километров.

Следующий вопрос: Как измерял город Ангел? Я полагаю взять во внимание стороны, которые называет Иоанн и названное число. Ангел измерил длину, ширину и высоту города. В таком варианте, разделив эту цифру на три, мы увидим, что размер каждой горизонтальной стороны города равняется 800 километров. На такое же расстояние он простирается и в высоту!!! Городов такого масштаба на земле не было никогда.

« И стен его измерил во сто сорок четыре локтя...» Откр.21:17. Размер локтя приблизительно 45 см., следовательно, высота стены города будет, около 65 метров.

Интересно, как мы там будем перемещаться? Здесь мы имеем автомобили, поезда, самолеты, корабли и множество других средств передвижения, но как будет этот вопрос решаться на Новой Земле?

Писание говорит, что «мы будем царствовать со Христом...» (2 Тим.2:12, Откр.20:6) Какое смелое утверждение! Попробуйте подойти (*если сумеете*) к какому-нибудь земному правителю и сказать: я хочу царствовать с тобой. В лучшем случае вам обеспечена «психушка», ну а где-нибудь у арабов, вас просто зароют в землю еще до захода солнца. Но Христос обещает нам, мы будем царствовать с Ним. Какое это чудесное обетование.

Что происходит с человеком сразу после смерти? Многие места Писания свидетельствуют, после смерти сознание человека не исчезает. История о богаче и Лазаре (Лук.22-31) однозначно говорит нам об этом. Также эпизод с разбойником на кресте, говорит о сохраненном сознании и о месте, где пребывают верующие люди после смерти. (Лук.23:43)

Екклизиаст пишет, (Еккл.12:7) дух человека после смерти идет к Богу. В Книге Откровения (Откр.6:9-11) говорится о душах убиенных за свидетельство Иисуса. Эти души пребывают в полном сознании пред лицом Божиим. Говоря с саддукеями о Царстве Небесном Христос привел им место Писания, в котором Бог говорит: «Я Бог Авраама, и Бог Исаака, и Бог Иакова»? Бог не есть Бог мертвых, но живых» Матф.22:32.

В Послании к Коринфянам (2Кор.5:8) и к Филиппийцам (Фил.1:23) Павел пишет, для него лучше умереть и быть со Христом, чем пребывать в теле.

Таким образом, до окончания земной истории и финального суда над дьяволом, души ушедших находятся в состоянии ожидания. Одни находятся в раю, другие в аду. Но основная жизнь в вечности начнется, когда закончатся суды Божии и, над всей Вселенной, воцарится Христос. Тогда Церковь, будет царствовать со Христом на Новой Земле.

Еще один интересный вопрос: Что мы будем делать на Небе? «Се творю все новое...» – мы читаем в Писании. Следовательно, Бог не сидит на Небе сложа руки, но творческие процессы продолжаются. Значит и мы, как дети

Его, в какой-то мере будем участвовать в них.

Бог будет использовать наши обновленные тела, а наш разум получит от Бога мудрость и знания. Мы будем проявлять инициативу, выдвигать идеи, принимать решения и жить активной полноценной жизнью. Композиторы будут продолжать создавать музыку прославляющую нашего Создателя; дирижеры будут управлять идеальными оркестрами и хорами, в которых все будут иметь абсолютный слух; архитекторы будут изобретать новые здания; художники будут радовать нас новыми картинами и т.д. Каждый человек знает, работа может доставлять радость и удовольствие, когда тебе по душе то, что ты делаешь, когда все получается, когда тебе приятны люди, с которыми ты работаешь. Это лишь слабая тень того, что мы будем переживать на Новой Земле. А какая радость и счастье будут от того, что мы каждый день будем в общении с Богом и с нашим Спасителем Христом Иисусом.

Старый Завет учит, человек, из-за своих грехов, не может увидеть Бога и остаться в живых. Но в Книге Откровения написано, получившие воскресение и живущие на Новой Земле, будут видеть лицо Бога. Это будет возможным по причине того, что праведность Христа убелит наши одежды, на которых не останется даже тени греха.

«Блаженны чистые сердцем, ибо они Бога узрят» – так учил Господь в Нагорной Проповеди. На Новой Земле, Бог, Который сегодня обитает в неприступном свете, (1Тим.6:16) станет доступным. Нескончаемую вечность мы будем жить в свете любящих глаз Отца Небесного. Мы откроем для себя, что самая большая радость, какая только может быть, – это жить и видеть лицо Бога.

У многих возникает вопрос: Будут ли на Новой Земле животные? Поскольку животные, это важная часть Божьего творения на этой земле, можно с уверенностью сказать: на Новой Земле обязательно будут и животные.

В Книге Откровения мы читаем о разных животных находящихся перед троном Бога, читаем о конях, Сам Христос, как Победитель, будет сидеть на белом коне. Мы видим, даже на нынешнем небе есть животные.

Животные являются неотъемлимой частью нашей жизни. Поскольку будущее место жительства называется Новая Земля, логично предположить, все лучшее, что есть на этой земле, будет и на Новой Земле. Как можно представить себе землю без радостного хора птичьих голосов, которые будят нас по утрам и услаждают слух на романтических закатах; можем ли мы представить себе землю без домашних животных? Без животных, населяющих бескрайние степи, леса, горы? Животные есть изумительное проявление творческого гения Божьего, во множестве и разнообразии Его творений.

Когда Бог обновлял лицо земли через потоп, праведному Ною было заповедано и о животных. Это говорит, что Бог придает животным большое значение. Я убежден, животные обязательно будут жить с нами на Новой Земле. (*А почему бы и нет?*)

В Послании к Римлянам (8:19-23) Апостол Павел пишет, что животные ожидают нашего избавления. Если план Божий, обновления лица Земли после потопа, включал в себя сохранение животного мира, логично, что они также будут с нами и на Новой Земле. Ноев ковчег, в который Бог поместил и людей и животных, является, как бы, образной картиной грядущего.

Христос, в беседе с книжниками Иудейскими говорил, что достигшие воскресения и жизни будущего века, ни женятся, ни выходят замуж. Следовательно, на Новой Земле, люди уже не будут размножаться, но определенное число людей наполнит пределы и будут пребывать там во веки веков. Люди будут приходить в Новый Иерусалим поклоняться Богу и использовать листья Дерева Жизни для своего исцеления.

Такая же ситуация будет и с животным миром. Земля будет наполнена достаточным количеством животных, птиц, насекомых. Они также не будут умирать, потому что смерти уже не будет. Мы будем жить и радоваться в Царстве нескончаемой Жизни.

Будет ли на Новой Земле время? Судя по некоторым признакам, время там будет. В Книге Откровения мы читаем: «...и сделалось безмолвие на небе, как-бы на полчаса» (Откр.8:1) Апостолу Иоанну было показано Дерево Жизни, которое двенадцать раз приносит плоды, каждый месяц оно приносит свой плод; и листья его – для исцеления народов. (Откр.22:2)

Сегодня годовой цикл на земле состоит из двенадцати месяцев. Именно это мы видим и на Новой Земле. Дерево Жизни двенадцать раз приносит свой плод. Поэтому, можно смело утверждать, на Новой Земле будет привычное нам исчисление времени, но с той разницей, – время не будет иметь над нами власти. Мы будем также свежи и молоды через миллион лет, как во дни нашей юности. (*Сестры, вздохните облегченно! – Вам уже не надо будет пудрой скрывать возраст и делать пластические операции. Вы всегда будете молодыми.*)

Кроме того, без времени невозможна музыка, потому что музыка состоит из высоты и длительности тона. Целая нота, половинка, четверть и другие ноты не могут существовать без времени. Музыка, песни, разговоры, все имеет свое начало и окончание.

Еще одно место о присутствии времени. Души убитых за слово Божие и свидетельство, вопияли к Богу и им было сказано, чтобы они успокоились на малое время, пока их братья и сотрудники также будут убиты и дополнят число мучеников. (Откр.6:9-11)

Многие богословы считают, время, если оно и будет на Новой Земле, оно будет не такое как здесь. На это указывают слова Апостола Петра: (2 Петр.3:8) у Бога один день, как тысяча лет и тысяча лет, как один день.

Даже если там будет время, мы будем проводить его в неописуемом счастье и не будем замечать его, как говорит старая пословица: «Счастливые – часов не замечают».

Из Писания мы видим, небо и земля имеют более тесную связь, чем нам это порою кажется. В Евангелии от Луки, мы находим свидетельство Иисуса Христа о том, как на небе чутко реагируют на земные события. (Лук.15:7)

Книга Откровений и притча Иисуса Христа о богаче и Лазаре, показывают: вопреки распространенному мнению, что на небе, якобы, человек забывает и не интересуется земными событиями, – те, кто ушли в вечность, знают, помнят и переживают о том, что происходит на земле. Я думаю, тем, кто уже находятся на небесах, Бог дает возможность видеть будущее, видеть, что их родные и близкие, в конце концов, также придут в это замечательное место и будут спасены. Это знание не дает печали о близких поселиться в их сердцах.

Будем ли мы знать все, когда придем на Небо? Только Бог знает все и видит всесторонне и всеобъемлюще. Мы никогда не сможем видеть и понимать так, как понимает и видит Бог. Но на Небе многое для нас прояснится. (1Кор.13:12) Там мы не будем иметь изъянов и недостатков, но не знать всего, это не изъян. Ангелы не знают всего и желают знать больше. (1 Петр.1:12) Мы будем стремиться там к новым горизонтам познаний, проводить вечность все более и более обогащаясь знаниями, потому что будем видеть лицо Бога и пребывать с Ним в общении.

«...и посадил (нас) на небесах во Христе Иисусе, дабы явить в грядущих веках преизобильное богатство благодати Своей в благости к нам во Христе Иисусе» Еф.2:4-7.

Эти выводы убеждают нас, что процесс познания там будет продолжаться. Наши познания будут свободны от греха, от похоти, от лжи и неправды, от зла и зависти, это будут чистые и святые познания, которые будут делать нас все более и более совершенными. Бог, как самый лучший Учитель, будет совершенствовать наши знания.

Иисус говорил ученикам: «Научитесь от Меня...» Матф.11:29. Мы постоянно открываем что-то новое в людях и даже в тех, которые живут рядом с нами многие годы. (*Родители, жены, мужья, дети, родственники, друзья...*) Если я могу учиться у ограниченных людей, только представьте, насколько более мы будем открывать новое и новое у нашего Премудрого Создателя. Мы никогда не исчерпаем Его глубины.

Будем ли мы помнить о пережитом? В Книге Откровения (6:9-11) записан пример того, что мы будем помнить события, которые случились с нами на земле, включая наши страдания. Нет причины полагать, что мы все забудем, когда придем на небо. Наш обновленный разум вспомнит все, до мелочей, о нашей земной жизни. Мы будем иметь возможность видеть, как Бог действовал в нашей жизни; как Он посылал Ангелов помогать нам в критических ситуациях, когда мы не ожидали получить помощь, но, нежданно, получался хороший финал.

После смерти, очевидно, мы предстанем пред Богом с теми познаниями, которые мы получили в этой жизни. Те, кто страдал на земле, получат на небе полное утешение. Лук.16:25 То, что они получат утешение, уже подразумевает факт, они будут помнить о том, что с ними случилось на земле. Иначе их не надо будет утешать, если они все забудут.

После смерти, каждый человек даст отчет о прожитой жизни. (2Кор.5:10. Матф.12:36) Этот факт также свидетельствует, что мы будем помнить, нашим обновленным умом, все до мелочей, иначе мы не сможем дать отчет.

Небо обновит нас, но не изменит нашу историю и нашу человеческую оригинальность. Вне всякого сомнения, мы будем помнить о том, что Бог сделал для нашего спасения, будем помнить Его любовь к нам, Его милость и благодать. Иначе как и за что мы будем благодарить Бога? – если мы все забудем.

У Христа на руках и ногах мы увидим зажившие раны от гвоздей, которые остались на Его Воскресшем Теле (Иоан.20:24-29) свидетельствующие, что Его страдания были необходимы, чтобы спасти нас. Мы никогда не забудем этого подвига.

Могут ли на небе, видеть происходящее на земле? В Откровении, (6,9-11) души под жертвенником вопияли к Богу о тех, кто их убил. Они не только помнили о своих страданиях, но и знали, что Бог еще не воздал их мучителям. Они знали, что уже случилось на земле и, что еще не случилось, с тех пор, как они умерли. Когда Бог совершил суд над блудным Вавилоном, Ангел возвестил об этом жителям неба. (Откр.18:20) Эти факты говорит нам, что души на Небесах находятся в курсе земных событий.

Некоторые задают вопрос: Если те, кто пребывают на Небе, знают о всем негативе на земле, как это в действительности возможно? Можно ли быть там счастливым? – зная, что на земле происходят ужасные события.

Некоторые авторы книг о небесной жизни утверждают, что на Небе, мы ничего не будем помнить, потому что воспоминания о зле и страданиях, и знание о том, что наши близкие находятся в страданиях, сделало бы наше пребывание в Небе несчастным.

Я полагаю, эти опасения не имеют достаточного основания. Во-первых: Бог знает чем закончатся земные дни каждого человека. Бог, также знает, что ожидает нас впереди. Апостол Павел пишет, наши временные страдания, ничего не стоят по сравнению с той славой, которая в нас откроется. (Рим.8:18)

Авраам и Лазарь видели богача в адском пламени, но это не помешало им наслаждаться покоем на лоне Авраамовом. (Лук.16:23-26)

Эти примеры убеждают в том, что никакие негативные новости, не смогут разрушить состояние нашего блаженства на Небе. Это состояние будет основано не на том, что мы будем игнорировать земные события, а потому что будем видеть их перспективу. Таким образом, наши близкие и любимые, которые ушли к Господу, не пребывают в блаженном забытье, но, по всей видимости, внимательно наблюдают, сопереживают и желают скорейшего прихода Царства Божия.

Быть со Христом на Небе – это самая величайшая радость, какую только может испытать человек. «Хорошо, добрый и верный раб! В малом ты был верен, над многим тебя поставлю; войди в радость Господина твоего...» Матф.25:21. Таким образом, войти в присутствие Божие, это войти в радость совершенную. В Небе нас ждет также радость встречи с нашими близкими и друзьями, раньше нас ушедшими в вечность и с теми, которые будут приходить туда после нас. «...Итак, утешайте друг друга сими словами» 1Фес.4:14-18.

Узнаем ли мы на Небе наших близких и друзей? Во время Преображения Господа, ученики узнали Моисея и Илью, хотя никогда не видели их на земле. (Матф.17:1-4) Значит, в вечности, мы легко будем узнавать тех, которых мы знаем из Писания и, конечно, мы узнаем наших родных и близких. Мы будем иметь там много новых друзей не теряя старых. Может быть, у кого-то на земле не получилось встретить настоящих верных друзей? Не огорчайтесь, в Небесных Обителях вас ждут встречи с вашими лучшими друзьями.

Чем мы будем на Новой Земле питаться? Будет ли там потребность в еде? Откуда там будут браться продукты? Какие это будут продукты? Здесь на земле мы видим обработанные огороды, поля, сады, виноградники, плантации культурных растений, элеваторы, холодильники, стада обреченных на съедение животных и т. д. Пищевая промышленность – это огромная и важная отрасль в любой стране мира.

Писание упоминает о «хлебе ангельском» и «хлебе небесном» Пс.77:24-25. Это однозначно говорит, что на Новой Земле будут продукты питания. Там будет Дерево Жизни с плодами и листьями для исцеления народов. На тайной вечере, Христос говорил ученикам, на небе они будут пить новое вино; – значит там будет виноград. Если есть вино, значит есть и другие продукты.

Будет ли браки и семьи на Небе? Христос сказал, что на Небе (Матф.22:30) ни женятся и ни выходят замуж. Институт семьи, как союз между мужем и женой, через который Бог наполнил землю людьми, придет к концу. Но там будет осуществлен один брак: – между Христом и Церковью. Таким образом: – мы будем иметь брак на Небе и будем иметь там семью вследствии этого брака.

Как я могу быть уверенным, что после смерти попаду на небо? В октябре 2003г. газета Лос Анджелес Таймс опубликовала результаты любопытного опроса: На одного американца верившего, что он после смерти пойдет в ад, приходилось 120 тех, кто верили, что после смерти, они попадут на Небо.

Очень хорошо, что люди имеют такую надежду, но мы должны понимать: Небо – не есть гарантированное, забронированное место для каждого человека. Никто не попадет туда автоматически или по наследству. Если не решить здесь проблему наших грехов, единственное место куда человек пойдет после смерти – это ад.

Вне всякого сомнения, это самый важный вопрос жизни всякого человека: – Куда я пойду после смерти? В ад или в небо?

Христос говорит об аде достаточно много. (Матф.10:28. 13:40-42. Марк.9:43-44) Он говорит об аде, как о реальном месте и описывает это место графическими терминами. (*Огонь там не угасает, червь их там не умирает...*) Христос также говорит, неспасенные будут выброшены за двери во тьму внешнюю, где будет плач и скрежет зубов. (Матф.8:12) Господь предупреждает нас, чтобы мы не обманывались и смотрели в глаза реальности. (Матф.7:13-14)

Главной преградой между нами и небом стал грех, который закончил Едемскую эру земного рая. Как Адам и Ева, мы являемся грешниками не способными достичь своими силами Божьих стандартов праведности. Апостол Павел пишет, все согрешили и лишены славы Божией. (Рим.3:23) Грехи разделили нас с Богом. (Ис.59:2)

Грех принес с собою ужасные последствия, но Бог нашел путь, как решить эту проблему. (Рим.6:23) Сын Божий, Иисус Христос, в Своей великой любви, стал человеком и спас нас от грехов. Ради нас Иисус пошел на крест и заплатил цену, которая удовлетворила Божье правосудие. (2Кор.5:21)

<u>Он принял за нас смерть и пошел в преисподние места, в которые мы должны были пойти, а вместо ада Он открыл нам небо, в которое мы не должны были идти.</u>

«За ничто вы были проданы», – пишет пророк Исайя (52:3) А после победы Христа Апостол Павел пишет: мы «куплены дорогою ценою». (1Кор.6:20. 1Кор.7:23) (Иоан.3:16) Победа Христа построила мост над пропастью разделившею Бога и человека. Чрез Иисуса Христа Бог предлагает нам амнистию и прощение. «...Как далеко восток от запада, так удалил Он от нас беззакония наши» Пс.102.10-12.

Чтобы быть прощенным, есть один только путь: Признать свои грехи и покаяться в них пред Господом. (Пр.28:13) Помните, прощение – это не автоматический процесс. Прощение вступает в силу, когда исповедаем свои грехи Господу. (1Иоан.1:9)

Человечество создано для одной Персоны и для одного Места. Христос – это есть та Личность и Небо – это есть то Место. Все это дается в комплексе. Мы не сможем войти в Небо без Христа и мы не можем иметь Христа без Неба.

Можно ли быть уверенным, что мы попадем на небо? Многие места Писания убеждают нас в этом. «Я написал вам это, чтобы вы знали, что веруя в Сына Божия вы имеете жизнь вечную» 1Иоан.5:13.

«Ищите Господа, пока можно найти Его...» Ис.55:6. – Призывает нас Дух Святой через пророка Исайю.

Писание призывает нас: о горнем помышляйте, а не о земном. Пусть и наши сердца будут заняты размышлениями о жизни в раю, о жизни на Новой Земле, о Новом Иерусалиме. Это поможет нам жить **жизнью ожидания пришествия Господа**. Ибо, во второй раз, Христос придет для ожидающих Его. (Евр.9:28)

Апостол Петр также призывает нас жить жизнью ожидания: «...ожидающим и желающим пришествия Божия». (2 Петр.3:12)

В молитве «Отче наш», есть фраза, которую миллионы раз произносят верующие: – «Да приидет Царствие Твое...» Эта фраза должна жить в сердце каждого верующего человека день и ночь.

Пусть Царство Небесное, как Полярная Звезда, направляет к себе наши стремления, ибо, в заботах и суете, мы часто теряем небо с радаров нашей души.

Заканчивая Послание к Филиппийцам Павел дает им заключительное наставление. «Радуйтесь всегда в Господе, и еще говорю: радуйтесь. Кротость ваша да будет известна всем человекам. Господь близко. Не заботьтесь ни о чем, но всегда в молитве и прошении с благодарением открывайте свои желания пред Богом, – и мир Божий, который превыше всякого ума, соблюдет сердца ваши и помышления ваши во Христе Иисусе. Наконец, братья мои, что только истинно, что честно, что справедливо, что чисто, что любезно, что достославно, что только добродетель и похвала, о том помышляйте. Чему вы научились, что приняли и слышали и видели во мне, то исполняйте, – и Бог мира будет с вами» Фил.4:4-9.

Приложим это наставление и к своему сердцу.

Аминь

ВОЙНА МИРОВ

Апостол Иоанн, на глазах у которого совершалось земное служение Господа говорит, если записать все, что Христос успел сделать за Свою короткую жизнь, миру не вместить этих книг. Думаю, кроме самих дел, Иоанн имел ввиду также и объем мудрости явленной Господом в это время. Даже то, что дошло до нас в посланиях евангелистов, уже стали основой учений для философов, социологов, психологов, теологов и других.

Сотни писателей, поэтов, художников, создавали произведения вдохновленные учением нашего Господа. Десятки тысяч картин, о разных эпизодах жизни Иисуса Христа, украшают храмы, церкви, здания, музеи, стены дворцов и домов обывателей. Там же мы видим грандиозные статуи, фрески, панно и самое главное: – миллиарды человеческих сердец, которые были покорены учением Господа. Это богатство удивительным образом дошло до наших дней, хотя при Своей жизни Господь не написал ни одного слова.

Все великие учителя человечества, без исключения, оставляли после себя написанные или продиктованные ими учения, наставления, размышления, философские умозаключения, стараясь направить человечество к светлому будущему. Будда, Конфуций, Платон, Сократ, Мухаммад и многие другие, составили целые религиозные и философские течения. Все они много писали. В каждом из этих учений, можно было найти что-то полезное и практичное в повседневной жизни. Но ни одно из них не решало главную проблему человечества: – Кто заплатит за мои грехи?

Господь наш не написал Своей рукой ни одного слова и не диктовал ученикам Свои наставления. Почему Он поступил не так, как это делали до Него все великие мыслители на земле? Многие из них были весьма успешными в свое время и Господу можно было бы воспользоваться накопленным опытом человечества. Вот что удивительно: не написав Своей рукой ни одного слова, Господь основал на земле учение, которое покорило вере миллиарды человек. Как это могло быть?

В таком подходе к решению проповеди Евангелия, мы видим потрясающее проявление провидения свыше. Господь подошел к решению этой проблемы методом, который никто, нигде, никогда не использовал и не мог использовать. Наставляя учеников, Господь говорил, чтобы они не составляли заранее приготовленные речи. Когда будут допрашивать вас в синагогах и поставят пред правителями, Дух Святой даст вам слова и научит как отвечать. (Матф.10:19) Таким образом, ответы учеников часто заставали врасплох гонителей и они ничего не могли противопоставить их мудрости. Когда проходили диспуты верующих с атеистами, наши неученые простые братья, нередко ставили в тупик именитых лекторов атеистов. (Стефан)

Посредством водительства Святого Духа, были

написаны Евангелия, Послания и Пророчества Ветхого и Нового Заветов. Господь не беспокоился, что, кто-то, вдруг, забудет и напишет не то что надо. Он говорит ученикам на последней Вечере перед Своими страданиями: «Утешитель же, Дух Святый, Которого пошлет Отец во имя Мое, научит вас всему и напомнит вам все, что Я говорил вам».Иоан.14:26.

Далее Апостол Петр повторяет эту истину: «Ибо никогда пророчество не было произносимо по воле человеческой, но изрекали его святые Божьи человеки, будучи движимые Духом Святым» 2 Петр.1:21.

Еще до сотворения мира Бог знал, возможно, будет падение человека. Уже в те, далекие, доисторические времена, Бог предусмотрел каким путем можно исправить эту беду. Почему Бог допустил это? Наверное у Бога были и другие варианты, но Бог допускает проявиться этому злу. Вначале, допускает восстание ангелов во главе с Люцифером, а затем падение человека. Как вы думаете, мог бы Бог испепелить всю банду взбунтовавшихся ангелов? Тогда не было бы падения Адама и Евы. И все было бы по-другому.

Бог все мог. В этом смысле, часть богословов склоняются к мнению, что Бог не просто так оставил падших ангелов до времени. Мы не знаем в деталях, что конкретно привело третью часть ангелов восстать против Бога? Какая могла быть причина, что ангелы на небесах, живущие в присутствие Бога, видя все красоты Вселенной, зная могущество Бога и... вдруг восстают против Него.

Факт этот не укладывается в голове. Какие недостатки, какую несправедливость усмотрели они в просторах духовного мира? Что показалось им неправильным? Но это случилось. Одна из теорий гласит: если бы Бог испепелил бунтовщиков, память об это событии осталась бы во Вселенной. И, вполне возможно, через миллионы лет, у кого-то возникла бы мысль: – а может падшие ангелы были правы? Что они хотели? Почему они восстали?

Понятно, что восстание не могло произойти на пустом месте. Наверное у них было какое-то свое видение, какая-то свои желания. Мы не знаем, что привело их к несогласию с Богом и восстать. Поскольку это случилось, согласно закона Свободы Выбора, Бог дал им возможность реализовать свои претензии.

Это время подходит к концу и Вселенная, вместе с многострадальным человечеством, видят в какую бездну зла, страданий, греха и пороков, погрузило землю восстание падших ангелов. Таким образом, теперь, во все века, ни у кого, во всей Вселенной, не возникнет мысли: – а может они были правы.

В этой статье, я обращаю внимание на три судьбоносных события в жизни нашего Господа, которые изменили ход истории во Вселенском масштабе.

Рождество. Прежде всего следует сказать, что рождение Младенца Иисуса это не начало, а завершение плана Божьего спасения человечества. Начало было положено когда Бог заключил завет с Авраамом, начиная совершенно новый народ на земле, из которого воссиял обещанный Богом Мессия. Уже в это время, дьявол, в самом зародыше, намеревался одним ударом разрушить план Божий, уничтожив Христа в младенческом возрасте.

Далее, мы имеем очень скудную информацию о жизни Иисуса в детстве и отрочестве. Знаем, что Он возрастал пытливым и любознательным юношей находясь в послушании у родителей. По всей видимости, как старший сын, к тридцати годам, Он хорошо освоил специальность плотника и был правой рукой отца в этой профессии. Возможно и в эти годы дьявол изыскивал возможность, как-то вклиниться в судьбу Иисуса, но, как мы видим, основные события стали разворачиваться сразу после Его выхода на служение.

Искушение в пустыне. Началом служения Господа стало Его крещение у Иоанна Крестителя и, сразу после крещения, – сражение Христа с дьяволом в пустыне. (Матф.4гл.) Сорок дней поста. Сорок дней без пищи. Голод и ослабевшее физически тело, были союзниками дьявола в этом сражении. Опытный и практичный дьявол умеет ждать своего времени. Прошли долгие сорок дней и в последний день, когда Господь особенно взалкал, приступил к Нему искуситель.

Первые два искушения Господь прошел легко. Хлеб из камня и крыло храма были отвергнуты сразу. Думаю, дьявол особо и не рассчитывал, что эти две идеи сработают. Главное и самое сильное искушение он оставил напоследок зная, какую силу над плотскими сердцами жителей земли имеют Богатство и Слава человеческая. Немало было в истории земли сильных мужей, чьи колена преклонились пред Богатством и Славой человеческой, ослепленные этим искушением. В этот время решалась судьба Господа, судьба человечества, авторитет Писания, но ставка в этой Войне Миров была еще выше: Христос пришел разрушить Державу Смерти.

Трудно представить, какая тяжелейшая миссия была возложена на Иисуса Христа. Земля была во власти дьявола. Множество одержимых бесами людей населяли землю. Даже те, кто служили Богу, книжники, фарисеи, многие из священства, заседавшие в синедрионе, были благочестивыми только по наружности. Христос прямо называл их змеиными отродьями (*порождения ехидны*), окрашенными гробами и говорил, что их отец дьявол.

Масштаб оккультных сетей дьявола, которые буквально окутывали землю, – поражает. Всякого рода колдуны, ворожеи и прочие слуги дьявола, самым активным образом вклинивались не только в жизнь простых людей, но и разрушали Божьи планы.

Это была одна из причин, почему Бог повелел Моисею и Иисусу Навину полностью изгонять народы населяющие земли, которые Бог обещал Аврааму. Среди этих народов царствовало тотальное идолопоклонство и демоническая зависимость, от которой Бог и старался оградить народ Израильский. Мера Беззакония для этих народов, к этому времени, наполнилась и преисполнилась. (Быт.15.13-16)

К сожалению, Израильтяне не до конца следовали Божьим заповедям, и это привело их к многочисленным проблемам. В Книге пророка Иезекииля, мы находим ужасающее описание, как страдали под этим гнетом люди, насколько глубоко погрузился мир во власть демонов. Даже праведники не были застрахованы от этого зла.

«Так говорит Господь: горе сшивающим чародейные мешочки и делающие покрывала для головы всякого роста, чтобы уловлять души... и бесславите Меня пред народом Моим за горсти ячменя и за куски хлеба, умерщвляете души, которые не должны умереть, и оставляете жизнь душам, которые не должны жить, обманывая народ, который слушает ложь... За то, что вы ложью опечаливаете сердце праведника, которое Я не хотел опечаливать, и поддерживаете руки беззаконника, чтобы он не обратился от порочного пути своего и не сохранил жизни своей...» Иез.13:18-22. Это было время бесшабашного разгула демонических сил на земле.

Таким образом, у Христа была очень непростая задача. Ему предстояло принять человеческую плоть, родиться на оккупированной дьяволом территории, где у него было много слуг, явных и неявных. Непорочным зачатием в плоти Иисуса Христа были обрублены греховные корни Эдема, но любой, один единственный грех, любое нарушение Закона Моисеева сводило на ноль всю миссию

Иисуса. Поэтому, все время жизни на земле, Христос ходил как по лезвию бритвы. Подобно минерам, которые ошибаются один раз, Господь не имел права на ошибку.

Предлагая Иисусу все царства мира и славу их, дьявол, как бы, предлагал Христу разойтись по-джентельменски: – Ты пришел спасать Своих людей? Нет проблем. Зачем Тебе унижения, страдания и годы мытарства среди неблагодарных людей, которые и предадут Тебя. Поклонись мне один раз и все это будет Твое. Весь этот мир. Я уже не буду Тебе препятствовать, Ты сядешь в храме как Мессия, весь Израиль поклонится Тебе, а потом и другие царства. Только один поклон и все будет Твое...!

Как много найдется на земле людей, которые смогли бы отвергнуть такое предложение? Один поклон и весь мир твой!

Но здесь все было не так просто. Даже если Христос получил бы в Свое распоряжение все Царства Мира – это все было бы временным явлением. После смерти, души продолжали бы уходить в Преисподние места и попадать в Державу Смерти дьявола. Обман состоял в том, что на земле продолжали бы царствовать Грех и Смерть. Именно этих «близнецов», которые исправно наполняли Преисподние места Державы Смерти, хотел сохранить дьявол. Такой вариант устраивал его на сто процентов, потому что пока во Вселенной находились Грех и Смерть, продолжала бы существовать Держава Смерти. В этой Войне Миров <u>Господь должен был поразить Смерть</u>.

Возможно у дьявола были и другие мотивы уходящие корнями в Духовный Мир. Некоторые богословы говорят, когда Бог вывел Первородного Сына Своего во Вселенную, то сатана, который был тогда Ангелом Света, в своей гордыне представляя себя равным Богу, отказался поклониться Сыну Божьему. Этим он, естественно, навлек на себя гнев Бога. Поэтому, если бы на той высокой горе,

Христос поклонился сатане, это стало бы доказательством, что Бог напрасно гневался на него и сатана был прав отказавшись поклониться Первородному.

Но это только одна из многих теорий и для нашего спасения она не имеет никакого значения. Достоверно, из Писания, мы знаем: к падению, бывшего Ангела Света, привела его гордыня. По этой причине, многие места Писания предупреждают нас об опасности идти на поводу своей гордости. Ибо Бог противится гордецам.

Ко времени сражения в пустыне, у дьявола была уже обширная Держава из человеческих душ в Преисподних местах земли и глобальная цель Иисуса Христа была разрушить Державу Смерти. Но державы так просто не уничтожаются, для этого надо победить того, кто создал эту державу и уничтожить средство, которым дьявол наполнял свою державу.

Немного подробнее рассмотрим тех, кто так ревностно помогал дьяволу строить его Державу. Принято считать, что первенцем Евы был Каин. Но мы часто забываем, что прежде Каина у Евы родились близнецы. Страшные близнецы. Имена их Грех и Смерть.

Мы находим в Писании процесс рождения этих близнецов: «Похоть же, зачавши, рождает грех, а сделанный грех рождает смерть»Иак.1:15. Здесь мы видим хронологически точное описание драмы Едемского сада. «И увидела жена, что дерево хорошо для пищи, и что оно приятно для глаз и вожделенно, (*момент зачатия похоти*)... и взяла плодов его, (*момент рождения греха*), и ела; и дала также мужу своему, и он ел». (*Сделанный грех рождает смерть*). Быт.3:6.

Мы не будем углубляться в бесконечные гипотезы типа: а что было бы, если Адам не стал вкушать запретный плод и остался бы верным Божьему повелению? Пришлось бы Богу создавать новую Еву или еще как? Мильтон пишет, например, Адам так полюбил Еву, что решил умереть вместе с ней и, сознательно, вкусил запретный плод. Как бы то ни было, печальный факт совершился и вся земля пожинает сегодня плоды первородного греха.

Закон Вселенной гласит: <u>Возмездие за грех – смерть.</u> <u>Жало же смерти – грех</u>. Таким образом, до Иисуса Христа, эта страшная парочка действовала очень успешно. Никто не мог ей противостоять. Всякий раз, как только любой грех совершался человеком, смерть вонзала в него свое жало. Этот человек теперь ее добыча. Так раз за разом, за каждый новый грех, смерть, подобно дьявольскому скорпиону, жалила человека оставляя на нем свою печать. Здесь все было по закону и Смерть не была виновна в смерти человека, который заканчивая земную жизнь, становился добычей Державы Смерти. Ибо возмездие за грех – смерть.

Сегодня мы видим вокруг цветущих, преуспевающих людей, видим их на экранах ТВ и мониторах компьютеров, в красочных журналах и газетах, мы видим успешных артистов, бизнесменов, политиков, спортсменов и многих подобных им. Но если вдруг открылись бы наши духовные очи, мы от ужаса закрывали бы глаза видя, что на них нет живого места. Тысячи раз жало смерти оставило свою печать на их телах, хотя внешне они являются воплощением счастья и успеха.

Ап. Павел подробно описывает действие греха в Послании к Римлянам и называет его Закон Греха. Этот закон не просто лежит на пороге дома и виляет хвостом, как дворняжка, но <u>он влечет человека к себе</u>. (Быт.4:7) Один известный доктор, лечащий зависимых людей, сказал: чрезвычайно трудно вылечить наркомана или алкоголика не потому что их воля слаба, а потому что враг силен. Это, в полной мере, относится и к исполнению Закона Божия: – враг, находящийся в нашей плоти, очень силен.

Голгофа. Когда план дьявола соблазнить Христа богатством и славой человеческой провалился, дьявол перешел к воплощению Плана «Б». Этот план был разносторонний. Во-первых, от самого начала, максимально окружить Христа всяким негативом, ложью, неприятием Его учения и спровоцировать Его на конфликт с законниками и религиозными лидерами. Создать Христу невыносимые условия путем лжи, клеветы, унижений; приложить все усилия, чтобы Христос, хотя бы один раз, нарушил Закон Моисея.

У дьявол была надежда, что Христос, во время служения на земле, где-нибудь «проколется». Одно только нарушение Закона Моисеева и больше ничего не надо: – жертва Христа, и вся Его миссия стала бы уже бесполезной. Одно только нарушение и жало смерти оставило бы свою печать на Его теле.

Писание не просто так говорит, что делами Закона не оправдается никакая плоть, поэтому, надежды дьявола были не на пустом месте. Не было на земле, за все время, такого человека, который бы полностью исполнил Закон. Поэтому, кроме спасения человека, уничтожения греха и смерти, Христос должен был доказать, что Бог не дал людям Закон, который невозможно было исполнить. « Не думайте, что Я пришел нарушить Закон или пророков; не нарушить пришел Я, но исполнить» Матф.5:17.

В случае, если Христос сумеет пройти все искушения земной жизни, не согрешит и не нарушит Закон, заключительной фазой плана «Б» было, создать Христу на земле страшный, невыносимый физический прессинг. В этом была надежда дьявола, что Христос, не выдержав страшных мук, попросит Отца о помощи и уйдет в небо до окончания Своей миссии. В таком случае, пророчества о грядущем Мессии – Спасителе в Писании, также оказались бы ложными и полностью дискредитировался бы авторитет Писания.

Непорочным зачатием в плоти Иисуса Христа были обрублены греховные корни Эдема, но это была настоящая человеческая плоть. В жилах Христа текла человеческая кровь, Он чувствовал жару, голод, холод и самое важное, на что дьявол возлагал особые надежды, – плоть Его ощущала боль. Это были союзники дьявола в этой борьбе. Не каждый человек способен выдержать пытки. В истории земли, немало было случаев, когда, не выдержав мучений, человек ломался и шел на сделку.

Когда Господь отверг всякие компромиссы с дьяволом, преодолел все искушения, ни разу не согрешил, в точности исполнил Закон, то заключительной фазой дьявольского плана было: сломать Иисуса обрушив на Него самые страшные страдания, какие только можно себе представить. Поэтому, чем ближе была Голгофа, тем ожесточеннее были нападки врага. Мучения и распятие – это был последний шанс дьявола.

Со звериной жестокостью избивали Христа солдаты. Здесь враг постарался на всю катушку. За 600 лет до Христа, пророк Исайя пишет об этом так, как будто он стоял на Голгофе: «Как многие изумлялись, смотря на Тебя, – столько был обезображен паче всякого человека лик Его, и вид Его – паче сынов человеческих!» Ис.52:14. Это была отчаянная надежда дьявола, что Христос не вытерпит эти нечеловеческие муки и, призвав на помощь Ангелов, вознесется от земли. Живым был взят от земли Енох, огненная колесница унесла на небо Илью, тем более Христос мог в любой момент прекратить эти страдания.

На любом этапе, Христос мог остановить эту чудовищную пытку. Он не просто так сказал Петру: «Или ты думаешь, что Я не могу теперь умолить Отца Моего, и Он представит Мне более, нежели двенадцать легионов Ангелов? Как же сбудутся Писания, что так должно быть?» Матф.26:53-54. Здесь мы еще раз убеждаемся, авторитет Писания был для Христа делом первостепенной важности.

Для дьявола было, критически важно, во что бы то ни стало добиться, чтобы Христос ушел с земли не вкусив смерти. Смерть безгрешного Господа на кресте за один раз поражала его страшных близнецов: – Грех и Смерть, а без них Держава дьявола не могла существовать.

Поэтому, дьяволу нельзя было допустить, чтобы безгрешный Христос умер на кресте: он прекрасно понимал, в таком случае Смерть становится виновной. Если человек ни разу не согрешит и полностью исполнит Закон, Смерть не имеет права прикасаться к такому человеку. Определение Закона гласит: «Душа согрешающая та умрет» Иез.18:4. «Но кто исполняет его, (Закон) тот жив будет им»Гал.3:12. <u>Следовательно, прикоснувшись к безгрешному телу Христа, Смерть согрешит нарушив Закон Греха Вселенной.</u>

Как мы уже знаем сегодня, Христос выдержал все испытания и пришел к Голгофе безукоризненно чистым. Закон Божий был исполнен Христом на сто процентов и на Тайной Вечере Он говорит ученикам: «...ибо идет князь мира сего, и во Мне не имеет ничего» Иоан.14:30. Теперь на Голгофе, впервые, за всю свою историю, Смерть вынуждена была прикоснуться к безгрешному человеку, к <u>которому она не имела права прикасаться</u>.

Но у нее не было выбора. Согласно физическим законам, истерзанное тело Христа не могло дальше удерживать в Себе жизнь и, Смерть, не желая этого, приняла Его в свои холодные объятья. Как только она это сделала, Смерть стала виновной.

Вместе с грехами людей, Господь пригвоздил ко кресту написанное против нас рукописание. Это проклятье, которое каждый человек имеет против себя греша и нарушая Закон. Оно было против нас: «Проклят всяк, кто не исполняет постоянно всего, что написано в книге Закона» Гал.3:10.

Он сделался за нас клятвой взяв это рукописание из среды и, возложив на Свое безгрешное Тело, пригвоздил его ко кресту. Грех не мог войти в Тело Христа, – в Теле Господа не было жала греха и, таким образом, грех всего мира, остался пригвожденным ко кресту, получив то, что заслуживал: – проклятье. Согласно Закону: «проклят всяк, висящий на древе» Гал.3:13.

Книга Откровения, открывает финал Божьего плана очищения Вселенной от греха и смерти: «Последний же враг истребится – смерть». В Пасхальных песнопениях мы поем «Смертию смерть попрал». Таким образом, согласно Закону, (возмездие за грех – смерть) <u>в конце веков, согрешившая Смерть должна будет поразить саму себя</u>. «...дабы смертью лишить силы имеющего державу смерти, то есть дьявола» Евр.2:14.

Еще подобное место. «Открывшейся же ныне явлением Спасителя нашего Иисуса Христа, разрушившего смерть и явившего жизнь и нетление чрез благовестие» 2 Тим.1:10. Последнее слово Христа на Голгофе – «Совершилось», – ставит точку в Войне Миров. Главное было сделано: далее, история человечества стала развиваться по законам Нового Завета.

С первых дней выхода на служение, проповедь Господа была благовестием и призывом в Царство Небесное. Начинается она явлением в мир Иоанна Крестителя. «Закон и пророки до Иоанна; с сего времени Царствие Божие благовествуется» Лук.16:16.

Здесь Иисус Христос, ясно говорит, где проходит черта, за которой Ветхий Завет стал Ветхим и началась эра Нового Завета, в которой стал звучать призыв в Царство Небесное. Уже в начале Своего служения, Господь стал прямо говорить народу о цели Своего прихода на землю. «Но Он сказал им: и другим городам благовествовать Я должен Царствие Божие, <u>ибо на то Я послан</u>». Лук.4:44.

Проповедь Иисуса Христа содержала в себе разительное новшество: – это была проповедь о Царстве Небесном. Фактически, это было объявление войны другой державе, потому что все жители земли были прямыми кандидатами в Державу Смерти.

Обратите внимание, в Ветхом Завете ничего не говорится о Царстве Небесном. А в Новом Завете, Небо, Царство Небесное, Царство Божие, упоминается около трехсот раз. «Потому что Бог во Христе примирил с Собою мир, <u>не вменяя людям преступлений их</u>, и дал нам слово примирения» 2Кор.5:19.

Чтобы полнее представить себе масштаб Голгофской драмы, я предлагаю посмотреть на уникальный случай из жизни пророка Елисея. Ученик пророка Ильи, он был пророком, как говорится, с большой буквы. Елисей впитал в себя все замечательные качества Ильи, всеми фибрами души любил Господа и служил Ему от всего сердца. Этот эпизод записан в 6-й главе 4-ой Книге Царств.

Елисей активно участвовал в жизни Израильского народа и помогал Израильскому царю. Это стало известно Сирийцам, с которыми у Израиля были напряженные отношения. Узнав, что Елисей находится в одном из городов Израиля, Сирийский царь посылает туда свой «спецназ» с конкретной задачей: привести к нему Елисея. Следуя приказу царя, сирияне, с конницей, колесницами, с большим войском, ночью внезапно окружили город. Как мы понимаем, в те старые добрые времена, ни самолетов, ни вертолетов еще не было, не было даже телефонов, чтобы, позвонив царю Израильскому, позвать его на помощь.

Таким образом, все, кто был в городе, оказались в ловушке. Жители города в панике и прекрасно понимают, это огромное войско пришло не в крестики-нолики играть. Даже слуга Елисея, выражая общее настроение всех жителей, говорит: – увы! господин мой, что нам делать? В панике все, кроме Елисея.

Здесь мы читаем очень интересное, можно сказать единственное, в своем роде, событие, которое позволяет нам сделать далеко идущие выводы. Оказывается, пророки, уровня Елисея, имели открытые духовные очи, которые позволяли им видеть, что происходит в невидимом духовном мире. Елисей видел, на небе, вокруг города, стояло огромное Небесное Воинство готовое защитить их. Пророк видит это воинство и спокоен. Ни его слуга и никто более в этом городе не представляли себе, что гораздо большая сила контролирует ситуацию. Трудно сказать, видел ли Елисей духовный мир постоянно, или в каких-то особых случаях Бог открывал ему духовные глаза? Мы этого не знаем, но факт, что подобные случаи были.

Елисей сполна использует сложившиеся обстоятельства, предвосхищая грядущие Евангельские принципы: – побеждайте зло добром. Звучит его молитва и внезапно ослепшее Сирийское войско, Елисей приводит в середину вражеского города. Далее, по молитве Елисея, они прозрели и увидели, что со всех сторон их окружают вражеские солдаты. Смерть была неминуема.

Но здесь Сириян ожидал сюрприз, о котором они и мечтать не могли. Елисей делает царю предложение, от которого, я думаю, все лишились дара речи. Он говорит: – Не убивай! Но вместо этого, хорошо угости их и отпусти домой.

Можно только попытаться представить себе изумление царя и всех окружающих. – Как?! Отпустить? Когда судьба отдает в наши руки целое вражеское войско! Вот так просто взять и отпустить их? Да еще и накормить? Это было слишком революционно.

Но авторитет пророка превозмог здравый смысл того времени, в котором врагов никогда не отпускали в добрый путь. Царь, по совету Елисея, делает большой пир для целого войска и провожает их домой. В 23-м стихе 6-й главы мы читаем результат этой счастливой драмы: «И не ходили более те полчища Сирийские в землю Израилеву».

Потрясающая победа! Елисей показал себя настоящим духовным гроссмейстером. – Ни одного убитого солдата, ни одной капли крови не пролилось на землю, но огромное Сирийское полчище, из врагов, превратилось в друзей. Я представляю, как аплодировали Елисею Ангелы, глядя с неба на развязку этого события, а Господь с ласковой улыбкой смотрел на Своего пророка.

Воинство Небесное являлось пастухам Вифлиема, видел Ангелов Давид, на глазах у Елисея огненная колесница унесла пророка Илию, можно вспомнить Моисея и массу удивительных, чудесных явлений во время выхода из Египта, вспомнить Авраама и т.д. В Писании много мест свидетельствующие, что загадочный загробный мир не где-то далеко в глубинах космоса, но мир этот всегда рядом с нами и вокруг нас.

Это небольшое историческое отступление о Елисее, показывает нам реальное положение дел в духовном мире. Поэтому, когда Христос говорил ученикам, что, в любой момент, мог бы воспользоваться защитой легионов Ангелов, Он знал, что говорил. Но Он прошел этот путь до конца один, как написано: - «Я топтал точило один, и из народов никого не было со Мною...»Ис.63:3. Даже ученики в Гефсиманском саду, не понимая масштаба события, не оказали Ему поддержку своими молитвами, когда Господь, единственный раз, попросил их помочь Ему пережить Свои борения накануне страшного финала.

Это была тяжелейшая борьба. Грехи мира, которые Господь так ненавидел, ложились на Его святые плечи и пот Его стал, как капли крови. Это не была реальная кровь, как порою приходится слышать в проповедях. По свидетельству ученых, в минуты тяжелейших переживаний и душевных мук, пот у человека становится насыщенный и густой как кровь. Как известно, капли крови значительно крупнее капель пота, который, в обычном состоянии, как вода. Это обстоятельство свидетельствует о максимальной глубине и тяжести мук переживаемых нашим Господом.

Логично будет сказать, если, вокруг Елисея, на небесах, в количестве превосходящим полчища Сирийские, стояло Воинство Небесное, насколько более легионов Ангелов стояло на небесном круге для Иисуса Христа, готовые по первому зову обрушить всю свою мощь на врага.

Представьте себе, дорогой друг, что, вместе с Воинством Небесным, вы стоите с на небесах и, во всех подробностях, наблюдаете эту драму. На земле издеваются и бичуют Господа, возлагают терновый венок, ложат на Его окровавленные плечи крест, гонят бичами на Голгофу, пробивают гвоздями руки и ноги, и распинают на кресте, как самого последнего злодея. Начинается самая страшная и мучительная казнь на земле.

А в это время, огромное Воинство Небесное смотрит с неба, готовое в любую секунду, по первому зову, стереть с лица земли это сборище сатанинское. Я не знаю, умеют ли Ангелы плакать или нет? Но если они раньше не умели, то в этот день они точно научились это делать. Да и кто мог бы удержаться от слез, видя эту душераздирающую драму. Более того, в разы труднее видеть и знать: – у тебя есть сила остановить это вопиющее беззаконие, но ты должен оставаться молчаливым свидетелем.

Одна из самых изощренных пыток на земле состоит в том, когда на глазах у родителей пытали их детей. Даже нацисты гитлеровской Германии, только в единичных случаях применяли этот изуверский метод.

Много пишут и говорят о страданиях Самого Господа, мы прочитали о страданиях Ангелов, молча наблюдавших это злодеяние, но кто может измерить страдания Отца Небесного? На Его глазах совершалось это чудовищное действие. Как оценить, на каких весах взвесить, что пережил за годы земной жизни Иисуса Его Отец Небесный?

Некто хорошо подметил: Бог не смотрит на нас сверху, Бог видит нас изнутри. Это действительно так: Бог Отец, вместе с Сыном проходил через это страшное время. Он чувствовал каждый вздох Своего Сына, переживал с Ним, знал Его сердечные воздыхания, козни, унижения, клевета, побои и распятье. Все происходило на глазах у Отца Небесного. В Его власти было прекратить это в одно мгновение, но это был Его план: ибо только таким путем Грех и Смерть уничтожались из пределов Вселенной. Господь должен был доставить Вселенскому Суду победу.

Поэтому, Христос шел до конца, как написано о Нем: «Трости надломленой не переломит и льна курящегося не угасит, доколе не доставит суду победы; и на имя Его будут уповать народы» Матф.12:18-21.

И в Новом, и в Ветхом Заветах, мы находим описание страданий нашего Господа. Мы находим множество разных мест, сопоставляя которые, мы будем иметь довольно полную картину Его страданий. Это внешняя картина. Взгляд со стороны. Но какие переживания были у Господа в сердце? Как терзалась и мучилась Его душа? Побои, унижения, насмешки, клевета, несправедливость; люди, которые не стоили Его мизинца, измывались над Ним, плевали и били Его... Что творилось в душе у Господа в это время? Какая, должно быть, горечь наполняла все фибры Его души.

Здесь я хочу обратить внимание на Книгу Иова. Много раз перечитывая ее, я особо ясно увидел, в сетованиях и страданиях Иова, много параллелей со страданиями нашего Господа.

Бог засвидетельствовал об Иове: «Ибо нет такого на земле: человек непорочный, справедливый, богобоязненный и удаляющийся от зла». – Эти качества мы находим и в абсолютно безгрешном Христе. В один день Иов обнищал потеряв все, чем он обладал. – Христос, также обнищал ради нас, оставив Свое Небесное жилище, оставив все, чем Он обладал, сошел на землю приняв образ раба.

На самого праведного человека, Иова, обрушиваются чудовищно несправедливые страдания. Это же случилось со Христом. Иов, в стенаниях описывает свои качества – они очень схожи с характером и жизнью Иисуса. Когда праведный Иов изливает друзьям горечь своей души, это дает нам некоторое представление о горечи и переживаниях в душе нашего Господа.

Иов имел большой авторитет, славу, уважение, но, пораженный проказой, был отвергнут обществом и должен был находиться в стороне от людей. Даже его слуги глумились над ним. (Иов.19:15-19)

Принц всей Вселенной, Сын Всемогущего Бога, Царь Царей и Господь господствующих, Христос, оставил славу Небес и, приняв на Себя проказу грехов всего человечества, был выведен за город и распят, как проклятый человек, на деревянном кресте. Множество людей издевались над Ним.

Самый праведный человек Востока Иов, незаслуженно терпел страшные мучения; даже его друзья, семь дней сидели с ним, плакали и рыдали не в силах сказать ни одного слова. «И, подняв глаза свои издали, они не узнали его; и возвысили голос свой, и зарыдали; и разодрал каждый верхнюю одежду свою, и бросали пыль над головами своими к небу. И сидели с ним на земле семь дней и семь ночей; и никто не говорил ему ни слова, ибо видели, что страдание его весьма велико» Иов.2:12-13.

Самый праведный человек Иисус Христос был избит и обезображен, «паче всякого человека» (Исай. 53гл), также незаслуженно терпел страшные мучения. В сетованьях Иова, которые он высказывал друзьям, мы находим глубинную картину страданий переживаний Иисуса Христа. Также как Иову от своих друзей, Христу было очень горько слышать от Своего творения насмешки, непонимание, хулу, проклятья, побои и издевательства, и, в конце концов, принять самую позорную и страшную казнь на земле.

Книга Иова учит нас, чтобы мы не торопились судить людей по внешним признакам. Если и нам придется проходить долиной плача и тени смертной, если будут несправедливо обижать и злословить, не будем отчаиваться, но, подобно Иову, не оставлять своего упования.

Прочитайте еще раз Книгу Иова с одной целью: открыть для себя эти параллели. Запаситесь цветными карандашами и отмечайте все сходства характера Иова с характером Иисуса. Отметьте стенания самого праведного и совершенного человека Востока. Они приоткроют нам глубину переживаний и терзаний нашего Господа. – Самого совершенного и праведного человека во Вселенной.

Таким образом, через Книгу Иова, мы имеем возможность, хоть отчасти, представить себе внутренний мир Господа, во время Его страданий. Какое сердце может остаться равнодушным читая эти строки.

Имея понимание, какой ценой Господь искупил нас от грехов, нам легче теперь понимать: что значит для Отца Небесного прощение, когда мы исповедуем Господу свои грехи. Просто так грехи не прощаются. Закон Прощения гласит: «Без пролития крови не бывает прощения» Евр.9:22. По этой причине, обращаясь к Богу о прощении, мы должны помнить этот Закон.

Чтобы простить наш очередной грех, Отец Небесный, обращает Свой взор на Голгофу, видит там истекающего кровью Своего Сына и тогда только совершается акт прощения. <u>Ибо без пролития крови не бывает прощения</u>.

Представьте, ваш сын или дочь попали в страшную аварию и чудом остались живы. В архивах следствия сохранились их фото в первые минуты трагедии, когда ваш ребенок, искалеченный до неузнаваемости, лежит, в луже крови, на дороге ожидая помощи. Как часто вам хотелось бы рассматривать эти фотографии?

Наверное, не найдется на этой земле такого, кто хотел бы иметь нечто подобное перед своими глазами. Потому что всякое напоминание об этой трагедии, наполняло бы ваше сердце болью.

Но всякий раз мы просим Отца Небесного делать это, если мы допускаем очередной грех и приходим к Господу с покаянием. Отец Небесный не требует пролития нашей крови за грехи, ибо Он отдал за нас Своего Сына и Его драгоценная Кровь искупила нас от грехов, но чтобы простить наш грех, Он должен обратить взор на Голгофу и увидеть истекающего кровью Своего Сына. <u>Без пролития крови не бывает прощения</u>.

Так была одержана Величайшая Победа во Вселенной. Победа Господа над грехом и смертью. Так открылись нам врата Царства Небесного. Свет и Тьма, Добро и Зло, сошлись в великой битве двух Миров. Своей победой Господь разрушил Державу Смерти, разрушил грех и смерть и совершил все, что было предсказано в Писании. Через пророчества, Бог готовил для Иисуса «Дорожную Карту» начиная от Моисея и других пророков.

«От власти ада Я искуплю их, от смерти избавлю их. Смерть! где твое жало? ад! где твоя победа? раскаяния в том не будет у Меня» Осия.13:14

«Поглощена будет смерть навеки, и отрет Господь Бог слезы со всех лиц, и снимет поношение с народа Своего по всей земле; ибо так говорит Господь». Исай.25:8.

Да благословит нас всех Господь всегда помнить, какой дорогою ценою смерти и страданий нашего Господа, мы искуплены от этого суетного мира. «В том любовь, что не мы возлюбили Бога, но Он возлюбил нас и послал Сына Своего в умилостивление за грехи наши» 1Иоан.4:10.

Аминь

ПОБЕЖДАЮЩАЯ МОЛИТВА

« Все возможно верующему» Марк. 9:23.

Молитва – это неотъемлимая часть жизни христианина и других верующих, какую бы религию они не исповедывали. Судьбоносную роль молитвы, в жизни человечества, трудно переоценить. Порою люди прикладывают огромные усилия к тому или другому делу, стараясь воплотить свои намерения, но дело, или не получается, или продвигается с большими трудностями. Почему? Во многих случаях люди, или не знают, или недооценивают роль молитвы.

Мудрый Соломон пишет по этому поводу слова глубочайшей истины: «Если Господь не созиждет дома, напрасно трудятся строящие его, если Господь не охранит города, напрасно бодрствует страж» Пс.126:1. Это применительно и к другим сферам жизни людей.

Если посмотреть на процесс молитвы со стороны, в этом, как бы, нет ничего особенного: стоя, сидя, лежа, на коленях, с поднятыми руками или с опущенными, заученными словами, как например Молитва Господня, или своими словами, или вслух, или очень тихо, человек выражает то, что лежит у него на сердце.

Одним из основных, во всех молитвах, является вопрос: А кто-то слышит меня? Ведь если нет в этом твердого убеждения, то молитва может даже стать бременем. Т.е. слышит меня кто-то или нет я не знаю, но, на всякий случай, буду продолжать молиться: не повредит. Поэтому молитва и вера, тесно связаны между собою.

В этой главе, я имею цель собрать в одно целое букет обетований Божиих, чтобы наши молитвы стали побеждающими молитвами. Ведь слышать молитву – это одно, а получить ответ на молитву – это другое. На страницах Писания мы находим яркие примеры побеждающей молитвы. Просите и дано будет вам, стучите и отворят, – говорит Христос и таких обетований немало.

Нам сегодня неизмеримо легче ориентироваться в духовной жизни. У нас есть Священные Писания. В цивилизованных странах каждый может сам читать Библию. Было бы желание. Поскольку в побеждающей молитве незаменимую роль имеет вера, мы постоянно будем проводить параллели между верой и молитвой, благо что в Книгах Библии имеется все необходимое, чтобы наши молитвы стали побеждающими. Христос говорил, если бы Его ученики имели веру с горчичное зерно и не сомневались, то целая гора могла бы подняться и ввергнуться в море.

Отцом веры Писание называет Авраама. Во время Авраама еще не было написано ни одной строчки Библии, поэтому вера Авраама зиждилась исключительно на его личном общении с Богом. На примере его жизни, мы можем положить драгоценное основание и для наших молитв.

Исключительно точное и емкое определение веры, мы находим в Послании к Евреям: «Вера же есть осуществление ожидаемого и уверенность в невидимом» Евр.11:1.

Еще одну аксиому веры в Писании, мы должны держать в поле зрения в свете нашей темы. «А без веры угодить Богу невозможно, ибо надо, чтобы приходящий к Богу веровал, что Он есть и ищущим Его воздает» Евр.11:6.

Эти два места Писания замечательно дополняют друг друга. Апостол Павел пишет об «уверенности в невидимом» и о том, что невозможно угодить невидимому Богу не веруя, что Он есть. Только при соблюдении этих условий появляется результат: «ищущим Его воздает».

В Послании к Римлянам, Дух Святой приоткрывает нам занавес великой тайны: – Процесс Творения! Обратим внимание, как ясно просматриваются в процессе творения, те же самые принципы веры. «...пред Богом, Которому он (Авраам) поверил, животворящему мертвых и называющим несуществующее, как существующее» Рим.4:17. Так поступает Бог в процессе творения. Точно также поступает и Авраам, крепко ухватившись рукой веры за обетования Бога.

Итак, запомните ключевой принцип веры: «**несуществующее называется, как существующее**». Таким образом, в побеждающей молитве, происходит осуществление несуществующего ожидаемого, через уверенность в невидимом.

Уверенность в невидимом дает нам силу осуществлять ожидаемое, это сила неземного масштаба, сила невидимого мира, которая легко побеждает видимые физические законы нашего материального мира. <u>Верой мы видим невидимое и получаем невозможное.</u>

Внимательно рассмотрим еще одно слагаемое в процессе «осуществления ожидаемого». Это сам конкретный акт осуществления, как некий инструмент приводящий в действие этот процесс, чтобы исполнились слова Господа: «просите и дано будет...».

Ответ на этот вопрос, мы также находим на примере Авраама. Посмотрите какой результат! Какая яркая победа! От столетнего Авраама и девяностолетней Сарры, которая, кроме того с молодости была неплодной, – рождается ребенок. Каким образом? Через твердую уверенность в невидимом, сила невидимого мира, привлеченная верой Авраама, мощно проявилась в Аврааме и Сарре, и осуществилось ожидаемое. Поэтому Господь говорит нам: «все возможно верующему» Мар.9:23.

Осуществление ожидаемого, это не «ожидание ожидаемого», – это действие. Ожидание ожидаемого, это пассивное состояние веры. Апостол Иаков называет ее «мертвой верой». Можно всю жизнь верить в загробную жизнь, но не пошевелить и пальцем, чтобы позаботиться о своем спасении. <u>Победу приносит осуществление ожидаемого.</u>

Таким образом, на основании обетований Писания, нам следует расставить правильные ориентиры, чтобы наши побеждающие молитвы базировалась на твердой почве обетований Господа. Я называю их: Окна Небесные. Многие места Писания помогут нам реально оценивать ситуацию, чтобы избегать тупиковых вариантов и разочарований.

Апостол Иаков пишет: «Всякое даяние доброе и всякий дар совершенный нисходит свыше, от Отца светов, у Которого нет изменения и ни тени перемены» Иак.1:17. Итак, совершенно ясно; от Бога мы можем ожидать только добрые даяния. Это Его желание, Его воля по отношению ко всем людям во все времена, ибо у Него нет изменения.

Далее, в душе должен быть полный порядок. Христос говорит это тем, кто приходят к жертвеннику: «Итак, если ты принесешь дар свой к жертвеннику и там вспомнишь, что брат твой имеет что-нибудь против тебя, оставь там дар твой пред жертвенником, и пойди, прежде примирись с братом твоим, и тогда приди и принеси дар твой» Матф.5:23-24. Это в полной мере относится и к нашим молитвам, они направляются в те же сферы, что и жертвоприношения.

Еще один важный знак направляющий наши молитвы: «И вот какое дерзновение мы имеем к Нему, что, когда просим чего по воле Его, Он слушает нас, а когда мы знаем, что Он слушает нас во всем, чего бы мы не просили, – знаем и то, что получаем просимое от Него» 1Иоан.5:14-15.

Замечательную характеристику непоколебимой веры дает Апостол Павел приводя в пример веру Моисея. «...ибо он, как бы видя Невидимого, был тверд» Евр.11:27. В этой короткой фразе есть изумительное, яркое как бриллиант, зерно истины, открывающее верующим образ действия великого человека веры. Как Моисей побеждал несчетные проблемы ведя Израильский народ к свободе? – Он, как бы видя Невидимого был тверд.

Некоторое время спустя, Давид повторяет эту истину в Псалмах: «Всегда видел я пред собою Господа, ибо Он одесную меня, не поколеблюсь» Пс.15:8.

Это необходимо иметь на вооружении всем верующим. В любой ситуации жизни, если мы будем как бы видеть рядом Невидимого, стержень нашей веры будет алмазно твердым. Мы сможем подобно Давиду и Моисею побеждать искушения. Напишите эту фразу на стене комнаты, где вы молитесь Богу. Ее значение трудно переоценить.

В Своей Первосвященической молитве, Христос произносит очень важную истину: «Не молю, чтобы Ты взял их из мира, но чтобы сохранил их от зла» Иоан.17:15.

Мы не можем сегодня уйти из этого мира и жить подобно Амишам из Пенсильвании; мы не можем закрыть своих детей и молодежь в комнатах и держать их отдельно от этого мира. Наша молодежь учится в школах, в колледжах, работают, женятся, уезжают в другие места и волей неволей, все мы вынуждены вращаться в среде этого мира. Что делать? Как сохранить их для Бога? Христос дает ответ: – все усилия прилагать к тому, чтобы научить нашу молодежь: как находясь в мире, сохранять себя от зла.

<u>Лодка может находиться в море, но море не должно находиться в лодке</u>. Так и наша христианская молодежь, может находиться в этом мире, но мир не должен иметь место в душе христианина. В этом смысле чрезвычайно важен пример Моисея: он, как бы видя Невидимого, был тверд. Если мы научим нашу молодежь всегда и везде, как бы видеть рядом Невидимого, в их сердцах миру не будет места.

Еще один факт из жизни Моисея, может помочь нам побеждать искушения этого мира: «...ибо он (*Моисей*) взирал на воздаяние» Евр.11:26.

Предлагаю молодежи и всем, кто читает эти строки, сделать практическое занятие: Попробуйте одну неделю прожить по примеру Моисея: каждую минуту, где бы вы не находились, что бы вы не делали, постоянно, как бы видеть, рядом с собою Невидимого Бога и взирать на воздаяние.

В конце каждого дня, не поленитесь записать в тетрадь все пережитое (*человеку свойственно забывать*) и, по истечению недели, я просто уверен, ваше духовное состояние будет на более высоком уровне. Вы приобретете свой личный бесценный опыт постоянного присутствия Божия в вашей жизни.

Кроме всех остальных позитивных моментов, уверенность в невидимом и осуществление ожидаемого имеет замечательное воздаяние: – христианину это вменяется в праведность. «Поверил Авраам Богу, и это вменилось ему в праведность» Рим.4:3.

Как нам на практике молиться побеждающей молитвой? Основываясь на местах Писания, я предлагаю составить подобие дорожной карты, которая поможет нам правильно расставлять приоритеты в нашей молитве.

Итак, мы уверенны в Невидимом: далее стоит вопрос осуществления ожидаемого. В первую очередь озвучивается нужда, которую мы намереваемся осуществить. Каким образом? – Применяйте основополагающий принцип веры: <u>Несуществующее называется, как существующее</u> и начинайте процесс <u>осуществления ожидаемого</u>.

Что это за процесс? Критически важную, можно сказать решающую роль в побеждающей молитве, имеют Хвала и Благодарение. Некогда Авраам осуществил ожидаемое, которое является, сегодня, примером для всех верующих. В Послании к Римлянам последовательно записан этот процесс.

«Он (Авраам), сверх надежды, поверил с надеждою, чрез что сделался отцом многих народов. И не изнемогши в вере, <u>он не помышлял</u>, что тело его, почти столетнего, уже омертвело, и утроба Саррина в омертвении: <u>не поколебался</u> в обетовании Божием неверием, <u>но пребыл твёрд в вере, воздав славу Богу</u>, и будучи вполне уверен, что Он силен и исполнить обещанное» Рим.4:17-21.

Одно из условий побеждающей молитвы, есть молитва по воле Божией. (1Иоан.5:14-15) Как определить волю Божию? Давид пишет: «Слово Твое – светильник ноге моей и свет стезе моей» Пс.118:105. Таким образом, сверяясь с Писанием, мы, в большинстве случаев, можем определить характер нашей просьбы. Есть ли в этом воля Божия? При этом следует помнить, что Бог всегда настроен дать нам «даяние доброе и дар совершенный» (Иак.1:17)

Человек может просить у Бога много денег, большие владения и многое другое не зная, к чему его приведут эти просьбы. Блудный сын получил свою долю имения, но полученное богатство стало широкой дорогой для его падения, а нужда и нищета вернули его в дом отца. Многие звезды Голливуда, знаменитые спортсмены и прочие известные на весь мир личности, имеют славу, миллионы долларов, но, многие из них, пропадают попав в сети депрессии, наркотиков, алкоголя и других пороков, нередко заканчивают жизнь самоубийством. Приобретенное богатство многих ведет к распутству, зависимости и окончательному падению.

Христос, три последних года жил как бездомный скитаясь по селам и городам, был в полной нищете, часто вынужден был проводить ночи не имея крыши над головой, часто терпя недостаток пищи, но именно эти три года, были самыми важными и плодотворными в Его жизни. Поэтому Господь говорит нам : «...ибо жизнь человека не зависит от изобилия его имения»Лук.12:15. Помните, важнее всего искать волю Божию, а воля Его есть: благая, угодная и совершенная. (Рим.12:2)

Для примера возьмем ситуацию: В семье сын или дочь попали в сети наркомании. Есть ли воля Божия в такой ситуации, чтобы уверенно молиться побеждающей молитвой?

Рассмотрим, что мы имеем в Писании в этом плане. Есть ли воля Божия в том, чтобы наши дети погибали в наркомании? Откуда пришла эта беда? Кто согрешил, дети или родители? Что это? – наказание или результат беспечной жизни и родителей и детей? Кто больше виноват: церковь или домашние?

Христос говорит, Он пришел дать нам жизнь с избытком. (Иоан.10:10) Выше мы читали, что от Бога исходит всякое даяние доброе и дары совершенные. (Иак.1:17) Множество мест Писания свидетельствуют, что Бог категорически настроен делать добро. Таким образом, погибающие в наркомании дети – это не есть воля Божия, но воля врага душ человеческих. «...чтобы они освободились от сети дьявола, который уловил их в свою волю» 2 Тим.2:26.

Следовательно, мы можем смело начинать молиться побеждающей молитвой о спасении наших детей от наркомании и быть совершенно уверенными, это будет молитва по воле Божией, быть уверенными, что Бог будет на нашей стороне в этих молитвах. Христос говорит, что Он пришел взыскать и спасти погибшее. (Матф.18:11) Он пришел не праведников призвать к покаянию, но грешников. (Лук.5:32)

Основываясь на обетованиях Божиих, (*запишите их на отдельном листе бумаги*), открывайте Богу свою нужду и, называя несуществующее как существующее, начинайте воздавать славу Богу, что Он избавил ваших детей от зависимости. Это может быть и наркомания, и алкоголизм, и блуд и др., чтобы то ни было, воздавайте славу Богу, как бы получив обещанное.

Выучите наизусть ключевые места Писания, в которых приводятся примеры побеждающих молитв Авраама, Моисея и др. детей Божиих. Помните, что вы вступили на путь борьбы за ваших детей или близких. Вашими молитвами вы разжимаете львиные челюсти дьявола, которыми он держит ваших детей или кого-бы то ни было, за кого вы решили подвизаться в этой борьбе. Молитвы дают Богу юридическое право изменять ситуацию. Это будет настоящий подвиг в вашей духовной жизни. Это будет трудно, но тем радостней будет победа. «Терпение нужно вам, чтобы, <u>исполнив волю Божию</u>, получить обещанное» Евр.10:36.

Не забудьте привести свое духовное состояние пред Богом, в полный порядок. Примиритесь со всеми, кто что-то имеет против вас, простите всем на кого вы что-то имеете. Наполните каждую минуту своей жизни ощущением присутствия Божия и, как бы видя Невидимого, взирая на воздаяние, воздавайте славу Богу. «Потому что очи Господа обращены к праведникам и уши Его к молитве их…» 1 Петр.3:12.

Всеми силами избегайте негатива со своей стороны и от людей. Может вы сказали невоздержанное слово и кто-то ушел с осадком в душе, или вы кого-то подрезали на дороге. Подумайте, какие слова в ваш адрес говорит тот водитель?

«Возлюбленные! Если сердце наше не осуждает нас, то мы имеем дерзновение к Богу, и, чего ни попросим, получим от Него, потому что соблюдаем заповеди Его и делаем благоугодное пред Ним» 1Иоан.3:21-22.

«Если бы я видел беззаконие в сердце моем, то не услышал бы меня Господь». Пс.65:18.

Писание называет нам еще одного помощника в этой борьбе. Имя ему – Смирение! «Сердца сокрушенного и смиренного, Ты не призришь, Боже…» Пс.50:19.

Яростным врагом побеждающей веры является сомнение. Мы читаем об этом в Послании Апостола Иакова. «Но да просит с верою, ни мало не сомневаясь, потому что сомневающийся подобен морской волне, ветром поднимаемой и раздуваемой: да не думает такой человек получить что-нибудь от Господа» Иак.1:6-7.

Объявите беспощадную войну сомнению: – Это наш главный враг в этой борьбе. Это настолько важно, что я хочу остановиться на этом немного подробнее.

Сомнение – это не физическое качество. Мы не можем пойти в аптеку или в супермаркет и купить там бутылочку сомнения. Все, что касается сомнения, происходит в духовной сфере, поэтому борьба веры и сомнения совершается в мыслях. Именно туда приходят первые атаки направленные на разрушение веры. Таким образом, следует особенно позаботиться о защите своей мысленной сферы.

Некто хорошо сказал в отношении мыслей: «Не в наших силах запретить птицам летать над нашей головой, но в наших силах не дать им свить гнездо у нас на голове». Это истинно так. Мысли могут неожиданно прилетать в наш разум, это не в нашей власти, но в нашей власти не дать худым мыслям свить гнездо в нашем сердце.

Что делать, если нас одолевают негативные мысли? Что делать, если сомнение все-таки прорвется в сердце? Как поступать с этим и с любым другим искушением? Делать то же, что делал Авраам.

В то же мгновение, как только вы усмотрели их, начинайте усиленно воздавать славу и хваления Богу. Не давайте негативным мыслям свить гнездо в вашем сердце. Сомнения, депрессия, ропот, недовольство, старые обиды, несправедливость в вашу сторону и т.п., – не идите на поводу у этих мыслей, но обеззараживайте их, как духовным антибиотиком, славой и хвалой Богу. Глушите славословиями сомнения в сердце. Мысленно или вслух, не имеет значения, пойте хвалебные песни, читайте наизусть Псалмы и места Писания, разговаривайте с Богом, делайте все, чтобы освободить свою мысленную сферу от яда сомнений.

Испытайте на практике, применяя это правило при искушениях. Делайте из лимона – лимонад. Как только появляется какое-то недовольство, раздражение, уныние, сомнение и т.п., начинайте усиленно воздавать Богу славу. У нас есть много причин благодарить Бога бесконечно. Попробуйте одну неделю, особенно внимательно, следить за своими мыслями. Любое появление мысленного негатива, нейтрализуйте воздавая Богу хвалу и благодарения.

Слава, хвала и благодарения имеют огромное значение в духовном мире. Прочитайте еще раз Псалмы Давида и вы увидите, что практически все его Псалмы, даже самые плачевные, оканчиваются словами прославления Бога. Это не просто так.

Апостол Павел советует, чтобы наши молитвы были постоянными и приправлены благодарениями. Почему? Потому что, Апостол Павел знал силу благодарности.

«Не заботьтесь ни о чем, но всегда в молитве и прошении с благодарением открывайте свои желания пред Богом...» Фил.4:6.

«Будьте постоянны в молитве, бодрствуя в ней с благодарением» Кол.4:2.

Много раз, прежде чем совершить какое-то чудо, Христос молился и благодарил Бога.

Так же поступал Авраам. «Он сверх надежды, поверил с надеждой... и не изнемогши в вере, он не помышлял... не поколебался в обетовании Божием неверием, но пребыл тверд в вере, воздав славу Богу...» Рим.4:17-21.

Это должно стать и нашим правилом: Верить с надеждой, не помышлять, что не будет ответа и воздавать славу Богу за отвеченную молитву.

Апостол Иаков пишет: «Великой радостью радуйтесь братья, если впадаете в различные искушения...»

Иак.1:2. Почему он так пишет?

Здесь Писание открывает нам великую истину, которая направлена на то, чтобы мы стали благословенными воинами в армии Иисуса Христа. Искушения встречаются нам не каждый день. Дорожите этими моментами. Каждое побежденное искушение становится еще одной ступенью вверх в нашей духовной жизни. Это еще один драгоценный камень в вашем венце Победы, который вы получите в Царстве Небесном. Одержав очередную победу, вы физически будете ощущать в себе чувство Божьего одобрения за побежденное искушение. Навык твердой веры, выработанной в практике побеждающей молитвы, будет благословением и в других сферах нашей духовной жизни. «...противостаньте дьяволу, и убежит от вас» Иаков.4:7.

Важно не забывать и такую правду жизни: все вещи здесь имеют свое начало и окончание. Порою к нам приходят обстоятельства, которые мы не можем изменить, как бы нам этого не хотелось. Мир, в котором мы живем, это временная сцена, на которой рано или поздно для всего закрывается занавес. Всегда будем помнить, что наша судьба в руках любящего Бога, Который готов сделать все необходимое, чтобы мы совершили свой путь и закончили его вратами Царства Небесного. <u>Вера – это дорога, которая начинается в разных местах земли, но оканчивается вратами Царства Небесного.</u>

Порою мы можем оказаться в ситуации, когда происходят события глобального масштаба, события, которые потрясают всю страну или даже несколько стран. В таких событиях трудно получать желаемое и мы должны просто довериться Богу, довольствоваться тем малым, что у нас осталось и с надеждой взирать на будущее. Мы читаем о подобном событии в Книге пророка Иеремии.

«Так говорит Господь, Бог Израилев, к тебе, Варух:

Ты говоришь: «горе мне! Ибо Господь приложил скорбь к болезни моей, я изнемог от вздохов моих, и не нахожу покоя». Так скажи ему: так говорит Господь: вот, что Я построил, разрушу, и что насадил, искореню, – всю эту землю. А ты просишь великого: не проси, ибо вот, Я наведу бедствие на всякую плоть, говорит Господь, а тебе вместо добычи оставлю душу твою во всех местах, куда ни пойдешь» Иер.45:2-5.

Всегда помните, все обстоятельства нашей жизни, находятся под контролем Бога: «Он производит в нас хотение и действие по Своему изволению» Фил.2:13.

Да прославится Его великое имя в жизни каждого из нас.

Аминь.

ТРОЯНСКИЙ КОНЬ

Предисловие

> «Но исполняйтесь Духом, назидая себя псалмами и славословиями и песнопениями духовными, поя и воспевая в сердцах ваших Господу, благодаря всегда Бога и Отца, во имя Господа нашего Иисуса Христа». (Еф.5:18-19)

Цель настоящей работы расширить кругозор служителей и полнее раскрыть потенциал духовного песнопения в евангельских церквах, как средство исполнения важнейшей заповеди Господней о единстве церкви в союзе Духа и единстве веры, как в первоапостольские времена.

Можно сказать, что в сравнении с православием или католицизмом, в славянских странах история евангельского течения сравнительно молода. Как следствие этого, славянское евангельское братство испытывает сегодня катастрофический дефицит в грамотных, имеющих теологическое и специальное образование, служителях. Пасторы, регенты, диаконы – это постоянная нехватка и востребованность во многих церквах нашего братства.

При царской власти, в период становления протестанских Евангельско-Баптистских Церквей, светское начальство, находившееся под влиянием Православной Церкви, по известным причинам категорически запрещало евангельским течениям иметь свои учебные заведения.

В годы Советской власти обучение служителей тем более было проблематично, по причине воинствующего атеизма и репрессий. За эти годы братство потеряло множество, уже сформированных за короткое время потепления в начале 20-го века, служителей, которые сложили свои головы за веру в застенках ГУЛАГа на заснеженных просторах России. Только после распада Советского Союза произошел перелом ситуации, хотя она и сейчас далека от идеальной.

Тяжелые годы борьбы за выживание и упущенное время дают о себе знать сегодня нехваткой служителей во всероссийском масштабе. И это не вина, а беда нашего братства. Поэтому, настоящая статья преследует цель внести свою лепту в дело повышения духовного уровня и расширения кругозора служителей, более полного использования уже наработанных традиций и имеющегося потенциала, а также познакомить с новыми открытиями в области науки, которые в современном мире имеют непосредственное влияние на церковно-музыкальное служение, для достижения главной цели всех наших служений – ежедневного возрастания всех верующих в благодати Божией.

В этой работе я хочу привлечь особое внимание служителей церкви к первостепенной роли музыки и пения для исполнения важнейшей Господней заповеди-завещания, которую Он оставил Своим ученикам в Своем последнем наставлении на Тайной Вечере: *«Да будут все* едино; как Ты, Отче, во Мне, и Я в Тебе, так и они да будут в Нас едино...». (Иоан.17:21)

Недавние научные исследования, проведенные многими видными учеными в ряде передовых стран, таких как Россия, США, Япония, Австрия и др., привели к удивительным открытиям. Эти исследования дают нашим служителям неопровержимые аргументы, которые научно доказывают благотворное влияние церковной музыки и пения на духовное и физическое состояние верующих и в ходе служения и вне церкви. Теперь наше братство имеет в своем арсенале факты, доказывающие негативное влияние на человека некоторых современных популярных жанров, которые, к сожалению, завоевывают все большую популярность среди молодежи.

Наличие такой научной информации дает возможность родителям, служителям церкви, руководителя молодежи, учителям воскресных школ, уверенно и аргументированно говорить молодежи, не увлекаться музыкой типа «рэп-музыки» и «тяжелого рока». И делать это не потому, что эта музыка просто не нравится взрослым, – как порою отвечает на увещевания молодежь, – не потому, что родители и церковь отсталые, не потому, что они ее не понимают, а потому, что такая музыка разрушает человека и духовно и физически.

Сегодня, это научно доказанные факты, что «музыка – это не только эстетическое наслаждение, но и мощное энергетическое воздействие на человека и на его психику».

Я уверен, что приведенные здесь результаты и сделанные на этой почве выводы, станут ценным практическим материалом, который родители, служители церквей, молодежные руководители смогут использовать в своей работе с подрастающим поколением.

Также я хочу подчеркнуть еще один насущный аспект этого исследования: – В свете исполнения заповеди Господней о единстве, факты, о которых мы будем рассуждать на страницах этой работы, будут способствовать стиранию граней непонимания между поколениями, граней, которые все более резко проявляются в распространении музыки новых современных жанров. Эти факты помогут молодежи иначе посмотреть на свое отношение к церковно-классической музыке, которая традиционно применяется в наших служениях во время пения хоров, глубже понять и полюбить неувядающую силу и красоту общего пения. Все эти слагаемые будут способствовать сближению поколений, без чего мы никогда не сумеем пребывать на наших служениях в единстве духа и союзе мира.

Богатое музыкальное наследие и традиции нашего евангельского братства, даже при такой сравнительно короткой истории существования, дают нам все необходимое, чтобы проводить наши служения музыкально насыщено и гармонично, широко используя потенциал наших замечательных евангельских гимнов и песнопений.

Глава Первая
Зеленый Коридор

Мир звуков – это удивительный, гармоничный, многообразный и неисчерпаемый мир, в котором еще так много загадочного и неизвестного. Звук стоит в системе мирозданья на особом месте, занимая некую связующую позицию между физическим и духовным миром. Произведенный конкретным предметом, который мы можем видеть, обонять, осязать, звук затем становится недоступным всем остальным органам и становится привилегией слуха. Также, как мы не можем увидеть и потрогать любовь или ненависть, мы не можем видеть и осязать звуки, в том числе и музыку. Мы видим и осязаем предмет, издающий звук, но как только звук зародился, он становится невидимым и бесплотным. Выйдя из источника, звук имеет весьма быструю скорость (*332 м/сек*), которую всего несколько десятков лет назад покорили ракеты и реактивные самолеты.

Определенно, что появление звука связано с энергией, поэтому энергия присутствует и в самом звуке. Сильная концентрация звука может повредить и даже разрушить физическое тело. В 1979 году во время концерта Пола Маккарти разрушился деревянный мост в Венеции. Группа «Пинк Флойд» умудрилась разрушить каменый мост в Шотландии.

Мир звуков – это особый мир. Многое из того, что мы видим и чем пользуемся на этой земле, прекратит свое существование там в вечности. Но гармоничный, разнообразный, удивительный мир звуков, в котором царственное место занимает музыка, будет с нами и в будущем веке.

Музыка тысячелетиями сопровождала человечество, начиная от нежных колыбельных напевов матери и свирелей пастухов, до симфонических оркестров и праздничных хоралов. Так было угодно Творцу, чтобы через мир звуков Он мог особым образом соприкасаться с нежными струнами человеческой души и обновлять ее вечные стремления к совершенству.

Бог есть свет – так говорит вечная Библия. Следовательно, можно сказать, что везде, где есть свет, присутствует Бог, ибо свет – это частица Божественного естества. Может быть поэтому, ни один ученый не может пока объяснить, что такое свет и какими путями он разливается во Вселенной. На вопрос, который Бог задал Иову три с лишним тысячи лет назад: **«По какому пути разливается свет...?»**, – наука до сих пор не имеет ответа. (Иов.38:24)

Так же, никто пока не может привести детальную схему, каким образом звуки физической музыки влияют на вторую субстанцию человеческого естества – сферу души и изменяют душевное состояние человека. Каким образом физический звук вызывает душевные переживания? Каким путем преобразуются и трансформируются звуки музыки из физического состояния в область душевную? Какие процессы происходят при этом в каждом отдельном человеке? Как музыка, минуя сознание, влияет на подсознание человека? – в этих вопросах есть много неизвестного.

Влияние музыки на человека было замечено еще с древних времен. Пифагор, Сократ, Платон и другие философы, педагоги, врачи применяли музыку в своей практике для обучения, для воспитания, для лечения болезней. Как пример, можно вспомнить библейскую историю из жизни первого Иудейского царя Саула и его слуги Давида, в которой находится яркое свидетельство того, что древние хорошо знали и применяли целительные и благодатные свойства музыки. **«И когда (злой) дух от Бога бывал на Сауле, то Давид, взяв гусли, играл, – и отраднее и лучше становилось Саулу, и дух злой отступал от него». (1Цар.16:23)**

Интересно, что Давид не стал читать Саулу отрывки из пророческих книг или из Пятикнижья Моисея, но брал в руки гусли и играл. Здесь мы видим результат правильно подобранной музыки: *«...и отраднее и лучше становилось Саулу, и дух злой отступал от него»*. Это место Писания подчеркивает колоссальную важность музыки в духовной жизни каждого христианина в частности и человеческого общества в целом. Оно указывает направление и ставит цели для развития музыкального служения для регентов, руководителей музыкальных групп, исполнителей и всех, кто в какой-либо мере принимает участие в музыкально-певческом служении церкви.

Этот пример показывает, какой глубокий диапазон влияния имеет музыка. Звуки хорошей музыки воспринимаются телом, достигают сферы человеческой души и это приводит к потрясающему результату: злой дух отступает от человека!

Какое славное и важное служение призваны исполнять те, кто совершает музыкальное служение в церкви. Какой огромный потенциал заложен в музыке и как мы должны стремиться применять его с максимальной отдачей. К большому сожалению, в некоторых церквах нашего братства регентов даже не считают за служителей и не допускают их к участию в братских советах церквей. Я думаю, что такая практика существенно обедняет духовную ауру этих церквей.

Что же происходит в человеке, когда он слышит музыку?

Одна сторона – это влияние музыки со стороны души, когда, пройдя первичную систему колебаний барабанных перепонок через слуховые нервы звуки музыки достигают соответственных участков нашего мозга, где происходит преобразование и трансформирование физических музыкальных звуков в область души. Душа отвечает нам соответственными волнами эмоций, на которые тело реагирует уже различными ощущениями.

Механика этого преобразования? – это пока большое белое пятно на карте человеческого естества. Очевидно, что в организме человека, под влиянием музыки, происходят многочисленные процессы, которые, выстроившись как цепочка реакций, затрагивают и побуждают реагировать наши душевные эмоции, вызывая радость или грусть, смех или слезы, желание обнять весь мир или желание разрушать все на своем пути. Мы видим явный результат этого влияния, но детальная схема этих процессов нам неизвестна. Тело, фактически, является инструментом, через который физические звуки музыки принимаются и транспортируются в область души.

Сегодня доказано наукой, что душевное состояние имеет прямое и достаточно сильное влияние на наше тело. В некоторых странах существует необычная методика лечения болезней. Называется она «смехотерапия». Удивительно, но факт: без лекарств, без медицинского дорогостоящего оборудования, после нескольких сеансов многие люди или полностью выздоравливают, или делают заметные позитивные шаги к улучшению своего здоровья. Мудрый Соломон пишет в Притчах интересную истину, которая подтверждает то, что сегодня делают врачи. **«Веселое сердце благотворно, как врачество, а унылый дух сушит кости». (Пр.17:22)**

Еще одна субстанция человека, которая исследована еще менее, чем область души – это область духа. Это сфера, где обитает Дух Святой, куда Он приходит и поселяется в человеке. Мы читаем об этом факте в Послании к Коринфской Церкви. **«Не знаете ли, что тела ваши суть храм живущего в вас Святого Духа, Которого имеете вы от Бога». (1Кор.6:19)**

Физический контакт с Духом Святым невозможен. Область духа невозможно исследовать в земных лабораториях, потому что Дух Святой и дух жизни принадлежат другому уровню бытия.

Слово Божие достаточно ясно говорит нам, что дух и душа имеют в человеческом теле особое место, где они соединяются друг с другом. **«Ибо слово Божие живо и действенно и острее всякого меча обоюдоострого; оно проникает до разделения души и духа, составов и мозгов, и судит помышления и намерения сердечные». (Евр.4:12)**

Как мы видим из этого места Библии, только душа человека, как промежуточная ступень, имеет доступ к духу. Где-то внутри, в недрах естества каждого человека происходит удивительное и загадочное соединение души и духа. Никто не знает где, в каком месте и каким образом в человеке духовное переходит в душевное и наоборот.

Удивительно точно описывает Писание комбинации бесчисленных процессов и реакций головного мозга человека, называя это одной фразой «составы и мозги», (не путайте это с суставами) где и в самом деле сконцентрированы сложнейшие «составы», как составляемые части мозга, где, по всей видимости, и происходит удивительное соединение души и духа. Ученые всего мира прилагают много усилий, исследуя мозг человека, который до сих пор содержит в себе много неизвестного, несмотря на то, что современные возможности науки позволили существенно углубить познания.

Лучик света, в этом направлении, мы имеем на страницах вечной Библии, которая говорит: – Связь человека с духовным миром происходит на энергетическом уровне, через мысли. К этой категории относятся наши молитвы, которые, как импульс-концентрат духовной энергии, направляются в духовный мир со стороны человека. Через мысли мы получаем ответную информацию. Все это происходит на уровне духа. Душа человека, в этой ситуации, находится на позиции выбирающего: принять или не принять для себя ту или иную мысль. Если мысль душе (Я - сознанию) понравилась, эта мысль воплощается телом человека в физической жизни. Если мысль не понравилась – она отвергается душой на уровне мысли.

Писание дает нам несколько конкретных примеров для понимания этой связи. В Послании Иакова описана схема взаимодействия влияния духовного мира на наш физический мир. **«И язык – огонь, прикраса неправды. Язык в таком положении находится между членами нашими, что оскверняет все тело и воспаляет круг жизни, будучи сам воспаляем от геены». (Иак.3:6)**

Здесь ясно говорится, откуда тянется ниточки, которые могут воспалять человека и, далее, через этого человека воспаляются все, кто его окружает.

Прочитаем еще одно место Евангелия, доказывающее колоссальную зависимость многих событий в жизни человека, связью и влиянием на него духовным миром. **«Но Петр сказал: Анания! Для чего ты допустил сатане <u>вложить в сердце твое мысль</u> солгать Духу Святому и утаить из цены земли». (Д.А.5:3)**

Здесь Писание открытым текстом указывает откуда и от кого к человеку могут приходить мысли. Здесь опять говорится, что на уровне мысли, – это находится во власти любого человека – принять эту мысль или не принять. Как мы видим в случае с Ананией и его женой, мысль от сатаны показалась им разумной и практичной и они приняли эту мысль как план действия, не сознавая, что этот план приведет их к ужасной трагедии. Таким образом, Писание открывает нам, что духовный мир имеет весьма сильное влияние на человека и осуществляется эта связь-влияние, в первую очередь, через нашу мысленную сферу.

Так было угодно Создателю, никто более не может знать, где и как соединяются между собою дух и душа человека. Ни один ученый не видел и вряд ли когда-нибудь увидит, как во время смерти человека дух и душа разделяются с телом. Каким образом нематериальная душа соединяется с материальным телом?

Подобная загадка – связь и реакция человеческой души на музыку. Люди научились пользоваться этим явлением, изучили ее многие закономерности, но сам процесс этот нам неизвестен. Мы знаем, что уши восприняв звук посылают его далее в мозг, в котором звук растворяется в сложнейших гормонально-химических и нейроэндокринных процессах, которые могут исчисляться триллионами в ежесекундных реакциях десятков миллиардов клеток человеческого мозга связанных с информацией, которая поступает в человека с двух сторон: – со стороны плоти и со стороны духа.

Профессор Уманский пишет, что мозг человека, это уникальнейшее чудо природы и необъятное поле для изучения, в котором есть еще очень много неизвестного. «Мозг человека состоит из 13 миллиардов нервных клеток и каждая соединяется тончайшей сетью внутрипроводящих волокон. Мозг имеет также свою собственную внутримозговую очень мощную нейроэндокринную систему, которая состоит из множества узлов обеспечивающих нормальную деятельность различных отделов нервной системы. До сих пор мало изучена гормональная система мозга и элементы ее составляющие».

Как мы видим, что помимо массы серого вещества, мозг – это сложнейшая нейроэндокринная система, это сложнейшая гормональная система координирующая нейрохимические процессы. Это множество связанных между собою отделов и миллиарды нервных клеток, связанные сетью соединительных волокон. Кроме этого, мозг обслуживает мощная кровеносная система и хотя вес мозга взрослого человека, – приблизительно 2% от общего веса тела, к мозгу постоянно, днем и ночью, поступает 20% циркулирующей в организме крови и кислорода. Совсем недавно ученые открыли «эндорфин – энкефалиновую» систему мозга.

Таким образом, очевидно, что процесс познания и новых открытий функций человеческого мозга еще очень далек от завершения.

Где-то там, внутри, в гармоничном взаимодействии всех этих систем происходит соединение души и духа. Писание указывает, также на место, где происходит соединение: как мы читали выше, – это «составы и мозги». (Евр.4:12) Именно этим заполнена голова каждого человека. Сложнейшие составы внутри нашей черепной коробки поражают своей сложностью, потенциалом и гениальностью устройства человеческого организма и особенно головного мозга, а с другой стороны: около 85% всего, что наполняет нашу голову – это вода. Таким образом, мы стоим перед фактом, что вода является средой и связывающим веществом на основе которого происходит объединение и функционирование всех этих систем внутри человека.

Недавние исследования влияния музыки на воду, привели к удивительным открытиям: Вода имеет память и музыка способна изменять молекулярную структуру воды на уровне кластеров и повышать ее энергетику. *(Кластер – это структурно-молекулярное соединение воды.)* Таким образом стало известно, что музыка способна влиять на физическое состояние человека путем изменения структуры воды в человеческом теле, которое на 75 – 80% состоит из воды.

Что же такое вода? Без которой не мыслит жизни ни одно живое существо на земле? Все формы жизни произошли из воды. Наша земля представляет собой гигантский космический сосуд наполненный водой и все живое, по сути дела, тоже являются сосудами с водой. На земле без воды – жизнь невозможна. Вода, фактически является средой, через которую происходит управление всей природой.

«Вода самое привычное вещество на земле. Но откуда она пришла? Кто и зачем одарил водой нашу планету?» – Такой вопрос задают сегодня ученые многих стран мира.

«Вода в священном Писании – это больше, чем физическая субстанция. – Это некое понятие. И это понятие, определенным образом связывается с идеей жизни. Не случайно первые строки Библии имеют упоминание о воде. Там, где говорится о создании мира, жизни человека и всего живущего, – речь, в первую очередь, идет о воде. Именно через воду был воплощен замысел Творца».

«Во всех религиях, чтобы предстать пред Богом человек должен быть чистым. Во всех конфессиях вода, как бы является посредником между Богом и человеком. Иудеи, мусульмане – совершают обязательные омовения. Обряд крещения – совершают христиане, после которого на человека сходит благодать Божия».

(Кирилл. Метрополит Смоленский и Калининградский. Россия.)

«Во всех христианских семьях принято перед принятием пищи совершать молитву или освящать ее при больших религиозных праздниках. Кристаллы воды после молитвы становятся красивыми и симметричными. Вода восстанавливает свою молекулярную структуру и оздоравливает человека. Скверные, гнилые слова и проклятья разрушают структуру воды».

«Когда я счел, что возможно вода обладает памятью, я решил показать это людям. На воду воздействовали словами и мгновенно заморозив рассматривали под электронными микроскопами кристаллы воды. Мы увидели потрясающие результаты. Кристаллы воды, которой говорили «спасибо», «ты мне приятен», были сложены в удивительно красивые и симметричные фигуры, а кристаллы воды, которой сказали «ты мне противен», «я тебя ненавижу», – имели поврежденные, несимметричные кристаллические соединения.

Мы пошли дальше и нам удалось зафиксировать музыкальные впечатления воды. Воде дали «послушать» музыку и стремительно ее заморозили. Затем, под микроскопом мы рассматривали кристаллы замороженной воды. Музыка Баха, Моцарта (*Симфония 40*), Бетховена (*Симфония 6*) – имели поразительно правильные, симметричные кристаллы. Но кристаллы воды, на которую воздействовали тяжелым роком были в ужасном состоянии.

Доктор Ямото Масару в своей лаборатории нашел сочетание слов, которые наиболее положительно влияли на структуру воды и восстанавливали ее положительную энергетику. – Это словосочетание: – «Любовь и благодарность».

(*Ямото Масару. Доктор Наук. Исследователь. Япония.*)

Глава Первая. Зеленый Коридор

«Основная часть нашего мозга (85%) состоит из воды и она составляет основную часть того, что запечатлевает информацию».

(Рустум Рой. Профессор Пенсильванского Университета. Член Международной Академии Наук. США.)

«Воду изучали давно и довольно подробно. Но я хочу обратить внимание на то, что вода обладает неизвестными физическими и химическими свойствами по сравнению с другими жидкостями».

(Курт Вютрих. Лауреат Нобелевской Премии. Швейцария.)

«Воду знают и изучают давно. Но ни один ученый не может объяснить, почему плотность воды при минусовой температуре увеличивается, а при плюсовой – уменьшается? Любое вещество на земле при нагревании расширяется, а при охлаждении – сжимается и только вода дает прямо противоположные результаты».

(Аллойс Грубер. Исследователь. Австрия.)

«Вода – это маленькая молекула, которая имеет крайне специфические свойства и нельзя найти другие молекулы, которые имели бы те-же аналоги».

(Мартин Чаплин. Профессор. Заведующий Лабораторией Лондонского Университета. Великобритания.)

«Если рассматривать под микроскопом наши органы, сердце, печень, легкие, то все, что вы можете увидеть

– это наличие воды в этих органах. Голова каждого человека полна воды».

(Курт Вютрих. Лауреат Нобелевской Премии. Швейцария.)

«По-видимому – это связано с особой чувствительностью человека к воде, которая воспринимает в себя негатив всегда острее. В духовном плане– тот, кто посылает негативные мысли, выплескивает словами свои негативные эмоции, загрязняет и воду в своем организме, из которой на 75 – 80 % состоит наш организм».

(Вячеслав Звонников. Доктор Медицинских Наук. Профессор. Россия.)

Эти исследования – большой шаг вперед в понимании и фиксировании результатов воздействия звуков на структуру воды и, как следствие этого, на физическое состояние человека. Зафиксирована четкая закономерность в поведении воды, но природу этого явления, – почему вода так ведет себя, почему хорошая классическая музыка и слова любви, благодарности, доброты, делают структуру воды позитивной, а резкая, кричащая музыка, слова ненависти, злобы, сквернословия и проклятья, разрушают структуру воды? – еще предстоит изучать.

Интересно, что музыка и вода – это звук и жидкость. Это разные физические состояния. Мы не можем зачерпнуть кружку музыки и вылить или высыпать ее в ведро с водой, чтобы структура и качество воды изменились, так сказать, обычным путем, как, например, если бы мы высыпали в ведро воды кружку соли. Но каким-то удивительным образом, звуки музыки способны влиять на молекулы воды и изменять их состояние. Это, на сегодняшний день необъяснимое чудо.

Здесь мы подошли к очень немаловажному факту в понимании диапазона влияния музыки на человека: Музыка – это двойное воздействие на молекулы воды нашего тела.

Одна сторона, – когда мозг сливаясь с душой дает возможность ей оценить музыку эстетически и человек, как личность, получает удовольствие от гармонии, мелодии и красоты исполнения, на которое тело реагирует соответственными эмоциями.

Другая сторона состоит в том, что вода в нашем теле реагирует на качество музыки тем, что меняет свою молекулярную структуру в зависимости от того, какая музыка воздействует на человека. Хорошая или плохая.

Таким образом, хорошая музыка – неподкупна, как добрая совесть. Как соль, всегда осоляет ту среду в которую попадает, так и хорошая музыка всегда будет делать то, что в ней заложено. К сожалению, у этой медали есть и обратная сторона: – плохая музыка, также всегда будет делать то, что в ней заложено.

Жизнь человека – это, ко всему прочему, поток информации. С первых дней жизни и до последних, человек живет получая информацию через различные органы чувств. Музыка – это также информация, которая передается с помощью музыкальных образов выраженных в комбинации высоты, длительности и силы звука. Львиная доля информации поступает нам через зрение. На долю слуха приходится меньше, но именно слуховые каналы воспринимающие музыку, имеют особый доступ к человеческой душе. Я называю это явление «Зеленый Коридор».

В двух словах поясню, что я имею ввиду под этим термином: На таможнях многих стран мира существуют, так называемые, «зеленые коридоры». Пассажиры, у кого нет с собою товаров подлежащих декларации, получают возможность при въезде в страну воспользоваться «зеленым коридором», через который, минуя таможенный досмотр, они выходят в город гораздо скорее чем те, которые стоят в длинных очередях в ожидании досмотра.

Нечто подобное происходит и с музыкой. Музыка, также, входит в человека по «зеленому коридору» минуя «таможенный контроль» разума *(сознания)* и влияет на подсознание человека.

Это ставит музыку на особое место в нашей жизни. Ни зрение, ни обоняние, но осязание не имеют такой привилегии. Если зрение, обоняние и осязание приносят информацию человеку только извне, то музыка, в этом смысле, стоит на особой ступени. С одной стороны, она приходит к нам извне, также как и другая информация, а с другой стороны, музыка приходит к нам изнутри, со стороны духовной сферы.

В этом есть уникальность музыки. Она вдруг появляется и начинает звучать в душе человека. Музыка, которую он никогда не слышал. Появляясь ниоткуда, рождаясь подобно росе или вечернему туману, проходя сквозь невидимые фибры души и касаясь ее нежных лепестков, музыка наполняет собою человеческую душу. Когда человек наполняется такой внутренней музыкой, он начинает воспроизводить никогда не слышанные мелодии. Так рождались бесчисленные народные песни и никто не знает, в чьей душе они прозвучали впервые. А сколько такой музыки прозвучав в человеческих душах так и остались там, потому что человек не мог выразить ее голосом или записать на ноты. Композиторы и музыканты слыша эту музыку внутри себя и запечатлевают ее в своих новых произведениях, а простые люди выражают ее своим голосом.

Александр Прохоров в своей книге «Человек» выразил этот процесс такими словами:

Бывает: светлой мысли метеор
Ворвется в сферу нашего сознанья,
Когда там неуютно и темно,
И озарит ее своим сияньем.

И заискриться вдруг унылый взор
Далеких звезд загадочным мерцаньем.
И кажется: вдали небесный хор
Вновь оглашает песнью мирозданье.

Забьет по-новому души фонтан
И заискрятся изумруды – мысли...

И снова мы в чарующий простор
Иного мира смотрим в ожиданьи:
Когда же новой мысли метеор
Ворвется в сферу нашего сознанья.

Можно с уверенностью сказать: много музыки приходит к нам свыше из духовной сферы, подобно невидимым мыслям и также есть музыка, которая рождается в душе человека. Проблема в том, что никто, даже сам композитор, в большинстве случаев, не могут отличить: – родилась ли эта музыка в его душе или зазвучала в нем принятая из духовной сферы.

Неспроста многие народные песни в народе называют «задушевными песнями». Влияние таких песен и музыки на человеческую душу, соответственно, весьма высокое. После исполнения хорошей песни или музыки, мы порою слышим выражение, что «музыка за душу берет» и это действительно так. Простая, душевная народная песня имеет особое влияние на человека, ибо эта музыка родилась в чьей-то душе, тесно связанная с состоянием души, как реакция на те или иные обстоятельства жизни. При переживаниях горя и печали – рождалась соответственно печальная музыка и наоборот. Таким образом, народная музыка особо близка и понятна человеческим массам. В этом заключается сила простых, напевных задушевных народных песен и мелодий. Душа охотно принимает то, что вышло из души.

Испытывая острый недостаток духовных песнопений и понимая их силу и влияние на духовную жизнь верующих, молокане ходили по селам и деревням и заучивали простые, душевные мелодии народных песен, подбирая к ним духовные тексты Писания. «Подобно тому, как Мартин Лютер при создании гимнов Реформации обратился к немецким народно-песенным истокам, что «вызвало к жизни новые интонации, напоминающие по своему настроению гимны ранних христиан», создатели российских евангельских гимнов, нередко безымянные, ориентировались на русскую и украинскую песню. Документальное подтверждение этому мы находим в исследовательской литературе конца 19 – начала 20 веков».

Так родилось множество духовных песен, немалое число которых и поныне звучат в евангельских церквах. Этим фактом, в большой мере, объясняется столь явно выраженное положительное воздействие простых и сердечных гимнов общего пения на церковь. Этим фактом объясняется та нежная любовь и привязанность христиан к псалмам общего пения.

Следует отметить, что не все люди в состоянии понять и оценить высокопрофессиональную классическую музыку. Не все люди могут находить удовольствие слушая симфонический оркестр. Для этого, порою необходимо музыкальное образование и привитый вкус. Но простые душевные народные мелодии и песни, на которых зиждется служение общим пением, понятны всем.

Глава Вторая
Свидетельства Древних Философов

«Христианское гимнопение ведет свое начало со времен первохристианства, когда хвалебные песни пелись в пещерах и катакомбах. Слово «гимн» (himnos) имеет греческое происхождение и в переводе означает: «торжественно пою, воспеваю». В русском библейском переводе гимн – это «славословие». **«Научайте и вразумляйте друг друга псалмами, славословием и духовными песнями во благодати воспевая в сердцах ваших Господу» (Еф.3:16.)** Аналогичная мысль выражена и в третьей главе Послания Колоссянам».

Псалмы исполнялись левитами во время богослужений в иерусалимском храме, они пелись в небольших общениях и в семейном кругу. Музыкальная традиция, имевшая место в храмовом служении Иерусалима, несомненно оказала большое влияние на ранние христианские общины.

Иисус Христос и Его ученики пели псалмы по окончании Тайной Вечери. (Матф.26:30) В Книге Деяния Апостолов 2:47 говорится, что верующие ежедневно были в храме, «хваля Бога». Апостол Иаков призывает каждого, кто весел, петь псалмы (Иак.5:13).

Бог дает Моисею особую заповедь о пении: **«Итак напишите себе слова песни сей, и научи ей сынов Израилевых, и вложи ее в уста их, чтобы песнь сия была Мне свидетельством на сынов Израиле-**

Глава Вторая. Свидетельства Древних Философов

вых». (Втор.31:19)

Чтобы понять, что говорит музыка, мы должны осознавать механизмы ее воздействия. Понимание того, что музыка влияет на сознание и подсознание, было отмечено еще философами древней Греции. Так, Пифагор (6-й век до Р.Х.) считал воспитание при помощи музыки самым сильным. Он говорил, что правильное сочетание мелодий и ритмов способствует врачеванию человеческих страстей, нравов, восстановлению гармонии душевных способностей в том виде, в котором они изначально заложены. Пифагор предписывал своим последователям слушать определенное сочетание мелодий, ритмов и песен. Пифагор говорил, что при помощи музыки можно успокоить и скорбь, и раздражение, убрать жалость, неуместную ревность, гнев, т.е., таким образом влиять на человека.

Позже Платон (428 – 348 гг. до Р.Х.) замечательно сказал, что «в государстве нет худшего способа разрушения нравов, чем отход от музыки стыдливой и скромной». Это в полной мере приложимо и к нашему времени.

Еще он говорил, что через распущенные лады или мелодии в слушателя может проникнуть постыдное, а чудовищное – через лады слишком суровые. Он считал, что ритмы и лады воздействуют на мысль человека и делают эту мысль сообразной своему характеру. Иначе говоря, они как бы подчиняют человека себе. Платон считал, что лучшая охрана государства – это музыка степенная и слаженная, скромная и простая. Интересно, что Платон видел способность музыки воздействовать не только на конкретного человека, но и на государство в целом. Он говорил, что музыкальная гармония нам дана не для бессмысленного удовольствия, хотя в нем только и видят сейчас толк, но как средство против разлада круговращения души, и гармония должна привести человека к правильному состоянию.

Платон говорил еще: «Музыкальное обучение – более мощный инструмент, чем любой другой, потому что ритм и гармония находят путь во внутренние места души».

Аристотель (384 – 322 гг. до Р.Х.) «Музыка непосредственно представляет страсти или состояние души: мягкость, гнев, храбрость, умеренность..., если человек обычно слушает музыку, которая пробуждает позорные страсти, весь его характер будет иметь позорную форму. Короче говоря, если кто-то слушает неправильный вид музыки, он станет неправильным человеком; но наоборот, если он слушает правильный вид музыки, он будет иметь тенденцию, чтобы стать правильным человеком».

Ботиус (480 – 524 гг.) Греческий философ и государственный деятель. «Музыка – часть нашего человеческого характера, она имеет силу или улучшать или ухудшать наш характер».

Джон Калвин (1509 – 1564 гг.) «Мы знаем из опыта, что музыка имеет секрет и силу, почти невероятной мощности, чтобы изменять сердца».

Глава Вторая. Свидетельства Древних Философов

Мартин Лютер (1483 – 1546) «Желаете ли вы успокоить грусть, ужаснуть счастье, поощрить отчаяние, унизить гордость, успокоить страсть или умиротворить полного ненавистью – кто мог бы перечислить всех этих владельцев человеческого сердца, эмоций, склонностей и привязанностей, которые побуждают людей к злому или доброму? – какое более эффективное чем музыка средство, могли бы вы найти?»

Прочитаем еще одно высказывание Лютера: «Музыка – половина дисциплины и укротительница, располагая людей к мягкости и кротости – делает их нравственными и рассудительными». Так говорил о музыке Мартин Лютер, знаменитый протестанский реформатор.

Иоанн Златоуст. «Религиозная музыка и пение приводят душу, то есть ее разумные способности, в гармонию и настраивают ее к выспренним мыслям и благим расположениям».

Василий Великий Кесарийский писал: «Господь перемешивает сладкую гармонию и божественные истины так, что наслаждаясь слушанием музыки, мы бессознательно внимаем словам, которые поются».

«Не имеющий чистой светлой музыки народ обречен на вырождение» Конфуций.

Лев Толстой называл музыку «стенограммой состояния души».

Николай Васильевич Гоголь, посвятивший музыке статью в своей книге «АРАБЕСКИ», писал: «Если музыка нас покинет, то что же с нами будет?» Это равносильно тому, чтобы сказать: «Если Бог нас покинет, что с нами будет?»

Музыка издревле была важным звеном в структуре богослужения. Мы видим, что корни этого служения закладывались еще со времен Давида, который, будучи движим Духом Святым, установил насыщенный и гармоничный порядок музыкального служения Богу. Его возвышенно-поэтические псалмы, на различные жизненные ситуации, перекладывались на музыку и исполнялись в храмовом служении.

Для этой цели нам даны мелодии и ритмы. За много веков до нас, это было уже очевидным. Мы упоминали выше пример из Писания, когда **«...Давид, взяв гусли, играл, – и отраднее и лучше становилось Саулу, и злой дух отступал от него». (1Цар.16:23)**

Из этого примера видно, что хорошая музыка, сдобренная духовными текстами Слова Божия, оказывает влияние даже на духов злобы поднебесных и они отступают, слыша, как человек созерцает и погружается в эту благодатную музыку. И наоборот: негодная музыка наполняет душу бесовскими желаниями и мыслями.

Таким образом, хорошая музыка – это эффективное средство борьбы со злом и укрепления духовного здоровья человечества.

Осведомленные люди всех возрастов, даже светские люди, прекрасно осознавали силу воздействия музыки и на хорошее и на плохое.

Поэтому, беря во внимание свидетельства Библии и целого ряда выдающихся философов и мыслителей человечества, мы должны помнить, что музыка влияет сама по себе, без слов, на конкретного человека и на общество в целом

Глава Третья
Пение Как Единство Церкви

«Разделяй и властвуй» – так гласит одно крылатое древнее изречение, которому уже несколько тысяч лет. Его знали Римляне еще до рождения Иисуса Христа и не только знали, но и успешно применяли. Единство – это тема мирового масштаба. В любом конце земли, в любом народе, во все времена вопрос единства был насущным вопросом. Во всех сферах жизни человека, в животном и растительном мире процветает принцип единства, как важнейший фактор самосохранения и выживания.

В природе мы видим, что дереву – одиночке уцелеть очень трудно, а в лесу вместе растут миллионы деревьев. Одинокий колосок пшеницы имеет мало шансов выжить, а когда засеевается целое поле, – пшеница стоит и поднимается сплошной стеной. Птицы стаями способны преодолеть тысячи километров, но это невозможно сделать в одиночку. Вокруг нас летают стаи ласточек, воробьев, ворон, грачей и прочих пернатых обитателей. По земле бродят стаи бизонов, антилоп, слонов, волков и можно еще долго продолжать перечень птиц и животных, которые держатся стаями. Одним так легче охотиться, другим легче спасаться от гибели. Когда безобидные кузнечики собираются в стаи, они становятся грозной силой и превращаются в саранчу, которая опустошает все на своем пути.

У обитателей морей и океанов также существует принцип единства. Стаи рыб, стаи акул, стаи китов, стаи котиков, стаи пингвинов, многие морские обитатели держатся стаями по той же причине, что и земные обитатели. Везде в природе у птиц, рыб, животных мы видим принцип единства: когда они вместе – им легче и безопасней.

В жизни человеческого общества единство также необходимо и критически важно. С незапамятных времен люди объединялись в племена, народы, образовывали княжества, царства и т.п. Таким образом, человеку легче было жить, легче было прокормить себя, защитить от врагов, поскольку, с другой стороны, люди часто объединялись и на плохие дела, на войны, на грабежи и т.п. Поэтому, вопрос единства испокон веков был жизненно важной необходимостью.

Значение единства в жизни христиан также трудно переоценить. Множество мест Писания говорят о единстве: «Всякий город или дом разделившийся сам в себе, не устоит», – учит Христос со страниц Евангелия. Христос также говорит, что и диавол придерживается этого принципа. **«Если сатана сатану изгоняет, то он разделился сам с собою». (Матф.12:25-26)**

Глава Третья. Пение Как Единство Церкви

Сила Церкви Христа в Духе Святом и единстве! «**на сем камне Я создам Церковь Мою, и врата ада не одолеют ее**». (Матф.16:18)

Не может быть здоровой церкви без единства ее членов, поэтому вопрос единства имеет для церкви особое значение. Все славословия в церковном служении основаны на принципах единства. Когда мы едины, наша хвала, молитвы, славословия обретают силу. На этом же принципе поют хоры. Регенты тратят массу времени и сил, чтобы добиться у хора слаженного гармоничного пения и это достигается только путем единства.

Единство – это на самом деле намного больше, чем пребывать вместе в одном месте, но это слияние душ, объединенных общими стремлениями и идеалами, объединенных одними интересами и целями.

Блаженна та семья, в которой все члены единодушны и единомысленны. Это является прочным фундаментом для добрых и здоровых отношений между родственниками. С другой стороны, каждый может вспомнить такие семьи, в которых не хранится мир и единство, где царит разногласие и, как правило, проблемы в таких семьях не кончаются.

Блаженна та церковь, в которой все ее члены единодушны и единомыслены, пребывают в любви и согласии. «**Как хорошо и как приятно жить братьям вместе**» – записано в **132 Псалме.** Так древние свидетельствуют нам о том, что единство – это жизненный принцип многих тысячелетий.

Итак, мы видим, что в сфере духовной и социальной жизни вопрос единства является чрезвычайно важным. Враг душ человеческих – диавол, хорошо знает силу единства и прилагает много усилий, чтобы разрушать его в обществе, разделять семьи, церкви, народы и властвовать над ними, как мы читали выше древнюю фразу: «Разделяй и властвуй». В этом выражении сокрыта глубочайшая истина. Если появляются разногласия в государстве, в правительстве, в церкви, в семье, между родственниками, между друзьями, то остальное как говорится уже дело техники. Именно отсутствие единства было причиной гибели отдельных людей и даже целых народов.

Христос сказал, что Он создаст Церковь и врата ада не одолеют ее. Начало этому было положено в Его Первосвященнической молитве, которую мы находим, читая Евангелие от Иоанна. **«Не о них же только молю, но и верующих в Меня по слову их: Да будут все едино; как Ты, Отче, во Мне, и Я в Тебе, так и они да будут в Нас едино, – да уверует мир, что Ты послал Меня. И славу, которую Ты дал Мне, Я дал им: да будут едино, как мы едино. Я в них, и Ты во Мне; да будут совершены воедино, и да познает мир, что Ты послал Меня и возлюбил их, как возлюбил Меня». (Иоан.17:20-23)**

Эти слова Христос сказал, возлежав с учениками на Тайной Вечере. Это было Его последнее наставление ученикам и, окончив его, Он пошел в Гефсиманский сад, а оттуда на Голгофу. Фактически, этими словами Христос говорил людям Свое завещание, ибо завещание обычно говорят перед смертью. Слова завещания считаются законными и священными; от них ничего нельзя убавить и к ним ничего нельзя добавить. Апостол Иоанн был особенно тронут событиями Тайной Вечери и посвятил ее описанию целых пять глав своего Евангелия. Хочу обратить внимание на то, что Христос, в Своем наставлении, особенно указывал ученикам на две вещи: <u>Любите друг друга и будьте все едины</u>.

Если Христос, будучи в нескольких шагах от смерти, обращал внимание учеников именно на любовь и единство, следовательно, это есть наиболее важные слагаемые в духовной жизни христианина. Эта истина красной нитью проходит во всех Евангелиях и много раз повторяется в апостольских Посланиях.

«Итак я, узник в Господе, умоляю вас поступать достойно звания, в которое вы призваны, со всяким смиренномудрием и кротостью и долготерпением, снисходя друг ко другу с любовью, стараясь сохранять единство духа в союзе мира. Одно тело и один дух, как вы и призваны к одной надежде высшего звания; один Господь, одна вера, одно крещение, один Бог и Отец всех, Который над всеми, и чрез всех, и во всех нас». (Ефес.4:1-6)

Писание сравнивает Церковь Христа с телом и мы должны признать, что это очень удачное сравнение. Тело может полноценно функционировать только при условии единства всех членов. Это закон. Если нарушается работа какого-то члена или органа в нашем физическом теле, то мы уже не чувствуем себя здоровыми и стараемся как можно скорее исправить ситуацию. Поэтому, вопрос единства – это глубокий и важный вопрос в духовной жизни каждого верующего.

Некто хорошо сказал: **«Единство должно быть не в мелочах, а в том, что не зависит от мелочей».**

Такого же принципа придерживались в ранне-христианских церквах: **«В главном – единство; во второстепенном – свобода; а во всем – любовь!»** Эта замечательная формула единства также свежа и приемлема и в наши дни, как во времена Апостолов.

О Христе мир судит по христианам. Пока верующие в церкви не имеют единства между собою, миру, в целом, невозможно уверовать в Христа, как в Спасителя, Который может изменить мир и человека к лучшему.

Критически важно для каждого верующего человека исполняться Духом Святым. Критически важно для каждой церкви исполняться Духом Святым. Если церковь пребывает исполненной Святым Духом, ей не страшны никакие испытания и искушения. Такая церковь устоит в любых гонениях и скорбях, устоит в скудости и изобилии и будет расти духовно, несмотря ни на какие обстоятельства, ибо она исполнена Духом Святым.

Исполняться Духом Святым можно разными путями: через молитвы, через чтение Библии, через созерцание природы и великих дел Божиих, но еще один замечательный путь исполнения Святым Духом – это назидать друг друга пением псалмов, гимнов (в библейском переводе с греческого гимн – это славословие) и духовными песнопениями. **«Но исполняйтесь Духом, назидая себя псалмами и славословиями и песнопениями духовными, поя и воспевая в сердцах ваших Господу, благодаря всегда Бога и Отца, во имя Господа нашего Иисуса Христа». (Ефес.5:18-19)**

Когда, находясь в церкви, мы имеем одно сердце и одну душу, <u>тогда мы пребываем единодушно вместе</u> и, такое состояние верующих широко открывает дверь в наши сердца Духу Святому. В день Пятидесятницы Апостолы и другие ученики Господа собрались и пребывали «единодушно вместе». Это было необходимым условием для сошествия Духа Святого. **«При наступлении дня Пятидесятницы все они были единодушно вместе». (Д.А.2:1)**

Это должно быть совместной целью всех братьев служителей: прилагать все усилия к тому, чтобы привести церковь в состояние единодушия. Этому способствуют проповеди Слова Божия, молитвы, но особенно эффективно этому способствует пение духовных гимнов, псалмов и песнопений. (Ефес.5:18-19)

Нежные струны человеческой души по особому реагируют на различную музыку и вызывают соответствующую реакцию. Многочисленные опыты, проведенные с музыкой и свидетельства древних доказывают, что влияние музыки на наш мир намного большее, чем нам это представляется. Эксперименты (о которых говорилось в 1-й главе), проведенные в исследовательских лабораториях России, Японии и других странах по влиянию музыки на структуру воды, привели к удивительным открытиям.

Суть этих опытов состоит в том, что около пробирки с обыкновенной водой некоторое время проигрывали музыку разных жанров и затем мгновенно замораживали пробирку. Затем ученые исследовали кристаллы этой воды и зафиксировали удивительные результаты. Кристаллы воды, около которой проигрывали классическую музыку Баха, Бетховена, Моцарта, Рахманинова, Чайковского были в удивительно гармоничном состоянии, красивые и симметричные. Такая же картина наблюдалась с водой, около которой говорились слова молитвы, говорились слова: я тебя люблю, спасибо и т.п.

С другой стороны, кристаллы воды, на которую воздействовали рок музыкой, около которой говорились слова сквернословия, проклятья и ненависти, имели ужасную, поврежденную структуру.

Поскольку человеческое тело на восемьдесят процентов составлено из воды, теперь мы можем себе представить, что происходит в человеке, когда он слушает рок музыку, находится в атмосфере сквернословия, крика и ругани или сам сквернословит и кричит.

Таким образом сегодня наука экспериментально

подтвердила губительное действие рок музыки, скверных слов и слов ненависти и проклятья на человека, путем структурного изменения воды, содержащейся в теле. Благодаря этому становится понятным, почему люди буквально сходят с ума во время и после рок концертов. Хриплая и кричащая музыка, построенная на многократно повторяющихся битах, диссонирующих аккордах, ультранизких басовых регистрах и похабных словах, усиливаемая в тысячи децибелл мощными акустическими системами, поражает всех присутствующих страшным негативным потоком и повреждает структуру воды в человеческом теле.

Неудивительно, что после таких концертов со зрителями происходит что-то странное. Люди, а это подавляющее большинство молодежь, оставляют после себя поломанные скамейки, разбитые витрины, устраивают массовые драки, кричат и беснуются. На таких концертах многие люди полностью теряют контроль над собой, плачут, смеются, лезут через головы ближе к сцене и т.п. Даже те, которые в обычной жизни ведут себя достаточно спокойно и уравновешенно, после таких концертов не узнают себя.

При исполнении классической музыки мы видим совершенно другую картину. После концерта классики вы не увидите драк, не увидите поломанных в экстазе стульев и скамеек, не услышите ругани. Люди выходят из зала одухотворенные, очищенные, с осветленными мыслями и желаниями, с оздоровленной структурой воды в своем теле.

Поэтому, правильная музыка и пение в структуре богослужения Евангельских Церквей имеет огромное значение. Храмовое пение и храмовая музыка построены на классической и народно-песенной основе и, следовательно, уже сами мелодии несут в себе положительный заряд, который многократно усиливается духовным содержанием текстов церковных произведений.

Во-первых, это общее пение, с которого, как правило начинаются служения в церквах Евангельского братства. Тому, кто ответственен за подбор гимнов общего пения следует относиться к этому весьма серьезно, ибо общее пение в начале служения имеет очень важное значение для всего служения. Правильно выбранные псалмы общего и хорового пения создают соответствующий духовный фон в служении и являются хорошей опорой для проповеди. Некоторые проповедники, выходя на проповедь, предлагают церкви пропеть несколько куплетов общим пением псалма, который соответствует теме его проповеди. Это объединяет церковь и направляет внимание слушателей в нужном направлении.

В некоторых церквах гимны общего пения подбирает пресвитер, но в большинстве случаев, это входит в обязанности регентов церкви. В таких случаях у регента есть возможность сделать служения еще более духовно-гармоничным, когда гимны общего пения и хоровые гимны находятся в общей тематике, дополняют и обогащают друг друга. Такой подход к служению успешно

Глава Третья. Пение Как Единство Церкви

взрыхляет почву сердец и дает простор для работы Духа Святого уже в начале богослужения.

Еще более усиливается духовность служения, когда тема проповеди идет параллельно с темами хорового и общего пения. Это хорошо видно на наших праздничных служениях *(Рождество, Пасха, Троица, Преломление и т.д.)*. На таких служениях общее и хоровое пение органично совпадают с темами проповедников и это неизменно производит устойчивый положительный результат. Как правило, с таких служений люди уходят особо удовлетворенные и исполненные праздничной благодатью.

Для иллюстрации важности этого вопроса я приведу выдержку из статьи Сергея Малова, напечатанную в журнале «Логос».

«Очень важно, чтобы в служении было развитие, динамика. Она зависит, конечно, не только от музыкальных руководителей, регентов, но во многом от проповедников и руководящего служением. Самое слабое звено – это связь между пением и проповедью, потому что, как правило, каждый проповедник готовится отдельно и подчас даже не догадываются, о чем будет говорить другой брат, и, тем более, что будет петь хор. Единственный выход здесь, как мне кажется, в том, чтобы заранее собраться регенту, ведущему служение и проповедникам и обсудить программу служения...».

Таким образом, учитывая этот явно положительный фактор, желательно во всех поместных церквах установить правило: братья, назначенные на проповедь, должны заранее делиться темой проповеди с регентом, чтобы он мог выбирать гимны общего и хорового пения в соответствии с темами проповедей.

Как правило, в большинстве церквей нашего братства служение проповедников построено по братской форме служения и братья проповедники обычно за несколько недель вперед знают, когда они назначены на проповедь. Следовательно, сделать это нетрудно и дело лишь в том, что братья проповедники и регенты порою недооценивают этот явно положительный фактор организации служения, приводящий к единству.

Чтобы полнее раскрыть весь духовный потенциал, сокрытый в заповеди о единстве, чтобы пение хора, общее пение и сольно-групповое было более духовным, проникновенным и приводило к единству, очень важно избегать «пения на автопилоте».

Под этим термином я имею ввиду, что порою и хористы и прихожане во время пения *(и хорового и общего)* поют автоматически, не вникая в глубинный смысл произносимых слов псалма. При таком пении, *(это бывает, когда поется хорошо известный псалом и уста автоматически воспроизводят слова и мелодию)* даже не замечая этого, человек, иногда, произносит совершенно другое слово, просто попадающее в рифму. Это служит сигналом к тому, что мы отпадаем от общего духа служения и, присутствуя в церкви телом, мыслями уносимся далеко от церкви. Все это существенно обедняет духовную ауру всего служения в целом и особенно обедняет самого поющего.

Пение в такой манере я называю: «<u>пение по короткому кругу</u>». Глаза увидели текст, а уста его озвучили. Сердце, в такой ситуации, не назидается и остается пустым, ибо не участвует в пении. При «пении на автопилоте» человек порою ловит себя на том, что во время пения он может думать о чем-то совершенно постороннем, а не о том, о чем поют в это время его уста. При таком пении Господь наш, Которому предназначается наше пение, как жертва хвалы, не прославляется, ибо душа и сердце человека не участвуют в прославлении Бога. Таким образом, звуки пения превращаются в «медь звенящую и кимвал звучащий».

Это в равной степени относится ко всякому пению, и к общему и к сольному и к хоровому. Это одинаково важно для проповедей, для молитв и стихотворений. Если человек проповедует, поет или молится заученными фразами не прикладывая к этому свое сердце, то польза от такого служения будет весьма минимальная. Апостол Павел, называя такое состояние верующего «медь звенящая, или кимвал звучащий», очевидно имел здесь ввиду слова и звуки не несущие в себе одухотворенности.

Такое состояние подметили и поэты – классики. А. С. Пушкин пишет: «От сердца к сердцу речь не потечет, коль не от сердца речь течет».

Апостол Павел пишет Ефесской Церкви, чтобы они

назидали сами себя и исполнялись Духом через духовные песнопения, которые должны истекать от <u>глубины сердца</u>. **«И не упивайтесь вином, от которого бывает распутство; но исполняйтесь Духом, назидая самих себя псалмами и славословиями и песнопениями духовными, поя и воспевая в сердцах ваших Господу». (Ефес.5:18-19)**

Приведу еще одно место Писания, где Апостол Павел, обращаясь к другой церкви, почти дословно повторяет то, что он писал в Послании к Ефесянам. Павел указывает здесь, что пение псалмов, гимнов и духовных песен является залогом того, что в верующих будет обильно вселяться Слово Христово. **«Слово Христово да вселяется в вас обильно, со всякой премудростью; научайте и вразумляйте друг друга псалмами, славословием и духовными песнями, во благодати воспевая в сердцах ваших Господу». (Кол.3:16)**

Итак, множество мест Писания убедительно свидетельствует нам, что настоящее духовное пение, которое действительно обогащает поющего и слушающего, прославляет Бога и исполняет нас Духом Святым – это <u>пение</u> <u>от всего сердца</u>, как мы читали выше: воспевая в сердцах ваших Господу. Я называю такое пение: «<u>пение по большому кругу</u>».

В таком случае происходит следующее: глаза увидели написанное, сердце осмыслило и согласилось с содержанием, и только после этого уста воспроизвели слова и мелодию псалма. Это в корне меняет всю духовную

Глава Третья. Пение Как Единство Церкви

парадигму развития служения. Все поющие становятся одним сердцем и одной душою; это именно то, к чему нас призывает Господь и Апостолы. Когда мы имеем одно сердце, одну душу, когда мы пребываем единодушно вместе, такое состояние верующих широко открывает дверь в наши сердца Духу Святому. В день Пятидесятницы Апостолы и другие ученики Господа пребывали «единодушно вместе», и это, как мы читали выше, было необходимым условием для сошествия Духа Святого.

Именно это Господь желает видеть на всех наших служениях, всегда и везде, где собираются дети Его, во имя Его и вокруг слова Его: чтобы мы были единодушно вместе. Ничто более так не объединяет церковь во время служения, как пение псалмов, славословия и духовные песни. Поэтому всем, кто имеет обязанность в церкви руководить служением, следует подходить к нему ответственно, благоговейно и со страхом Божиим.

«И все, что делаете, делайте от души, как для Господа, а не для человеков». (Кол.3:23) Это часто советуют делать тем, кто совершает какой-либо физический труд. Это также важно делать и в духовно-музыкальном церковном служении пения, проповеди, стихотворений, молитв и т.п.

Еще один музыкальный жанр в церковном служении, обладающий огромным объединяющим потенциалом – это хоровое пение. Оно имеет те же цели, что и общее пение, но здесь присутствует более ярко выраженный акцент прославления Бога. Гимны, хоровые концерты, кантаты, оратории и другие музыкально-хоровые произведения невозможно исполнять общим пением. Здесь необходим профессиональный подход к исполнению, а это требует определенного навыка, таланта и регулярных упражнений. Хор часто называют вторым проповедником и это сравнение справедливо по многим причинам. Во-первых, силу воздействия духовного хорового пения на души людей трудно переоценить. Известно множество случаев, когда грешники выходили на покаяние, услышав вдохновенное хоровое произведение, исполненное от всего сердца.

Каждый верующий человек может вспомнить много случаев, когда проповедник, от глубины души и сердца говорил проникновенную проповедь, которая приковывала к себе внимание всех слушателей и никто не мог оторваться от глаголов этой проповеди. Подумайте, если один, страстно увлеченный, горящий ревностью к служению и Духом Святым, проповедник способен так влиять на слушающих, то насколько сильнее будет влияние на сердца и души человеческие, если в таком единодушном порыве будет петь целый хор! Несколько десятков человек, как одна душа и одно сердце воспламененные Святым Духом, единой хвалой будут воспевать славу Богу! Никто не сможет остаться равнодушным на таком служении.

На этом основании, я называю хор «духовной пушкой», ибо по силе своего коллективного воздействия на слушателей, основанной на Святом Духе и помноженной на силу сочетания духовных слов и красоты церковной музыки, – ничто не может сравниться со служением хора.

В исполнении хора, особенно такого, который стоит на высоком профессиональном уровне, с одной стороны – особое воздействие имеет на души людей музыкальная красота произведений, одаренных Богом талантливых композиторов, а с другой стороны – красота, стройность и профессионализм хорового исполнения произведения. Гармоничное соединение этих двух слагаемых многократно усиливается, если все члены хора – это возрожденные свыше и исполненные Духа Святого души. Такое идеальное сочетание становится залогом того, что служение хора будет особенно благодатным образом воздействовать на души людей. Поскольку, практически все хоровые духовные песнопения имеют под собой классическую основу, то слушая такие произведения, кроме духовного назидания люди получают созидательное воздействие на молекулярно-водную структуру своих тел и выходят после таких служений или концертов исполненные устойчивыми положительными ощущениями и в душе и в теле.

Интересно свидетельство пастора большой американской церкви о влиянии музыки на его духовное состояние. «Часто я пою вместе с хором, участвую в общем пении. Но иногда я просто закрываю глаза и представляю себе Бога, сидящего в прекрасном храме, на прекрасном престоле. В Книге Откровения мы читаем, что Господь сидел на престоле и разные животные были вокруг Него и пели Ему. Это то время, когда люди разных колен и народов будут петь и поклоняться Ему. Я часто закрываю глаза и представляю себе, как люди из разных народов, разных поколений придут и будут петь Господу. И когда я закрываю глаза и слышу пение хора, игру оркестра, то я представляю себя в том храме, где я поклоняюсь Господу со спасенными народами...»

«В воскресенье, когда вы придете опять в свою церковь, независимо от того, являетесь ли вы лидером поклонения, просто хористом или прихожанином, придите в Дом Божий с сердцем, готовым к встрече с Богом. Не с сердцем, которое просто хочет петь или что-то делать, но с сердцем, которое хочет встретиться с Богом, как замечательно поется в гимне: «Великий Бог», ...тогда поет мой дух Господь, Тебе. Как Ты велик!»

Вдохновенное хоровое пение оставляет неизгладимый след в душах человеческих. Подобно, как художник рисует картину красками на стене или холсте, так вдохновенное хоровое исполнение духовных произведений рисует образы в человеческих душах. Музыка слова и манера вдохновенного исполнения могут долгое время оставаться в душах и сопровождать человека везде, а порою остается там навсегда.

С тех пор прошло уже более пятидесяти лет, а я до сих пор помню, как будучи еще мальчиком, лет 7-8, я слушал в церкви пение хора, видел вдохновенные и одухотворенные лица хористов и это произвело в моей детской душе такое сильное впечатление, которое до сих пор не изгладилось и я точно знаю, что уже не изгладится никогда. Я не помню ни одного слова из тогдашних проповедей, не помню лиц и имен проповедников, но впечатление от пения хора, горящие любовью и вдохновением лица хористов, живет в моей душе всю жизнь.

Бывший Председатель Российского Союза ЕХБ Юрий Сипко, в статье «Мы поем, созидая единство», дает очень высокую оценку роли пения в деле созидании церкви и как следствие этого – созидания Царства Божия в душах и сердцах верующих.

«Наше братство прошло серьезный путь испытаний в течении целого столетия, гонимое и отверженное в своем Отечестве. Христиане не имели Библии, не могли изучать достойно Священное Писание. Наши церкви не имели домов молитвы, не имели кафедры, не имели возможности проповедывать как должно. Но никогда в наших церквах не умолкали песни хвалы, песни благодарности, песни излияния души и боли сердечной. Они звучали и в тюремных камерах, и когда люди собирались вдвоем-втроем. Звучали и когда были похороны, и когда рождались дети, и когда сочетались в браке молодые. Песни были основополагающим средством для созидания единства и восторженного поклонения Богу.

Сталкиваются богословские школы в поисках совершенного понимания Бога, эпохи сменяют одна другую, отвергая представления предшествующих поколений, но музыка объединяет и поколения, и эпохи, и историю. Музыка – это универсальный язык, который Бог дал человеку. Мир звуков встречает человека с первого мгновения его выхода в свет и сопровождает его до последнего вздоха.

Регенты, певцы, музыканты – все служат пред Богом. Ваш труд не оценить словами. Это исполнение великой миссии – созидать Царство Божие через музыкально-певческое творчество.

Скорее, чем нотации проповедников, чем разные доктрины, Евангелие в пении и музыке может достичь сердца человеческого и привести его ко Христу. Музыка, которая дана нам Богом, как выражение своего собственного сердца, способна сделать больше, чем любая догма. Слова Бибилии «Весь мир лежит во зле» точно определяют это зло, которое полностью поглотило живущих на земле.

Как найти выход из этого состояния? Есть путь, который предлагает нам Бог – исполняться Духом Святым. (Еф.5:18-19)

Это происходит, когда мы открываем свое сердце и прославляем Бога и поем Ему боль свою и радость, свои восторги и слезы. Бесконечно поем Ему вот эти простые песни и это открывает наше сердце, чтобы Бог в ответ излил Свою благодать и наполнил нас Духом Святым.

Что особенно важно, что песнопения, в этом случае, не развлекательный жанр, не то, что каким-то образом может понравиться кому-то, а это способ созидаться духовно. Вот почему музыкальным служителям отдана великая власть открывать доступ Духу Святому, проникать в сердце и сознание, чтобы в человеке формировалось Царство Божие.

Еще в этом тексте Писания (Еф.5:18-19) есть призыв дать Духу Святому возможность работать с каждым, кто ищет Господа.

Бог формирует музыкальную культуру церкви. Он призвал в церковь все таланты, чтобы использовать их для Своей славы. Прекрасный жанр хорового служения – это непревзойденная высота музыкального служения в церкви.

Значит ли это, что сольное пение, или групповое, или вообще пение не имеют той цены в глазах Божиих?

Мы часто обращаемся к Псалтыри, к жанру библейскому, как к библейской классике в нашем поклонении и прославлении Бога. Это классика – индивидуальная песня и солист Давид со своими гуслями.

Поэтому, необходимо сегодня поощрять в наших церквах групповое и сольное пение. Дадим свободу Духу Святому. Все должно быть благопристойно и чинно. Всякая душа в церкви должна иметь возможность поклониться Богу через пение. У Духа Святого есть особая миссия. Наши сердца должны быть открыты, чтобы исполняться Духом Святым и тогда в силе Святого Духа простая песня будет иметь воздействие потрясающее и необратимое».

Я приведу еще один пример разностороннего благодатного влияния песни на сердца верующих, который мы находим в книге Евгения Гончаренко «Музыка и духовное возрастание церкви».

«Как и всякий город или человек, песня имеет свою историю. Рождаясь в чьей-то душе, она затем имеет свою особую дорогу к сердцам человеческим, несет с собой особое переживание, увлекает и объединяет. Песня способна производить огромную, порою совершенно невидимую для постороннего наблюдателя, работу в душе человека. Она может дать утешение и радость, вызвать слезы покаяния и вдохновить на самоотверженное служение ближнему. Христианская песня-гимн имеет силу соединять миллионы христиан различных континентов и стран.

Для примера, я назову известный всему христианскому миру гимн: «Великий Бог», который называют сегодня «Одой Величию Божию». Родился этот замечательный гимн в Швеции в 1886г. Написал его известный шведский проповедник и издатель христианской литературы пастор Карл Бомберг. Далее следуют переводы и обработки этого гимна и в середине 20 века он завоевал всемирное признание. Ныне его поют на всех континентах земли, на сотнях языках и наречиях».

Глава Четвертая
Троянский Конь

Вопрос выбора стиля музыки – это, в большинстве своем, вопрос вкуса, а о вкусах, как известно, не спорят. – Это мне нравится, а это не нравится. Существует интересное определение, чем отличаются молодые и взрослые. Они отличаются еще отношением к еде. У молодежи есть только два вида еды: вкусно и невкусно. У взрослых тоже два вида: полезно – вредно. Все знают, что Кока-Кола, Пепси-Кола и многие подобные напитки вредят здоровью, но молодежь не обращает на это ни малейшего внимания, потому что это вкусно и модно.

К сожалению, для многих из современной молодежи, вкус музыки также определяется влиянием моды: – «Мне неважно, какая это музыка – хорошая или плохая, – мне важно, что она сегодня популярная и я слушая такую музыку не выгляжу в глазах других отсталым и немодным».

Поэтому для христианина очень важно иметь свою сознательную независимую позицию в отношении музыки.

Моду – можно сравнить с порывами ветра: сегодня он дует в одну сторону, а завтра он может поменять свое направление. Но мода – это далеко не безобидное стремление быть в струе современности, следуя за большинством, это стало средством влияния на человеческие массы.

Благодаря невиданному ранее развитию средств коммуникации, мода сегодня стала очень подвижна и крылата. Раньше, в старые добрые времена, чтобы прижилось что-то новое – на это уходили столетия. Что стоило Петру Первому внедрить новую моду из Европы стричь бороды дворянам? – Это стоило ему огромных трудов и взяло очень много времени. Сегодня, благодаря средствам массовой информации, любое веянье моды мгновенно облетает весь мир. Лет десять назад появилась мода стричься налысо. И что же? – во многих странах мира стали маячить лысые головы.

Недавно стало модным делать татуировки. И что же? – татуировки стали делать не только криминальные авторитеты, но все, кому не лень. Спортсмены, артисты, студенты, интеллигенты и даже домашние хозяйки.

Не надо быть большим экспертом, чтобы видеть – мода легко может сделать популярным достаточно негативные вещи. На наших глазах это совершалось много раз и на разных вещах.

Я не хочу сказать, что мода – это обязательно что-то негативное. Многие хорошие и полезные вещи внедрились в наш быт под влиянием моды. Например, несколько десятилетий назад стало модно носить джинсы. Что можно сказать? Джинсы очень практичная и удобная одежда, которая, благодаря моде и практичности, завоевала весь мир.

Но сегодня с джинсами происходит что-то странное! Сегодня не модно просто носить нормальные джинсы, но мода требует, чтобы джинсы были потертые и обтрепанные до неузнаваемости, изорванные и излохмаченные до неприличия, с дырками на коленях и в других местах. (Я уже не говорю за модную манеру носить их намного ниже пояса).

Нынешнее время особенно отличается от прошедших веков, кроме технического прогресса, еще лавинным потоком информации. Радио, телефон, телевизор, интернет, пресса, цивилизованные страны захлебываются в водопаде информации. Через 10-15 минут мы знаем все, что случается на земле. Такого не было за всю историю земли. Современные технологии проявляются в каждом аспекте нашей жизни.

При таком массовом развитии средств информации и коммуникации, те, кто имеет к этому доступ, могут достаточно сильно влиять на сознание людей. Недаром все политические лидеры уделяют огромное внимание средствам массовой информации, ибо так можно склонять мнение и поведение людей в ту или иную сторону.

Нечто подобное происходит и с модой. Тот, у кого есть возможность широко рекламировать свои идеи, заполняя их образами страницы газет и журналов, экраны телевидения и интернета, в конце концов добиваются того, что их продукция или образ жизни становится модными и популярными.

Таким же образом становится популярным все, что угодно, в том числе и музыка. Здесь мы подходим к тому, что сильные мира сего, зная силу воздействия моды и средств современной информации на людские массы, могут весьма эффективно использовать это в своих целях.

Поэтому, мода сегодня – это весьма сильный инструмент в руках тех, кто управляют этим миром, с помощью которого происходит реальное обольщение человечества. Оно превращает людей в массу, следующей за веяньем моды. А это далеко не безобидные и далеко идущие последствия.

Сегодня, на наших глазах под влиянием моды совершаюся страшные вещи. Среди молодежи развитых стран становится модным гомосексуальный образ жизни. Становится модным брать наркотики, стричься налысо, делать татуировки, носить порваную одежду. В крупных городах Америки стало модным раздваивать язык, чтобы он был похож на змеиный. Сережки и кольца стали цеплять на самые невообразимые места. Стало очень модно танцевать «брэйк-данс», делать на голове разноцветные петушиные гребни, слушать «рэп», «тяжелый металл рок», где основное содержание песен – это секс, сквернословие и т.п.

Мода имеет сегодня огромное влияние на молодежь всего мира, в том числе *(к большому сожалению)* и на христианскую молодежь. <u>Но Церковь призвана изменять этот мир, а не подстраиваться под него, твердо стоять на том, что вечно и истинно.</u>

Бог призывает вас, дорогая христианская молодежь, быть служителями вечной красоты и призывать людей в Царство Небесное. Христиане – это представители Царства Небесного на земле. Через нас мир, радость и красота Царства Небесного должны разливаться по земле.

Но, если на христианских служениях, в церкви, на

молодежных общениях мы играем музыку в таком стиле, который подходит и на ура принимается в барах, в ресторанах и на дискотеках, то здесь явно что-то не то. Музыка, которая удовлетворяет бары и дискотеки, не пригодна, чтобы ею прославлять Святого Бога.

Стилем и ритмами дискотек мы не сможем удержать в вере и истине души. Стиль и ритмы дискотек – это троянский конь в душе христианина. Услышав такую музыку в церкви или на христианском общении, и затем, услышав тот же стиль, те же ритмы в ночном клубе или на дискотеке, молодому человеку легко переступить грань недозволенного. Он слышит, в первую очередь, одинаковые ритмы и одинаковую манеру исполнения. Это стирает грань между миром и церковью.

Наше братство не против новых песен и новой музыки, но против стиля некоторых жанров современной музыки, которая широко насаждается в этом мире с помощью моды. Сегодня искусственно делаются модными и популярными образы, которые разрушают психику, физическое и духовное здоровье людей, пропагандируют культ силы, гордости и самолюбия. Эти образы разделяют церковь, ибо церковь, воспитанная на тысячелетних библейских традициях, всегда будет противиться тому, чем наполнен сегодня окружающий нас мир.

Поэтому на христианских музыкантах лежит сегодня большая ответственность. Какую музыку вы играете на молодежных общениях и в церкви? Какая музыка звучит в динамиках ваших автомобилей? Какой пример вы показываете тем, кто видит в вас лидеров? – ибо за вами идет масса нашей молодежи. Мы будем давать отчет Богу о своей жизни и служении.

Сторонники рока утверждают, что музыка сама по себе нейтральная сила и только слова песни определяют мораль. Но эта идея противоречит жизненному опыту. Существует музыка для отдыха, духовно-храмовая музыка, музыка для танцев, классическая музыка, народная музыка, музыка для войны, музыка для кино, для театра, музыка для рекламы и даже музыка для казино (*однообразная, бессмысленная, нескончаемая мызыка, созданная специально для того, чтобы через полчаса у людей стали выпрямляться извилины мозга. Ни на одном концерте вы не услышите подобной музыки*) и т.п.

Ноты и компоненты музыки нейтральны, но когда они размещяются в определенном порядке, музыка больше не нейтральна, но становится голосом и языком. Точно, как гласные и согласные буквы могут стать богохульством, как кисть и бумага в руке художника может стать порнографией, так ноты и ритмы в руках композитора и исполнителя могут стать плотской музыкой.

Джимми Хендрикс – звезда рок-музыки – сказал так: «Музыка создает атмосферу, потому что музыка – это духовная вещь. Вы можете загипнотизировать людей музыкой и проповедывать подсознательно то, что вы хотите».

Джимми был прав. Атмосфера проходит через музыку. Сравните Божью атмосферу мира, веры и благословения, которая приходит через духовную музыку церкви и атмосферу, которую создает рок-музыка. Почему владелец бара или ночного клуба выбирает определенный вид музыки? Потому что этот тип музыки создает соответственную атмосферу, чтобы поддержать плотскую активность этого учреждения.

В первой главе мы читали, что музыка содержит в себе уникальную особенность – она проникает в души и сердца человеческие особым образом, минуя фильтр разума. Мелодия, которая нравится человеку, ложится прямо на его сердце, вызывает в душе приятные ощущения и желание пребывать в таком состоянии. Поэтому, люди часто просят музыкантов повторить произведение или продолжать исполнение, а если это звучит диск или магнитофон, мы просто повторяем запись.

Но если на музыку, которую слушают массы, накладываются слова, то проникновение этих слов в сердца человеческие также происходит по облегченному пути и содержание слов с популярной музыкой гораздо легче достигает разума. В этом есть положительное и отрицательное свойство музыки. Ее сила и опасность. Хорошие слова, положенные на хорошую музыку входят в душу и делают ее лучше и чище. С другой стороны, плохая музыка даже с хорошими словами, которые обычно заглушаются силой звука электро-акустических систем, разрушает и душу и тело.

Я обращаюсь к вам дорогая молодежь и музыкальные служители, с напоминанием, что мы принадлежим и служим Царству Небесному! Это большая честь и привилегия! Вы, сыны и дочери Царя всех царей, перед Которым все земные президенты, повелители стран и народов – как пар, появляющийся на малое время и исчезающий. С тех пор, как мы приняли Господа в свое сердце, мы не принадлежим себе, но принадлежим Господу: **«Не знаете ли, что тела ваши суть храм живущего в вас Святого Духа, Которого имеете вы от Бога; и вы не свои? Ибо вы куплены дорогою ценою. Посему прославляйте Бога и в телах ваших и в душах ваших, которые суть Божии».** (1Кор.6:19-20)

Служители музыки – это служители настоящего и будущего века и мы не свои! Наши тела и наши души принадлежат Господу. Поэтому, христианин не имеет права говорить, что мне не нравится эта музыка, потому что она сегодня немодна или устарела. Христиане должны делать то, что созидает церковь и прославлять Бога в своих телах, *«которые суть Божии»*, потому что мы куплены Богом для Бога дорогою ценою и Бог Духом Святым желает жить в храме нашего тела.

«И Он поставил одних Апостолами, других пророками, иных Евангелистами, иных пастырями и учителями, к совершению святых, на дело служения, для созидания тела Христова,...». (Еф.4:11-12)

На земле есть много разных школ, колледжей, институтов, университетов и т. п. заведений, в которых обучают различным профессиям. Окончив учебу, человек получает диплом и становится каким-либо специалистом. Из этого места Писания мы видим, что церковь тоже производит специалистов особой специальности, которые занимаюся уникальной работой: из простых обычных людей делать святых: *«к совершению святых»*. Далее, святые направляются на *«дело служения»* и занимаются особым строительством: *«созидание тела Христова»*. В нашем мире есть тысячи разных профессий, но ни одно учебное заведение не производит таких специалистов. Только церковь имеет эту привилегию.

Итак, **наша задача созидать церковь при помощи музыкального служения** и я хочу обратить внимание служителей музыки на то, что у нас в этом строительстве есть весьма сильное оружие – красота.

Красота содержит в себе особую силу, являясь органичной частью естества Божьего. Красота – это то, что делает Бог. ***«Дело Его – слава и красота»***, – так мы читаем в Писании. (Пс.110:3) Мало что более так влечет к себе человека, чем красота. Наши глаза поневоле любуются красивыми пейзажами природы, красочными закатами солнца, жемчужными звездными россыпями ночного неба, уникальными произведениями художников и скульпторов, красивыми замками и архитектурными ансамблями средневековых дворцов, городскими площадями и парками, красивыми животными и птицами, красивыми людьми и т.д. и т.п.

Это в полной мере относится и к музыке. Красивые, богодухновенные мелодии наших замечательных евангельских гимнов, исполненные от души, неизменно оставляют глубокий след в человеческих душах. Огромное влияние на человеческие души имеет также гармонично-слаженное профессиональное исполнение, помноженное на силу Духа Святого. ***«Пойте все разумно» (Пс.46:10)*** – пишет псалмопевец Давид вдохновленный Господом. Петь от души и красиво – это должно быть нашей целью, к этому должны стремиться все регенты, хористы и музыканты.

Не стоит смущаться, что некоторые гимны, которые мы используем на наших служениях, уже поются многие десятилетия. Сегодня даже мирские исполнители возрождают немало старых песен, которым по 40 – 50 и более лет и эти песни хорошо принимаются современной аудиторией. Когда красиво, профессионально и богодухновенно исполняется произведение, его возраст не имеет значения.

В старые добрые времена, при постройке концертных залов и церквей, где многие столетия было сосредоточение музыки, первостепенное влияние уделялось акустическим качествам.

В последние несколько десятилетий развитие электронно-музыкальной технологии дало толчок к зарождению новых музыкальных жанров. Маленькие инструментальные группы, благодаря мощным электро-акустическим системам, способны заполнить и переполнить звуком зал любой величины и даже помещения, совершенно

Глава Четвертая. Троянский Конь

не приспособленные для этой цели, такие как стадионы, площади городов и т.п. Поэтому, музыкальные группы должны быть очень осторожны, размеряя силу звука на своих служениях, ибо чрезмерная сила звука может оставить после себя негативное впечатление в слушателях.

Музыка и пение в церкви должны объединять и духовно созидать всех, кто ее слушает. Но, с появлением электро-музыкальных инструментов и систем, во многих местах мы сталкиваемся с серьезными проблемами применения такой музыки в церковном служении. В подавляющем большинстве случаев – это стиль исполнения и сила звука. Одним движением пальца, сделав звук несоразмерно громким, звукооператор музыкальной группы может испортить все впечатление и свести на нет кропотливый труд всей группы на репетициях. Поэтому, если стиль исполнения или сила звука нарушают единство церкви путем того, что не все принимают его, это знак к тому, что нам следует принять решительные шаги к исправлению ситуации.

Вокально-инструментальные группы, как дети своего времени, претендуют на право на жизнь и мы на можем отмахнуться от этого факта, как от назойливой мухи. Со второй половины 20-го века эта музыка стала популярной и все более и более завоевывает сердца молодежи и мы не вправе игнорировать это явление.

Простым шлагбаумным запретом – «не пущать» – проблемы не решить, тем более, что есть масса замечательных христианских песен в исполнении вокально-инструментальных групп, которые бальзамом ложатся на души окружающих людей. Огульно, под метлу, выгонять из церкви такие группы *(в некоторых церквах их называют сегодня «Группа Прославления)* – это связано с большим риском потерять часть нашей молодежи.

Мы можем услышать возражения, что в православии, например, не смотрят на современные музыкальные формы, но продолжают строго придерживаться веками установленных канонов служения и церковь продолжает стоять.

Это правда, но нам не следует забывать, что наше евангельско-баптистское братство развивалось в несколько иных условиях. В то время, когда православная церковь была доминирующей государственной церковью, другим евангельским течениям приходилось бороться за выживание. Поэтому, в наших общинах традиционно стараются дорожить каждой душой – и молодой и старой. Для Господа мы все одинакого дороги.

Одним из путей решения этой проблемы могут быть «Gospel song», которые десятилетиями поются во многих западных церквах. У американских *(и у других западных христиан)* есть масса замечательных песен этого жанра, которые великолепно подходят для молодежных служений. В манере исполнения и в музыкальном сопровождении «Gospel song» прекрасно сочетаются все современные музыкальные инструменты.

То, что они немодны в современном мире, это не

должно смущать нас. Красота исполнения полностью может компенсировать эту проблему. Для этого, ответственным за музыкальное служение в церкви, следует подобрать лучшие образцы исполнения музыкальных групп, которые достигли в этом определенного уровня и могут служить вехами для подражания. Таким образом, хорошие христианские песни в сопровождении современных инструментов будут служить делу воспитания молодежи на примерах качественного исполнения.

Хочу еще раз, особенно подчеркнуть и призвать музыкальных служителей: всеми силами добивайтесь достижения высокого профессионального уровня исполнения и возрастайте духом в благодати Божией. **Пусть ваше служение в церкви зиждется на двух рельсах: духовность и профессионализм.**

Приложите все усилия, чтобы, по возможности, продолжить свою музыкальную учебу и глубже изучайте Слово Божие. Делайте больше репетиций и спевок, слушайте записи хороших исполнителей, старайтесь не выносить на служение наспех выученные, «сырые» песни и музыкальное сопровождение.

Чрезвычайно важно основательно заниматься вокалом. Уделяйте достаточно времени на репетициях, добиваясь идеального созвучия голосов. Отлично вокально выученная песня уже будет большим благословением, даже если музыкальное сопровождение будет самым простым.

Найдите в вашем городе хорошего педагога по вокалу и позанимайтесь с ним, хотя бы пару лет. Если нет такой возможности, я посоветую вам один старый практический метод: «Приобретите записи певца с хорошо поставленным голосом, тембр и диапазон которого близок к вашему голосу и пойте с ним вместе, подражая его голосу и манере, запоминая как звучит ваш голос в это время, что вы делаете со своим голосом, чтобы он был похож на голос этого певца. Пойте с ним вместе много раз, а затем пробуйте петь это же произведение сами, пробуйте делать запись своего голоса и сравнивайте как звучит ваш голос в сравнении с его голосом и т.д.» (*Когда вы делаете свою запись, не смущайтесь, что вы можете не услышать идеального совпадения вашего голоса с голосом певца, так как при современной звукозаписи в студиях используются многочисленные голосовые эффекты, обогащающие звук голоса, его объем, тембр и т.п.*)

Прочитайте хороший самоучитель вокала, где вы можете почерпнуть основы и представление о правильном пении, но не останавливайтесь на достигнутом и продолжайте совершенствовать свое искусство.

Заключение

В заключении, я хочу пожелать всем служителям музыки быть великими в Царстве Небесном. Христос, в великой Нагорной Проповеди рассказал людям, как этого можно достичь: **«Итак, кто нарушит одну из запове-**

дей сих малейших и научит так людей, тот малейшим наречется в Царстве Небесном; а кто сотворит и научит, тот, великим наречется в Царстве Небесном». (Матф.5:19)

Мир, который нас окружает, при всей его беспечности, наблюдает за христианами, хотим мы этого или нет. Во многих случаях, это нужно для того, чтобы увидев, если христиане поступают не так, как говорят и поют, мир оправдывает в своих глазах свое поведение, говоря: – «Ну, вот, они такие же, как и мы». Мир замечает за нами все; и плохое и хорошее.

Интересный случай описывается в журнале «Ридерс Дайджест», который дает хорошую иллюстрацию отношения людей мира к приверженцам классической музыки. Американка Эйприл Грасторф рассказывает: «В магазине звукозаписей среди многочисленных пластинок рок-музыки я, наконец, разыскала нужную пластинку Моцарта. Я предъявила диск на контроле и протянула чек клерку со сверхмодной прической и серьгой в ухе. Ожидая, пока он проверит, есть ли у меня на счету деньги, я стояла у прилавка. «Можете не ждать», – махнул он рукой. – Люди, которые покупают Моцарта, плохих чеков не подсовывают».

Есть одно мудрое четверостишье, которое я оставляю на память моим коллегам на ниве Божией и особенно молодежи. У вас впереди целая жизнь (*если Господь продлит ее*), изберите правильный путь с молодости и вы пожнете прекрасную судьбу.

Посеешь мысль – пожнешь поступок.

Посеешь поступок – пожнешь привычку.

Посеешь привычку – пожнешь характер.

Посеешь характер – пожнешь судьбу.

Дорогие мои, будем стремиться в вечному и идеальному. Оно стоит этого. Будем любить церковь, созидать ее всеми силами, ревновать о деле Божием, о своем служении, помнить, что мы здесь «странники и пришельцы», что мы не свои и наше жительство на небесах, откуда мы и ожидаем нашего Господа, делать для Его славы все, что может делать рука наша, ибо время коротко.

В Послании к Евреям Апостол Павел приводит пример служения и верности Моисея: *«Ибо он, как бы видя Невидимого, был тверд». (Евр.11:27)* Пусть эта замечательная истина всегда присутствует в нашей жизни и в нашем служении. Дорогая христианская молодежь и все служители музыки и пения: – Будем всегда помнить, что рядом с нами присутствует Невидимый и поэтому, как пишет псалмопевец Давид: *«Служите Господу со страхом и радуйтесь с трепетом». (Пс.2:11)*

ИСКРЫ ТЕОЛОГИИ

Правильное Время

Одна из самых известных историй Ветхого Завета, это история об Иосифе. Когда мы смотрим на нее с колокольни 21-го века, мы видим как гармонично она укладывается в историю Израиля и в план Божий для этого народа. Мы видим это сейчас, но тогда Иосиф этого не видел.

Какие контрасты в его биографии. Любимый сыночек у папы, он мгновенно становится рабом. В далекой чужой стране, неимоверными усилиями, он становится управляющим богатого Египетского поместья и... мгновенно тюрьма. **«Стеснили оковами ноги его; в железо вошла душа его» Пс.104:18.**

В темнице Иосиф просит виночерпия замолвить словечко перед фараоном, чтобы выйти из этого жуткого места. Его можно понять, но это был человеческий вариант освобождения. Он вел в никуда.

Допустим, что Иосифа освободили. Может за него похлопотал виночерпий, может дал какие-то деньги начальнику тюрьмы или еще как. Вот Иосиф выходит из ворот темницы и что дальше? Куда идти? Кому он нужен в этой чужой стране? В лучшем случае, ему пришлось бы влачить жизнь наемника, проводя день за днем в каждодневной заботе о куске хлеба. Мог бы Иосиф в таком положении чем-то помочь своей семье? Мог бы Иосиф в таком положении спасти весь Египет (и многие окрестные народы) от голодной смерти? Нет, это не тот уровень, который был в плане у Бога. Как хорошо, что виночерпий забыл *(или Бог помог ему забыть)* просьбу Иосифа.

Приходит правильное время и Иосифа освобождает уже сам фараон! Это совсем другое дело. Настало время исполниться плану Божию. В книге Псалмов мы читаем: **«Послал** *(Бог)* **пред ними** *(пред Израилем)* **человека: в рабы был продан Иосиф» Пс. 104:17.** Когда Бог «посылал» Иосифа в Египет, Он ничего ему об этом не сказал. Ему надо было пройти этот путь. Что помогло Иосифу не сломаться и вознестись на небывалую высоту?

Спустя две тысячи лет, Апостол Павел пишет о «броне праведности», – это было драгоценно в глазах Бога. Верность и надежность – редкие сегодня качества, были «броней» Иосифа и его ступенями к славе. Они были угодны Богу тогда. Они угодны Богу и сегодня в 21-м веке.

Удивительно, как примитивно люди порою объясняют себе *(и другим)* пути Господни: Если все хорошо, значит Бог любит и благоволит, а если что-то не так, значит Бог обиделся и наказывает.

Из этой истории, мы видим, не все так просто в нашем мире. У Бога для всего есть правильное время. Настало правильное время для Иосифа и он, из темницы, становится вторым человеком в самом могущественном государстве того времени. Есть правильное время и для каждого человека.

Дай нам Господи благодать непропустить его, а история Иосифа пусть всегда напоминает, ободряет и утешает нас на пути к вечности.

Молитвы Праведников

В некоторых моделях часов, мы можем наблюдать работу часового механизма. Как двигаются в нем разные колесики, пружинки и прочие детали, необходимые, чтобы показывать нам точное время.

В Книге Бытие, мы находим информацию, как работают пружины и колесики в глобальном механизме судеб стран и народов земли. **«И подошел Авраам и сказал: неужели Ты погубишь праведного с нечестивым?... Не может быть, чтобы Ты поступил так, чтобы Ты погубил праведного с нечестивым, ... Судия всей земли поступит ли неправосудно?... Он сказал: не истреблю ради десяти»** Быт.18:23-32.

Диалог Авраама с Богом, говорит нам о многом: – Роль праведников в судьбах этого мира, весьма велика. Даже для такого пропащего места, как Содом и Гоморра, Бог готов был отменить наказание, если бы Он нашел там десять праведников.

Как бы это странно не звучало, но порою молитвы праведников мешают Господу осуществлять Свои планы. В истории Израиля случались мрачные периоды, когда народ оставлял заповеди Господа и избирал греховные пути. В таких случаях, только молитвы праведников сдерживали гнев Господа. В конце концов, прежде чем наказать, Господь повелевает пророку Иеремии перестать молиться за этот народ.

«И сказал мне Господь: ты не молись о народе сем во благо ему. Если они будут поститься, Я не услышу вопля их; и если вознесут всесожжение и дар, не приму их; но мечом и голодом, и моровою язвою истреблю их» Иер.14:10-12.

Итак, мы видим, что для всякого зла на земле есть мера. Эта мера есть для человеков и есть Мера Беззакония для целых народов. **(Ибо мера беззаконий Аморреев доселе еще не наполнилась. Быт.15:16)**

Сопоставляя эти места Писания, становится ясно: – молитвы праведников имеют решающее значение в глазах Господа, являясь пружинами и колесиками, которыми движется Мировая История. Поэтому, многие места Писания призывают христиан, как новозаветных праведников, молиться об этом мире.

«Итак, прежде всего прошу совершать молитвы, прошения, моления, благодарения за всех человеков, за царей и за всех начальствующих, дабы проводить нам жизнь тихую и безмятежную во всяком благочестии и чистоте, ибо это хорошо и угодно Спасителю нашему Богу» 1 Тим.2:1-3.

В этих словах Писания, Дух Святой дает нам целую программу жизни. Откроем и наши сердца к принятию этой истины.

Вера и Неизбежность

«Что унываешь ты, душа моя, и что смущаешься? Уповай на Бога; ибо я буду еще славить Его, Спасителя моего и Бога моего» Пс.41:12.

В этом Псалме мы находим редкий пример уникального наставления, когда человек утешает сам себя.

В Писании мы находим великое множество наставлений, поучений самого разного вида направленные к другим людям. Но здесь псалмопевец, разговаривает со своей душой, вспоминает прежние дни, когда он ходил в дом Божий со множеством людей, с радостью и славословием. Вот пришло время, изменились обстоятельства жизни и душу стали наполнять уныние и тоска по прошедшим дням.

Ответ приходит не от унывающей души, а от веры и сознания, что обетования Божии непреложны. И псалмопевец утешает, укрепляет и успокаивает свою душу этими обетованиями.

Есть правдивая народная пословица, в которой отображена суть этой темы. **«Не тот пропал, кто в беду попал, а тот пропал, кто духом упал»**. Нам порою приходится утешать других людей, но важно научиться утешать и самих себя, чтобы найдя утешение для своей души мы могли утешать других тем утешением, которым Господь утешил нас.

Одно из имен Бога в Писании, – <u>Бог Терпения и Утешения</u>. (Рим.15:5) Поэтому Апостол Павел наставляет верующих Коринфской церкви такими словами: **«Благословен Бог и Отец Господа нашего Иисуса Христа, Отец милосердия и Бог всякого утешения, утешающий нас во всякой скорби нашей, чтобы и мы могли утешать находящихся во всякой скорби**

тем утешением, которым Бог утешает нас самих!» 2Кор.1:3-4.

Это место Писания, перекликается в переживаниями псалмопевца: прежде чем мы будем утешать других, мы должны обрести утешение в своей душе. Иначе наши утешения не будут иметь силу.

В нашей жизни есть много неизбежного. Так устроен этот мир. Неизбежно наступают времена года, неизбежно всходит и заходит солнце, неизбежно люди стареют и уходят со сцены этого мира и многое другое.

Также и нашу личную жизнь неизбежно сопровождают потери. Любой человек может вспомнить, как тяжело это было переживать. Нарушался привычный распорядок жизни, терялось время и уверенность, когда мы теряли работу, друзей, супругов, родителей, детей, здоровье...

Множество мест Писания свидетельствуют нам, что Бог не где-то в далеких Галактиках, но Он близок к каждому из нас и Ему не безразличны обстоятельства нашей жизни. Поэтому, нам следует перевести фокус своей надежды на Бога. Не надейтесь на себя, на супруга, на своих подающих надежды детей или на хорошую работу. – <u>Все это дар от Бога – наслаждайтесь этим, но свою надежду возлагайте на Бога.</u>

Именно так поступал Иисус, когда враги насмехались над Ним и медленно убивали Его. Наши грехи разделили Его с Отцом Небесным. В этих критических обстоятельствах, Христос показал нам, как среди всех потерь, мы должны помнить, что потери еще не конец и как потери могут укреплять наши души. Да, потери наполняют горечью наши сердца, но вера в Иисуса может провести нас через потери и переживания к новой нежной силе во Христе.

Пусть обетования Господа станут нашей незыблемой Надеждой в любых переживаниях. Люди порою думают, что Надежда просто обозначает наши мечты о том, о чем нам хочется думать. Это, как бы, комфортная но обманчивая история внутри нас, которую мы сами себе рассказываем пытаясь утешиться находясь в трудных обстоятельствах потерь, боли, болезней...

Но библейская Надежда, на самом деле, это не уход от наших переживаний, но это тихая уверенность, что Тот Кто с нами, Он также и находится на нашей стороне. Поэтому в 26 Псалме мы читаем эти слова полные надежды.

«Но я верую, что увижу благость Господа на земле живых. Надейся на Господа, мужайся, и да укрепляется сердце твое, надейся на Господа» Пс.26:13-14.

Пусть же и наша вера сегодня утверждается в уверенной надежде в благость к нам нашего Господа.

Укрепляйте Фундамент Веры

«...ибо Ты Бог спасения моего; на Тебя надеюсь всякий день» Пс.24:5.

Нам, порою, очень хочется вернуть обстоятельства жизни в нормальное состояние, чтобы было как раньше. – Так приблизительно мыслят многие люди, когда случаются какие-то напасти, несчастья, которые приносят нам боль, переживания и это вселяет нам тоску по прошедшим дням. Но сегодня мы хотим вам сказать, что вернуться к прежней нормальной жизни не должно быть нашей целью.

Не удивительно, что многим людям хотелось, чтобы все стало так как было до 2020 года, но это невозможно. Нас окружает сегодня новая реальность и нам надо учиться жить с этим. Во время особых переживаний, когда Бог совершает нечто новое в глобальном масштабе, частью этого является факт, что Бог, в это время, открывает нам новые грани истины и для нашей жизни.

Понимая это нам не следует тосковать о прежних докризисных временах, потому что времена перемен являются хорошим основанием для укрепления нашего Фундамента Веры.

В этом плане мы находим замечательных помощников в Книге Псалмов, которая, на протяжении веков, является источником и незаменимым другом для всех людей. Она наставляет и успокаивает нас, когда наши души и сердца проходят полосу негативных обстоятельств.

В Псалмах Давид делится с нами своим бесценным опытом переживаний, через которые он проходил в своей жизни и Дух Святой побудил его написать для нас эти слова, чтобы они укрепляли веру во всех последующих поколениях верующих.

Поэтому, давайте перестанем тосковать и молиться о прежних хороших временах, но будем молиться о том, чтобы наше настоящее было наполнено присутствием Божиим. Пусть наши новые времена будут наполнены ожиданием того, как Бог будет использовать нас в новых обстоятельствах, порою это бывает далеко за пределами того, что мы можем себе представить.

Читайте Псалмы, там мы находим утешение и ответы на разные обстоятельства жизни, а Слово Его и Дух Святой будут наставлять нас и направлять каждый наш шаг в нашей новой реальности.

«Ищите Господа и силы Его, ищите лица Его всегда» Пс.104:4.

Забывайте Прошлое

В великой Нагорной проповеди Христос призывает нас не заботиться о завтрашнем дне. Глубинная суть этого совета не в том, что нам не следует строить дома, пахать и сеять, возделывать сады и виноградники, а в том, чтобы мы не отягощали свои сердца чрезмерными заботами о завтрашнем дне. Поэтому Господь говорит нам: **«довольно для каждого дня своей заботы». Матф.6:34.** Ибо завтрашний день не в нашей власти.

С другой стороны, прошлое также может не давать нам покоя наполняя наши души воздыханиями о прошедших днях. Это могут быть ошибки, которые мы допустили, грехи и их последствия, потери близких людей, неудачи в бизнесе и многое другое порою годами преследует нас. Прошлое уже не вернешь, но оно еще многие годы может отравлять наш сегодняшний день тоской о былых днях, сожалением о содеянном, об упущенных возможностях, о неправильных решениях и тому подобное.

Поэтому Апостол Павел дает нам драгоценный совет: **«Братья, я не почитаю себя достигшим, а только, забывая заднее и простираясь вперед, стремлюсь к цели...» Фил.3:13-14.**

Правда жизни такова, как бы нам не хотелось, мы не можем вернуть даже вчерашний день, чтобы что-то в нем прожить заново. Сделанное дело, сказанное слово, упущенные возможности все в прошлом.

Но как быть, если память о прошедшем не дает нам покоя? Писание и здесь спешит нам на помощь. Апостол Иоанн пишет: **«...а если бы кто согрешил, то мы имеем Ходатая пред Отцем, Иисуса Христа, Праведника» 1Иоан.2:1.**

Таким образом, мы имеем возможность освобождаться от угнетающего нас прошлого, принеся Господу молитву покаяния. Осудите в своей душе все, что вы сделали неправильно, постарайтесь исправить все, что в ваших силах, принесите эту нужду в молитве Господу и забывая прошлое, простирайтесь вперед стараясь не повторять того, за что вы просили у Господа прощения.

Пройдя критические испытания, пережив взлеты и падения, царь Давид говорит нам: Лучшее, что он нашел для себя – это быть с Господом. Власть, богатство, успех, все это временное, хрупкое и меркнет, когда ты находишься в присутствии Божием.

«Одного просил я у Господа, того только ищу, чтобы пребывать мне в доме Господнем во все дни жизни моей, созерцать красоту Господню и посещать храм Его» Пс.26:4.

К его словам стоит прислушаться...

Знамения Времени

Начало нового 2020 года потрясло весь мир. Буквально с первых дней, начались глобальные потрясения мирового уровня. Убийство Иранского генерала в первых числах Января шокировало весь мир и поставило Ближний Восток на грань большой войны. Следом в Китае обнаружили Короновирус нового типа, который быстро стал распространяться по всему миру. Кроме человеческих жертв, число которых уже пошло на миллионы, эта эпидемия поставила многие страны на грань экономической катастрофы.

Ни для кого не секрет, что эпидемия Короновируса началась в Китае. Наверное многие еще помнят из учебников истории, что древнее название Китая – Поднебесная. (Википедия: *Термин «Поднебесная» использовался* в *Китае с древних времен для обозначения территории, на которую распространялась власть Китайского императора.*)

В Книге пророка Исайи есть удивительная глава, в которой он описывает решительные действия Господа. Это глава 13. Первые четыре стиха 13-й главы, повествуют что Господь собирает войско. Пятый стих, указывает откуда будет идти это войско. **«Идут <u>из отдаленной страны, от края неба</u>, Господь и орудия гнева Его, чтобы сокрушить всю землю» Ис.13:5.**

Как мы видим, именно оттуда, <u>из Поднебесной страны</u>, начал свое смертоносное шествие этот вирус, который <u>сокрушит всю землю</u>. Точнее уже не скажешь.

Далее мы находим характерные описание поражений, которое будет наносить идущее из Поднебесной войско Господа Саваофа. **«Ужаснулись, судорги и боли схватили их; мучаются, как рождающая, с изумлением смотрят друг на друга, лица у них разгорелись» Ис.13:8.**

Весь мир находится сегодня в страхе и смятении. Мы совершенно ясно видим здесь, что поражение людей будет не мечами и копьями, но налицо явные признаки страшной болезнивнутренних органов человека. (судорги, боли, мучения) Разгоревшиеся лица – это высокая температура присущая этой эпидемии. Во всех аэропортах, вокзалах, в метро, в больницах, везде и всюду, в первую очередь у людей меряют температуру. Во многих городах земли устанавливают тепловизоры, которые измеряют температуру у людей на расстоянии. Это первый признак заболевания.

Еще одно очень характерное место. **«Тогда каждый, как преследуемая серна, и как покинутые овцы, обратиться к народу своему, и каждый побежит в свою землю» Ис.13:14.** Это ничего не напоминает вам? За всю историю земли, наверное не было ничего подобного.

Мы много раз видели из истории, как люди стремятся убегать в другие страны в поисках лучшей жизни. Это было во время войн, революций, экономических проблем, религиозных гонений и т.п. Убегали кто куда: в Америку, в Европу, в Канаду, в Англию, в Австралию и др. места, люди из стран с проблемами, прилагают все силы, чтобы перебраться в другую страну. <u>Но здесь каждый побежит в свою землю и к своему народу.</u>

Сегодня, эта зараза стала причиной того, что страны закрывают свои границы, посылают чартерные рейсы чтобы вернуть домой туристов и тех, кто работал за рубежом. Америка, Россия, Англия, и многие другие страны вывозят своих граждан, спасая их от эпидемии.

«Звезды небесные и светила не дают от себя света…Я накажу мир за зло, и нечестивых – за беззакония их..» Ис.13:10-11. – Явный знак, что будет полная неспособность лидеров стран земли повлиять на эту ситуацию. То, что мы и видим повсеместно.

Эта глава Писания свидетельствует, что мир наполнил свою Меру Беззакония и пришло время расплаты за все злодеяния мира.

В 26-ой главе Исайя также описывает ситуацию, когда Господь идет наказывать народы за их беззакония. Интересно, что в этой главе, Исайя даже упоминает о карантине, который сегодня мы видим во многих странах.

«Пойди, народ мой, войди в покои твои, и запри за собой двери твои, укройся на мгновение, доколе не пройдет гнев; ибо вот, Господь выходит из жилища Своего наказать обитателей земли за их беззаконие,… Ис.26:20-21.

То, что мы и видим сегодня, дает нам почву, для серьезных размышлений. **«Когда же начнет это сбываться, тогда восклонитесь и поднимите головы ваши, потому что приближается избавление ваше»** Лук.21:28.

Мировые Часы

«Но вы, братья, не во тьме, чтобы день застал вас, как тать; ибо все вы – сыны света и сыны дня…» 1Фесл.5:2-5.

Тема конца света и второго пришествия Христа, всегда была особенной темой, в которой особенным был вопрос: **Какой признак Твоего пришествия и кончины века? (Матф.24:3)**

Вопрос кончины века, волнует жителей 21-го века, также как и учеников Христа две тысячи лет назад. Нынешние события, по всему видно, это будет нешуточная встряска всему миру. Беда пришла откуда мы ее не ждали. В головах у людей было ожидание еще одной Мировой Войны. Ракеты, бомбы, ядерные взрывы, но проблема пришла с другой стороны: – Малюсенькая бацилла поставила на колени всю мировую экономику.

Сегодня настало время внимательно посмотреть на слова Иисуса сказанные ученикам на Елеонской горе.

В любой теореме важно найти правильную точку отсчета. Христос указывает на нее пальцем: **«От смоковницы возьмите подобие… когда вы увидите все сие, знайте, что близко, при дверях. Истинно говоря вам: не пройдет род сей, как все сие будет»** Матф.24:32-34.

Пророк Иоиль называет смоковницу прообразом

Израиля. (Иоиль 1:7) Таким образом, наши взоры мы должны направить на Израиль, который многие богословы называют «Мировыми Часами». Израиль был в рассеянии две тысячи лет и, как совершенное демографическое чудо, в 1948 году, появляется государство Израиль. *(Смоковница зазеленела.)*

Далее, слова Христа – не пройдет и род сей, – богословы объясняют, что от основания Израиля, *(точка отсчета)* не пройдет род, как все сие будет.

Время рода толкуют по-разному. Кто как. Нам следует брать информацию исключительно из Писания. Последняя цифра рода озвученная в Писании, это 89-й Псалом. **«Дней лет наших семьдесят лет, а при большей крепости восемьдесят лет…» Пс.89:10.** Если мы добавим к 1948 году 70 лет, мы получаем 2018 год. В 89-м Псалме мы видим десять лет, как вариант рода.

Следовательно, все события кончины века, нам следует ожидать между 2018 и 2028 годом. Мы не будем знать дня и часа. Это факт. Но видеть приближение этих дней мы будем видеть. <u>«Но вы, братья, не во тьме, чтобы день застал вас, как тать. 1Фесл.5:2-5.</u>

Мы видим сегодня катастрофическое разложение морали и вековых библейских устоев семейных ценностей, политики и дипломаты на межгосударственных уровнях не гнушаются обманами, ненасытные транснациональные корпорации губят природу, растет процент климатических катастроф и невиданных ранее эпидемий, пустеют церковные здания и т.д.

Все это дает нам почву, для серьезных размышлений. **«Когда же начнет это сбываться, тогда восклонитесь и поднимите головы ваши, потому что приближается избавление ваше» Лук.21:28.**

Мера Беззакония

«...ибо мера беззаконий Аморреев доселе еще не наполнилась» Быт.15:16.

Эти слова Бог сказал Аврааму во время заключения завета, который положил начало новых отношений Бога с человечеством. Они говорят нам о многом. На земле мы видим много разных стран и народов. Во все времена, на земле, появлялись и исчезали страны, народы, племена, языки. Некоторые страны имеют тысячелетнюю историю, а другие исчезают бесследно.

Гадают историки, удивляются археологи находящие, исчезнувшие с лица земли, следы древних народов и цивилизаций. Что произошло с ними? Какая причина, что одни страны живут и процветают, а от других остались только воспоминания?

Фраза, которую сказал Бог Аврааму, на многое проливает свет. Оказывается, для каждого народа и племени на земле есть Мера Беззакония. Как только она наполняется, эта страна уходит со сцены мира. В Книге Откровения мы читаем, что придет время, когда Мера беззакония наполнится и для всей земли.

«Придет же день Господень, как тать ночью, и тогда небеса с шумом прейдут, стихии же, разгоревшись разрушатся, земля и все дела на ней сгорят» 2Петр.3:10.

С первых дней 2020-й года, мир как-будто перешел какую-то невидимую черту и начались потрясения глобального уровня. Паника охватила весь мир и вызывает все большее недоумение. Каждый год на земле случаются эпидемии, умирают десятки тысяч человек, но никогда еще, в обозримой истории, не было такой паники как на этот раз. <u>Может Мера Беззакония нашей земли уже на-</u>

полнилась?

Эти события, – еще одно напоминание жителям земли о том, какая она хрупкая жизнь наша; напоминание о том, что каждый человек, живущий жизнью попирающий законы Творца Вселенной, также вносит свой вклад в общую Меру Беззаконий земли. И это не может продолжаться бесконечно.

«И пришел гнев Твой и время судить мертвых и дать возмездие рабам Твоим, пророкам и святым и боящимся имени Твоего, малым и великим, <u>и погубить губивших землю</u>» Откр.11:18.

Будем помнить, что есть предел и всякому беззаконию человеческому. **«Окружили меня беды неисчислимые, постигли меня беззакония мои» Пс.39:13.**

Многими словами Писания Господь напоминает нам, что есть Мера Беззакония и для человека. **Не вечно Духу Моему быть пренебрегаемым (Быт.6:3)** Бог не хочет смерти грешника и двери спасения еще открыты.

Только бы не опоздать...

Символ Изменения

«Кто это говорит: «и то бывает, чему Господь не повелел быть?» Не от уст ли Всевышнего происходит бедствие и благополучие?» Пл.Иер.3:37-38.

Сегодня я хочу поговорить о событиях, волнующие все население земли и обратить внимание на цифру, которая имеет множество пророческой символики в Библии. Это цифра 40. С этой цифрой в Библии мы находим множество параллелей, но самое главное: **цифра 40 в Писании – это символ изменения.**

40 дней и 40 ночей шел дождь во время страшного

потопа на земле.

40 лет исполнилось Моисею и он убежал из Египта. Другие 40 лет он жил в земле Мадиамской. 40 лет он посвятил народу Израильскому. Каждый раз, когда Моисей достигал рубежа 40 – происходили кардинальные изменения.

40 дней Моисей находился на горе Синай получая от Бога Заповеди Закона.

40 лет продолжался Исход Израильского народа.

40 дней и Ниневия будет разрушена проповедует Иона Ниневитянам.

40 дней Господь был искушаем в пустыне и постился.

40 дней у женщины – время очищения после родов.

40 дней Воскресший Господь являлся ученикам, говоря им о Царстве Божием.

При устройстве Скинии и Храма в Иерусалиме, для множества предметов, мы встречаем цифру 40. Этот перечень можно продолжать еще долго.

Многие библейские теологи уверены: цифра 40 представляет символ фундаментальных изменений. Мы вынуждены будем с этим согласиться. Даже те немногие места Писания, которые мы перечислили выше, убеждают нас: – это слишком много, для простого совпадения.

Американцы называют 2020-й год 20-20. (твони-твони)20 + 20 будет 40.

С самого начала 2020-го года (20-20) мир настигли глобальные потрясения. Кто-то скажет – это совпадение. Может быть, а может и нет.

Посмотрите как начался тот год. Многие годы, люди ходили под страхом 3-ей Мировой Войны. Ужасались ракет, атомных бомб, строили убежища, делали запасы, но беда пришла откуда ее не ждали: маленький микроб, сотрясает всю Мировую Экономику.

Совсем недавно нам казалось, человечество все может, все умеет, нам по плечу любые перемены и вдруг! – все изменилось. Мы вдруг ощутили, что наш мир – невероятно хрупок. Люди перестали работать, передвигаться, перестали общаться, не могут навестить и поддержать своих близких.

Когда ты что-то теряешь, ты понимаешь все ценность того, что у тебя было и чем ты не особенно дорожил. Мы думали: церковь, вечеря, пение хора, проповеди, общения – это то, что будет всегда. Ну пропущу это воскресенье, ничего, настанет следующее. Сейчас мы увидели, насколько ценно было то, чем мы обладали.

Сегодня мы стали жить в мире полном неопределенностей, но, с чем бы мы ни сталкивались, Слово Божие дает надежду нашей душе. Ищите ответы в Его слове, делитесь надеждой, которую вы обрели, с окружающими в соц-сетях. Ищите новые возможности жить в этой ситуации. Перед лицом смертельной опасности, многие люди вспомнили о Боге. Еще недавно, казалось, равнодушные к вере люди, стали пересылать тексты Библии, фразы христианских авторов, молитвы.

Вместе с тем, мы должны признать, что Короновирус – это не самое худшее. Мы, все вместе, должны победить наихудший вирус: – «вирус ненависти между людьми». Люди должны понять, что отход от христианских ценностей, от любви к ближнему, несет гибель всему народу.

Когда мы молимся молитвой Отче наш, в ней мы произносим слова: **«Да будет воля Твоя и на земле,**

как и на небе…» Произнося эти слова, мы соглашаемся с волей Господа и призываем ее на землю.

То, что происходит сегодня вокруг нас, это не стечение обстоятельств. События, которые касаются всех стран земли, не происходят случайно. Есть реальная причина, по которой Господь допустил эти глобальные потрясения.

В истории земли случались события, которые впоследствии оказывали влияние на целые народы. В то время, было непонятно, что происходит, но сегодня мы видим, – это был план Божий. Возможно, что настало время и для населения земли, пройти этим путем. Зачем? Почему? За что? Для чего? В свое время и это нам откроет Господь.

Таким образом, 2020 год – это важный знак для всех. Как христиане, мы имеем ведение из Писания. **«Но вы, братья, не во тьме, чтобы день застал вас как тать; ибо все вы – сыны света и сыны дня…» 1Фесл.5:2-5.**

Будем проводить свою жизнь исполняя Его волю зная, что мы в надежных руках нашего Господа и всегда помнить: **«любящим Бога, призванным по Его изволению, все содействует ко благу. Рим 8:28.**

Не ужасайтесь, не страшитесь, оставайтесь с твердой надеждой на Бога, берегите себя и своих близких и да сохранит вас Господь для Своего славного и непоколебимого Царства на небесах.

Суть Библии

Евангелии от Марка записан короткий диалог Иисуса Христа, в котором Господь задал ученикам два вопроса: «За кого почитают Меня люди?» и «А вы за кого почитаете меня?» Мар.8:27-29.

Первый вопрос важен, потому что он помогает нам понять, что за люди находятся вокруг нас. Но гораздо важнее второй вопрос. От нашего ответа на этот вопрос зависит наша вечная судьба. Пророк Исаия назвал грядущего Мессию дивными именами: «Чудный», «Советник», «Бог крепкий», «Отец вечности», «Князь мира» (Ис.9:6). Когда в мир пришел Иисус Христос, Он не оставил никаких сомнений в том, что все эти дивные имена относятся именно к Нему.

Рано или поздно, каждый человек должен будет решить проблему: «Что мне делать с моими грехами?» И только Христос дает ответ на самый важный вопрос человечества: «Кто заплатит за мои грехи?» В этом вся суть Библии, этим жива христианская вера: Иисус Христос – Божий Сын пришедший в мир, чтобы спасти грешников. Это спасающая рука Бога протянутая с неба на землю. Христос – это ответ Бога на молитвы погибающих людей о спасении.

Он Бог, воплотившийся в человека, явивший нам Свою Божественную сущность и искупивший человечество из рабства греху. «За ничто были вы проданы, и без серебра будете выкуплены», – пишет пророк Исаия (Ис.52:3). Позже Апостол Павел пишет еще конкретнее: – «Ибо вы куплены дорогою ценою» (1Кор.6:20). Совершив это, Христос имеет право сказать: «Никто не приходит к Отцу, как только через Меня» (Иоан.14:6).

Как и чем вы ответите на слова Иисуса и на факты подтверждающие, что Он один может спасти? Кем для вас является Иисус? Он полностью подтвердил Своей жизнью все Свои имена.

Сегодня все мы имеем одно имя: – христианин, но в вечности Бог каждому даст свое имя. Пока мы на земле, Бог ожидает, чтобы каждый христианин своею жизнью подтвердил это имя, как и Христос подтвердил Свое.

Будем помнить, что мы уверовали не в людей, а в Христа – Мессию, в Котором, никто никогда не разочаровался! Только признав Иисуса Христа Господом, верою приняв Его дар прощения, человек может обрести жизнь вечную и свободный вход в Царство Небесное.

Да поможет нам в этом Всевышний!

Вера или Дела

Порою приходится слышать вопрос: **Если я спасен по вере, для чего же мне нужно делать добрые дела?**

В отношении дел по вере, этот вопрос был камнем предкновения еще со времен Апостолов. Народу Израильскому, воспитанному на делах закона, было очень трудно принять учение спасения по вере. **«Ибо благодатью вы спасены чрез веру, и сие не от вас, Божий дар: не от дел, чтобы никто не хвалился» ЕФ.2:8-9.**

Порою эту истину берут на вооружение ленивые христиане ища в Писании оправдание своей лени. Но следующий стих не дает им на это никаких шансов. **«Ибо мы – Его творение, созданы во Христе Иисусе на добрые дела, которые Бог предназначил нам исполнять» Еф.2:10.**

Таким образом, если люди мира сего имеют выбор: хочу – делаю добрые дела, не хочу – не делаю, то у христианина такого выбора нет: – мы обязаны делать добрые дела. Спасенные по вере не могут не делать добрые дела и **мы их делаем не для того, чтобы спастись, а потому что мы уже спасены.** Наши добрые дела светят этому миру и через это прославляется Отец наш Небесный. (Матф.5:14-16.)

Приводя в пример веру Авраама Апостол Иаков пишет, что вера и дела, как две дополняющие друг друга субстанции, ведут нас к духовному совершенству. **«Видишь ли, что вера содействовала делам его, и делами вера достигла совершенства» Иак.2:22.**

Поэтому, если сегодня спорить, что важнее для спасения: вера или дела, это все равно как спорить о том, какая рельса важнее для поезда, левая или правая.

Сердечно благодарим Вас наши дорогие соработники на ниве Иисуса Христа и радуемся о том, что вера ваша укрепляется вашими добрыми делами, в числе которых ваши молитвы и поддержка служения нашей Миссии. Будем радоваться о Господе и поощрять друг друга к добрым делам, благодаря которым укрепляется и наша вера.

Да откроет Вам Господь в свое время свободный вход в Его вечное Царство на Небесах. Да преисполнит Вас и ваших близких Господь обильной благодатью свыше. **«...всегда преуспевайте в деле Господнем зная, что труд ваш не тщетен пред Господом» 1Кор.15:58.**

Христос Воскрес!

Праздник Пасхи – это Праздник Жизни! В английском языке слово Пасха звучит «Pass Over» – Прошел мимо. Это весьма емкое определение. Как некогда в древнем Египте, благодаря жертвенной крови агнца, Ангел

Смерти прошел мимо первенцев Израильского народа, так Кровь Иисуса Христа пролитая на Голгофе, избавила нас от вечной погибели.

Смерть побеждена и разрушена Иисусом Христом! Результат этой победы, мы читаем в Послании к Коринфянам: **«Ибо знаем, что, когда земной наш дом, эта хижина, разрушится, мы имеем от Бога жилище на небесах, дом нерукотворенный, вечный»** **2Кор.5:1.**

Приход Иисуса Христа в мир открыл эру благовестия Царства Небесного. Начинается она явлением в мир Иоанна Крестителя. **«Закон и пророки до Иоанна; с сего времени Царствие Божие благовествуется»** Лук.16:16.

Здесь Писание, словами Иисуса Христа ясно говорит нам, где проходит черта, за которой Ветхий Завет стал Ветхим. Обратите внимание, что в Ветхом Завете ничего не говорится о Царстве Небесном. В этом мы видим четкую грань, которая обозначила окончание Старого и начало Нового Завета.

Как явный признак Нового Завета, стала массово звучать проповедь Царства Небесного. **«Потому что Бог во Христе примирил с Собою мир, не вменяя людям преступлений их, и дал нам слово примирения»** 2Кор.5:19.

Глядя на хронику начала служения Господа, мы видим, что приняв крещение Господь был 40 дней искушаем в пустыне. Именно с этого времени начинается Его служение. **«С того времени Иисус стал проповедывать и говорить: покайтесь; ибо приблизилось Царство Небесное»** Матф.4:17.

Христос Воскрес!

«Но Он сказал им: и другим городам благовествовать Я должен Царствие Божие, ибо на то Я послан» Лук.4:43.

После Воскресения из мертвых, когда Господь на протяжении сорока дней являлся ученикам, тема Его общений с Апостолами была – Царство Небесное. «**...которым и явил Себя живым, по страдании Своем, со многими верными доказательствами, в продолжении сорока дней являясь им и говоря о Царствии Божием**» Д.А.1:3.

Да сподобит нас Господь, в эти праздничные дни

приложить к своему сердцу чудную весть Победы, которая открыла свободный вход в Царство Небесное всем, кто верою растворили в своих сердцах благую Весть Спасения.**«Прежде всего благодарю Бога моего чрез Иисуса Христа за всех вас, что вера ваша возвещается во всем мире» Рим.1:8.**

ХРИСТОС ВОСКРЕС! ВОИСТИНУ ВОСКРЕС!

Уникальный Христос

«В том любовь, что не мы возлюбили Бога, но Он возлюбил нас и послал Сына Своего в умилостивление за грехи наши» 1Иоан.4:10.

Потребность, внутреннее ощущение, поиск духовного всегда присутствовал в человеке. На земле нет народа, который не поклонялся бы каким-либо высшим силам: – идолы, планеты, деревья, животные и т.п. Это, по сути, массовое идолопоклонство людей, у которых отняли Бога. Это доказывает, что человек не может существовать без Бога.

Люди многие годы проводили в поисках Бога. Йоги, философы, мудрецы, подвижники, в аскетических усилиях трудились умственно, духовно, психофизически, стараясь подняться и приблизиться к Богу в своих исканиях. Многие великие мудрецы, в конце концов, сознавали свое неведение. Это очень честно выразил однажды Сократ: «Я знаю, что я ничего не знаю».

Иисус Христос приходит из простой деревни, где Он вел жизнь рядового человека. Он не учился у ног великих учителей. В Нем все было готово. Он никуда не поднимался, Он, наоборот, спускался к людям. До Иисуса Христа в мире было много пророков. Пророки были в Израиле, были и в других народах.

Уникальный Христос

Среди всех пророков земли, только Иисус Христос говорил от своего лица, как от лица Бога: **«А Я говорю вам...»**; **«Я и Отец одно...»** Это единственный случай в истории, когда Бог открывает Себя людям через конкретного человека в абсолютной полноте.

Всякая религия в мире, есть часть культуры. Они вырастают вместе с порывом человеческого духа к вечности, к непреходящим ценностям. Это поиск Бога. Это поиск верного пути, некая догадка о Боге. Это руки людей протянутые от земли к небу.

<u>Явление Иисуса Христа – это ответ. Это рука протянутая Богом с неба на землю.</u>

Уникальность христианства в том, потому что уникален Христос и у Него нет конкурентов: Ему дана всякая власть на небе и на земле.

Сегодня Воскресший Христос живет в душе каждого христианина, потому что христианство – это не новый свод социальных правил, а новая жизнь со Христом. Церковь Христова потому существует и развивается, потому что Он стоит внутри ее.

ХРИСТОС ВОСКРЕС! ВОИСТИНУ ВОСКРЕС!

С Днем Отца

«Ибо Я избрал его для того, чтобы он заповедал сынам своим и дому своему после себя, ходить путем Господним, творя правду и суд» Быт.18:19.

Одно из самых чудесных откровений Библии повествует о том, что Бог – это наш Отец! Но какие мысли возникают у наших детей, когда они слышат слово «отец»? Вызывает ли оно у них чувство тепла и нежности? Или совсем другие образы проходят перед глазами наших детей, когда они слышат это слово?

Библия показывает Бога нежным, прощающим Отцом, для Которого важна каждая сокровенная подробность нашей жизни. И все-таки, наверное, мы все представляем себе Бога по-разному. Ведь каждый из нас бессознательно переносит те чувства и впечатления, которые вызывает у него его земной отец, на свое представление об Отце Небесном. Человеку, у которого отношения с отцом были хорошими, легче понять Бога, а тот ребенок, у которого эти отношения были плохими, вырастая, часто имеет искаженное представление о любви Небесного Отца к людям.

Видимо, совсем не случайно мы приходим в этот мир полностью зависимыми и беспомощными. Только сами став родителями, мы по-настоящему начинаем понимать, что Бог хочет показать Свою любовь к нам в нежности и милосердии земных родителей к своим детям, в их родительской заботе и правильном воспитании.

«И вы, отцы, не раздражайте детей ваших, но воспитывайте их в учении и наставлении Господнем», – так учил первых христиан Апостол Павел. (Еф.6:1-4)

Может быть, вы уже многое упустили в жизни вашей семьи. Не отчаивайтесь, с Богом вы можете исправить даже невозможное. Пусть ваше любящее присутствие в жизни детей будет благословением для жизни детей и для вас самих, станет сокровищницей блага вашей семьи.

С Днем Матери

«Как утешает кого-либо мать, так утешу Я вас» Ис. 66:13.

Наступил замечательный месяц май. Среди многих позитивных явлений, в этом месяце вся Америка и многие другие страны, празднуют День Матери. Возможно Вам приходилось слышать, что якобы День Матери не библейский праздник, но с другой стороны Библия его не запрещает. Главное, чтобы кто-либо из нас не опалил свое сердце огнем осуждения. Поэтому поводу Апостол Павел пишет Колосской церкви:

«Итак никто да не осуждает вас за пищу, или питие, или за какой-нибудь праздник, или новомесячие, или субботу» Кол.2:16.

Есть ли в мире что-либо трогательнее, сильнее и нежнее, чем материнская любовь? Сколько писали о ней, а всю глубину передать вряд ли можно словами. Поэтому, когда Бог хочет показать людям как много мы значим в Его глазах, то не имея ничего более подходящего, Бог сравнивает Свою любовь к нам с нашими земными мамами. **«Забудет ли женщина грудное дитя свое, чтобы не пожалеть сына чрева своего? Но если бы и она забыла, то Я не забуду тебя» Ис. 49:15.**

Через наших матерей, Бог дарует нам самый лучший подарок – жизнь! Спасибо вам за это, наши дорогие мамы. Наверное по этой причине, День Матери стал одним из самых популярных американских праздников и в этот день совершается больше телефонных звонков, чем в любой другой день года.

Иудейские раввины шутят: «Когда Господь Бог увидел, что Ему за всем не поспеть, тогда Он создал матерей». В этой шутке есть глубокая правда жизни. Сколько забот, бессонных ночей, тревог лежит на хрупких плечах наших матерей. На каких весах можно взвесить то, что жертвуют матери, чтобы вырастить своих детей?

Низкий поклон вам, наши дорогие мамы за все доброе, которое мы увидели через вашу любовь к своим детям.

В этот день мы хотим ободрить всех наших матерей словами Писания: **«Делая добро да не унываем, ибо в свое время пожнем, если не ослабеем» Гал.6:9.**

Мамочки не сдавайтесь. Когда вы устаете и ваши попытки кажутся бесплодными, помните, что урожай впереди.

Вечная Любовь

«Любовью вечною Я возлюбил тебя и потому простер к тебе Мое благоволение» Иер.31:3.

Приветствуем Вас дорогие братья и сестры любовью Иисуса Христа! Мир Вам и благодать, да умножатся!

Если честно сказать кому-то, – я люблю тебя, это значит, что мы готовы проявить к этому человеку все качества любви, не смотря ни на что. Сказав кому-то я люблю тебя, человек добровольно принимает на себя всю ответственность и обязанности связанные с любовью.

В 13-ой главе Первого Послания к Коринфянам, Апостол Павел подробно описывает качества истинной любви, а в Послании к Ефесской церкви суммирует это качество души человеческой потрясающим определением: **«Любовь – это совокупность совершенства» Еф.3:14.**

Подумаем, как далеко надо было пойти Господу, чтобы сказать людям такие слова: **«Любовью вечною Я возлюбил тебя...»** Это значит, что все качества любви, Повелитель и Творец всей Вселенной, добровольно принимает на Себя и обязал Сам Себя поступать с людьми с позиции любви. Не забудем, что эти слова сказал Господь у Которого слова не расходятся с делом и эти слова слышала вся Вселенная.

Вся земная жизнь Иисуса Христа отражала полную гармонию с этими словами любви, сказанные людям. Эта же гармония любви была между Сыном и Отцом и во всей полноте ее масштаб, ее кульминация, была явлены на Голгофе. **«Нет больше той любви, как если кто положит душу свою за друзей своих» Иоан.15:13.**

Благодарим за Вас Господа, что в своей ответной любви к Богу, Вы остаетесь верным в труде на Его ниве и ревностно поддерживаете руки служения нашей Миссии. **Христиане делают это не для того, чтобы спастись, а потому что мы уже спасены.**

Да воздаст Вам Господь по богатству благодати Своей, да наполнит Он Ваш Небесный счет сокровищами неоскудевающими, а сердце Ваше радостью спасения.

«Будем любить Его, потому что Он прежде возлюбил нас» 1Иоан.4:19.

С Рождеством Христовым

Закончились ноябрьские дни благодарения и поезд жизни уже мчит нас к дням Рождественских праздников. Но слова благодарности Богу не должны прекращаться и в эти дни. Когда и в какое время мы должны благодарить Бога? Есть два времени, на которые нам особо указывает Писание: ВСЕГДА и за ВСЕ.

*«Благодаря всегда за все Бога и Отца, во имя Господа нашего Иисуса Христа»*Еф.5:20.

С Рождеством Христовым

В эти дни, принесем особую благодарность Богу, что Он послал в мир Своего Единородного Сына. Рождение Младенца Иисуса, это не начало, а завершение Божьего плана спасения человечества. Начало было положено, когда Бог заключил завет с Авраамом, начиная совершенно новый народ на земле, из которого воссиял обещанный Богом Мессия.

Рождение Иисуса Христа в мир ознаменовало, что Бог вернул людям Свое благоволение и объявляет амнистию человечеству. Если бы Бог хотел осудить мир, Он послал бы судью, но Бог хотел спасти нас, поэтому Он послал в мир Спасителя.

Фундамент Новой Эры отношения Бога с человеками возвестили Ангелы в день рождения Младенца Иисуса: *«Слава в вышних Богу, и на земле мир, в человеках благоволение»Лук.2:14.* Эти слова пастухи услышали из уст многочисленного Воинства Небесного. Беда людям, когда в их стране появлялось какое-нибудь многочисленное воинство. Это горе, слезы, смерть и разрушения. Никогда еще на земле не являлось воинство, которое бы славило Бога возвещая мир и благоволение людям.

В эти Рождественские дни, подобно Небесному Воинству, давайте и мы понесем окружающим нас людям мир и благоволение. Давайте простим и забудем все обиды, огорчения, отбросим все, что разделяет нас сегодня с братом или сестрой. Это будет лучший подарок нашему Господу и Спасителю.

Пусть вместо горечи обиды, великая радость Рождества и спасения исполнит нас, подобно волхвам с Востока. *«Увидевши же звезду, они возрадовались радостью весьма великою»* Матф.2:10.

Радость Рождества

«...Которого, не видев, любите, и Которого доселе не видя, но веруя в Него, радуетесь радостью неизреченную и преславною...» 1Петр.1:8.

Приход Иисуса Христа в этот мир, кроме всех прочих событий, сопровождался радостью. Началась она явлением Ангела Марии и первое слово прозвучавшее из его уст было: – **«Радуйся, Благодатная! Господь с Тобою...» Лук.1:28.** Далее, Радость с неба, подобно цунами, стала заполнять этот мир. Никакая мирская радость не сравнится с нею, потому что это Радость Царства Небесного.

Радость Рождества

Получившие эту радость не отрекаются от нее ни в узах, ни на кострах, ни под дулами автоматов, потому что Радость Совершенная, как печать Царства Небесного, живет в сердцах спасенных Господом. Назидая Своих учеников Господь говорил, что войти в Царство Небесное – это войти в радость.

«...Хорошо, добрый и верный раб! В малом ты был верен, над многим тебя поставлю; войди в радость Господина твоего» Матф.25:21-23.

Радость – это маяк, который озаряет ожидающую

нас впереди Жизнь Вечную и, подобно воздуху, наполняет все пределы Царства Небесного.

От всего сердца поздравляем Вас с наступающим Рождеством Христовым! От всего сердца благодарим Вас, наши дорогие братья и сестры, наши соработники и соучастники в славе, в радости неизреченной и преславной на Небесах!

Весь прошедший год, мы вместе с Вами трудились на обширной Ниве Божией, призывая людей к неземной Радости, ожидающей нас и всех возлюбивших явление Господа в этот мир!

Да воздаст всем Вам Господь по богатству Благодати Своей, да наполнит Он и преисполнит неизреченной Радостью свыше, Вас и Вашу семью и всех ближних и дальних, о которых Вы неустанно взываете Господу!

«Итак, не оставляйте упования вашего, которому предстоит великое воздаяние»Евр.10:35.

Долина Смертной Тени

«Если я пойду долиною смертной тени, не убоюсь зла...»Пс.22:4.

Тень – это еще не смерть. Это только тень смерти. Тем не менее, это крайне нежелательное явление в жизни любого человека. В это время активизируются силы зла, поэтому тень смерти вызывает у людей страх. Даже хорошо знакомые с Писанием и примиренные с Господом люди, стараются быть подальше от таких встреч. Это вполне понятно, потому что смерть названа в Писании нашим врагом, а встречи с врагом и даже с его тенью, всегда хочется избежать.

Тень просто так не появляется. Для каждой тени

есть своя причина. В нашей повседневной реальности, людям нередко приходится проходить через свои долины тени смертной. Такие долины– довольно частое явление в жизни людей и они бывают разные. Болезни, финансовые проблемы, отношения, гонения, клевета, неоправданные надежды, потери, разлуки и многое другое.

Тень никогда не уходит просто так. Тень уходит когда приходит свет, как туман и ночные тени исчезают с появлением солнца.

Давид, который много раз оказывался в подобных

ситуациях, делится с нами своим бесценным опытом. Он описывает свое состояние, когда его окружали смертные тени и говорит, что с Богом мы можем пройти их и остаться невредимыми. Он свидетельствует, что зло не всесильно, но благодаря доверию и упованию на Господа, мы можем научиться побеждать обстоятельства

Свет Вечной Истины, которая изливается со страниц вечной Библии, имеет власть и силу изгонять страхи и переживания тени смертной.

Мы благодарим за Вас Бога, что благодаря Вашей поддержке Миссия продолжает распространять свет Евангельской истины в окружающем нас мире, помогая людям проходить долинами тени смертной. «Много скорбей у праведного, и от всех их избавит его Господь» – пишет Давид, подводя итоги своей жизни с Господом. (Пс.33:20)

Будем напоминать друг другу, что все наши проблемы решаются в Иисусе Христе, ибо Он засвидетельствовал людям говоря: **«Дана Мне всякая власть на небе и на земле...»Матф.28:18.**

Умножающиеся Плоды

Приветствуем наших братьев и сестер, друзей нашей Миссии и наших соработников на Его ниве и соучастников в Славе, которая откроется в нас в явлении Сына Божьего! Мир Вам!

«Вы и в Фессалонику и раз и два присылали мне на нужду. Говорю это не потому, чтобы я искал даяния; но ищу плода, умножающегося в пользу вашу» Филип.4:16-17.

Этими словами Апостол Павел выразил глубинную

суть участия в миссионерской работе, для тех, кто расположил свои сердца поддерживать труд миссионеров не только словами одобрения, сочувствия и молитвами, но и материальными средствами. Павел не переживал о каких-либо недостатках для своей миссионерской работы, ибо знал, что Владыка всей земли Господь не оставит без Своей заботы труд, который совершал Павел. Для Бога нет невозможного.

Но Павел радовался тому, что Филиппийцы, приняв материальное участие, вошли в его миссионерский труд. Обратите внимание: <u>эти плоды не остаются такими, какими они были от начала. Плоды поддержки миссионерской работы умножаются в пользу тех, кто принял в</u>

них участие.

Таким образом, Филиппийцы вместе с Апостолом, также имели плоды на его миссионерской ниве. Как истинный духовный отец церкви в Филиппах, Павел радовался не тому, что получил какую-то помощь, но его радость была о верующих из этого города, что они стали причастниками его плодов для Царства Небесного.

От имени Господа, мы сердечно благодарим Вас, что Вы расположили свои сердца поддерживать служение Миссии материально и своими молитвами. Таким образом, Вы также входите в труд Миссии и наших миссионеров в разных странах. И плоды этого труда умножаются в Вашу пользу.

«Итак, не оставляйте упования вашего, которому предстоит великое воздаяние» Евр.10:35. Ему, Возлюбившему и Искупившему нас, Поклонение, Слава, Честь и Первенство да будет во все веки! Аминь!

Помните Господа

Приветствуем Вас наши дорогие друзья и соработники на ниве нашего Господа! От всей души поздравляем Вас с праздником Воскресенья Иисуса Христа!

«Помни Господа Иисуса Христа от семени Давидова, воскресшего из мертвых...»2Тим.2:8.

Если колыбелью Господа была пещера с животными, то пустая гробница Христа стала колыбелью церкви. Это действительно так. Ибо весь Новый Завет мы можем назвать – «Евангелие Воскресения Христова».

Явление Иисуса Христа в мир, Его смерть и воскресение ставят перед всем человечеством необходимость бескомпромиссного выбора позиции по отношению к этому событию. И это никак не христианское богословие, но здесь стоит конкретный вопрос: Либо Христос воскрес – и тогда христианство истинно, либо Он не воскресал – и тогда христианство не имеет никакого смысла.

«Но Христос воскрес из мертвых, первенец из умерших» - благовествует нам Писание. Поэтому во все века, после Его воскресения, человечество отмечало это событие. «Праздник праздников и Торжество торжеств» - так называли на Руси этот праздник в прежних поколениях.

Пусть этот Праздник Вечной Жизни дарованный нам свыше, наполнит и преисполнит наши сердца радостью грядущей Жизни Вечной во Христе Иисусе.

Сердечно благодарим Вас, что благодаря Вашему участию Евангелие Воскресения разливается на земле, и так будет доколе мы не водворимся в Его славное Царство!

Христос Воскрес! Воистину Воскрес!

Кто Мой Ближний?

Мир Вам! Наши дорогие друзья, братья и сестры во Христе, наши соработники и соучастники в славе, которая вскоре откроется в нас при входе в Его славное и незыблемое Царство на небесах! Приветствуем всех Вас любовью нашего Господа и Спасителя Иисуса Христа!

Однажды, беседуя с книжником, Христос рассказал ему притчу о «Милосердном Самарянине». (Лук.10:29-37) Эта бессмертная притча назидала с тех пор миллионы людей. В ней и до ныне звучит вопрос жителям 21-го века: – **А кто мой ближний?** Хочу обратить наше внимание на три определения.

Ближний – это тот, мимо которого хочется пройти. Некогда Христос остановился и вылечил нашу израненную грехом душу, когда все в этом мире проходили мимо.

Ближний – это тот, на которого у нас нет времени. Священник отпускал прегрешения, приносил жертвы, учил закону. Левит приятным голосом услаждал слух молящихся в храме. Им было некогда.

Ближний – это тот, на которого надо материально потратиться. Самарянин не ограничился трогательным сочувствием говоря: «Бедный человек! Как тебя зверски избили! Не переживай, если ты умрешь, на небе тебе будет хорошо!» Но он решил бороться за жизнь этого человека.

Заканчивает эту притчу Христос серьезным призывом, который звучит как приказ всем верующим: **«Иди, и ты поступай также»**.

От имени Господа благодарим Вас, что благодаря Вашему участию наша Миссия имеет возможность оказывать помощь нуждающимся в спасении в разных странах. Сегодня еще много в этом мире тех, кто стеная в своих израненных грехами и пороками душах, ожидают помощи от «добрых самарян».

Делая этот совместный труд, мы вносим и наш скромный вклад для спасения еще хотя бы некоторых.

Да восполнит Господь наш по богатству Своей благодати и милости, которая превозносится над судом, всякую нужду Вашу и ныне и во веки. Аминь.

Не Оставляйте Упования

Приветствуем Вас наши дорогие друзья и соработники на ниве у Господа!

«Однакож тому не радуйтесь, что духи вам повинуются; но радуйтесь тому, что имена ваши написаны на небесах» Лук.10:20. Ученики весьма радовались видимым проявлениям их веры, но Господь указал им на еще более значимую причину для радости. Он говорит ученикам, что имена их записаны на небесах.

Сегодня мы с вами видим видимые стороны нашего служения, которое состоит в том, что мы заполняем эфир словами Благодати, истины и спасения; посещаем тюрьмы и госпиталя в России; помогаем нуждающимся семьям в Украине; посылаем слова Благой Вести в Узбекистан; поддерживаем церкви в Пакистане и многое другое. Это радует наши сердца и сердца тех, к которым направлено наше с вами служение.

Но Господь напоминает нам сегодня, что есть нечто гораздо большее и значимое, о чем мы можем непрестанно радоваться и благодарить Бога, – это факт, что <u>имена наши записаны на небесах</u>! **Поэтому мы ревностно трудимся на Его ниве не для того, чтобы спастись, а потому что мы уже спасены.**

Сердечно благодарим Вас наши дорогие братья и сестры, наши соработники у Господа и соучастники в славе, которая откроется в нас в пришествии Господа нашего Иисуса Христа, за Ваше усердие в труде на Его ниве и для

Его славы, для просвящения многих еще не познавших истинного пути спасения.

«**Итак не оставляйте упования вашего, которому предстоит великое воздаяние... ибо еще немного, очень немного, и Грядущий придет и не умедлит**»Евр.10:35-37.

«**Бог же силен обогатить вас всякою благодатью, чтобы вы, всегда и во всем имея всякое довольство, были богаты на всякое доброе дело**» 2Кор.9:8.

Христу Надо Служить

Будем помнить, что каждый день – это дар Божий. **«Делая добро, да не унываем: ибо в свое время пожнем, если не ослабеем» Гал.6:9.**

Однажды, когда вы будете на небесах, кто-то подойдет к вам и скажет спасибо за то, что вы коснулись его жизни, и эти слова станут для вас сюрпризом. А затем еще один человек найдет вас, и еще один и еще... И, слушая историю каждого, вы начнете открывать для себя все те моменты, когда Бог использовал вас, а вы и не догадывались об этом...

Вы увидите, что чаще всего это были не великие

поступки, которые вы совершили, а простые вещи – доброе слово, приветливая улыбка, слова поддержки, теплое отношение и даже заботливо приготовленный обед. И вы с радостью обнаружите, что все это Бог использовал для того, чтобы вложить Свою великую Любовь в нуждающиеся сердца.

Поэтому, Христу нельзя просто верить, – Христу надо служить. Помните, что христиане – это последователи Христа, а не посетители церкви. В храме мы «подзаряжаем батарейки», чтобы выйдя из церкви, мы могли служить Богу через служение людям.

Любая профессия, любая работа – это возможность послужить Богу. Врач, учитель, водитель, продавец, полицейский, если все христиане станут делать свою работу с мыслью, я делаю ее не как для человека, а как для Господа, – этим мы будем служить Христу.

Водитель автобуса ведет автобус с мыслью: у меня в салоне сидит Христос...Строитель делает ремонт квартиры с мыслью: в этой квартире будет жить Христос... Повар и официант, которые на работе помнят о Боге и повар и официант, которые не помнят о Боге – это совершенно разные люди.

«И все, что делаете, делайте от души, как для Господа, а не для человеков, зная, что в воздаяние от Господа получите наследие: ибо вы служите Господу Христу» Кол.3:23-24.

Люди видят твои добрые дела, а Бог еще видит, почему ты это делаешь. Будем смотреть вперед с надеждой, назад с благодарностью, вверх с верой, а по сторонам с любовью.

Велика будет Ваша награда на небесах, а самое главное – это жизнь вечная в любящем присутствии нашего Господа и Спасителя. **«Который воздаст каждо-**

му по делам его: тем, которые постоянством в добром деле ищут славы, чести и бессмертия, жизнь вечную...» Рим.2:6.

Дорожите Временем

«**Но будем увещавать друг друга, и тем более, чем более усматриваете приближение дня оного**» **Евр.10:25.**

Подобно скорому поезду, мир летит к своему концу, быстро дополняя свою чашу беззакония, а колеса времени неумолимо отстукивают последние вехи Писания, громко говорящие нам о скором пришествии Господа. На наших глазах силы тьмы, как никогда ранее открыто действуют на земле влача мир на эшафот Божьих судов. Эти факты должны ободрить христиан прилагать все старания, чтобы успеть спасти хотя бы некоторых.

В Царстве Небесном нас ожидает Вечная Любовь, отдых и покой от труда, но там мы уже не сможем благовествовать. Это привилегия земной жизни и сегодня наш мир, как никогда ранее, нуждается в этом.

Если бы спасение приходило в жизнь человека автоматически, если бы для спасения всего мира Богу нужно было только отдать на крест Своего сына, то этот вопрос был бы решен уже две тысячи лет назад. И тогда Иисусу незачем было бы поручать ученикам, чтобы они шли и проповедовали Евангелие всей твари. Но Евангелие не срабатывает автоматически. Кто-то должен его нести и проповедовать.

«О вы, напоминающие о Господе – не **умолкайте**» **Ис.62:6.** Взывает пророк со страниц Писания. Эти слова, как никогда насущны и сегодня. Да сподобит нас Господь приложить к ним и свое сердце. «**...ибо жатвы много, а**

делателей мало».

Да воздаст Вам Господь сокровищами неоскудевающимися в Его Царствии за Ваше усердие, молитвы и заботу о Его ниве в служении нашей Миссии.

Как Смотрит Бог

Иаков посмотрел на Иосифа и увидел хорошего сына. Десять братьев посмотрели на Иосифа и увидели непутевого мечтателя. Купцы посмотрели на Иосифа и увидели раба. Потифар посмотрел на Иосифа и увидел отличного слугу. Жена Потифара посмотрела на Иосифа и увидела потенциального любовника. Тюремные стражи увидели в Иосифе заключенного.

Как по-разному могут смотреть люди. Бог посмотрел на Иосифа и увидел в нем будущего премьер-министра Египта.

Не будьте разочарованы тем, что другие люди видят в вас. Важно какими нас видит Бог. Не стоит также недооценивать другого человека рядом с нами, потому что мы не знаем, что видит Господь в этом человеке.

Не забывайте, что Давид получил помазание на царство будучи еще ребенком, пасущим овец. Есфирь была простой девочкой – сиротой, но Бог видел ее будущей царицей.

Не имеет значения, как на вас смотрят другие люди. Важно то, как нас видит Бог, Который сотворил нас по Своему образу и пошел за нас на смерть. (Иоан.3:16)

«Не бойся, ибо Я искупил тебя, назвал тебя по имени твоему; ты Мой». Ис.43.1.

Лазарь

Вы когда-нибудь задумывались о нищем Лазаре, лежащем у ворот богача? **(Лук.16 глава)** За какие заслуги Ангелы отнесли его прямо в Лоно Авраамово, где он оказался среди самых знаменитых мужей веры Ветхого Завета. Нищего и убогого Лазаря встретили Авраам, Моисей, Давид, Илья, Исайя и другие великие мужи веры и пророки Ветхого Завета. Они поздравили его, обняли и сказали много добрых слов утешения, которых Лазарь никогда не слышал на земле. Наверное, они показали ему окрестности Лона Авраамова, показали ему обитель, где он будет отныне и навеки возлежать в этом чудесном месте. Что особенного сделал Лазарь?

Он не открывал новые Синагоги, не проповедовал на стадионах, не написал ни одного богословского послания, не был левитом или священником в храме, а он был, как называют их сегодня, типичным бомжом. Нищий, больной, грязный, от него пахло псиной и гниющим телом от ран. Никаких заживляющих мазей, ни бинтов и антибиотиков, ни кровати в больничной палате у него не было. Все это было для Лазаря заоблачной мечтой, и только сочувствующие псы пытались помочь ему, зализывая его раны. Это было единственное доступное ему лечение. По человеческим меркам Лазарь находился в состоянии, как говорится, «ниже плинтуса». Но Ангелы унесли его на Лоно Авраамово. Казалось бы, это полный парадокс! Чем заслужил Лазарь такой подарок? Какой мерой измеряются результаты жизни людей на Небесах?

Пример Лазаря открывает нам глаза на нищих и бездомных, которые сегодня также наполняют землю, как и тысячелетия лет назад. Почему они стали такими? Кто виноват? Общество? Семья? Церковь? Можно назвать разные причины, но нищие и бездомные есть и нам надо иметь с этим дело. Разные судьбы, разные условия, но все эти люди покрыты одним зонтиком, который называется «бездомные». Если на других уровнях социальной лестницы со временем произошли заметные перемены, то нищие и бездомные так и остаются на самом дне общества.

Я уверен, что библейский бомж Лазарь был помилован Богом за свое глубокое смирение. Он не роптал на свою долю, не протестовал, не ожесточился, не проклинал все на свете, а в смирении, с тихой покорностью совершал свое земное поприще. Смирение было частью характера Иисуса Христа, – это драгоценное качество в глазах Бога. **«Ибо так говорит Высокий и Превознесенный, вечно живущий, – Святый имя Его: Я живу на высоте небес и во святилище, и также с сокрушенны-**

ми и смиренными духом..» Ис.57:15.

Ключок смирению находится в душе каждого человека. Вы не купите пузыречек смирения в аптеке или в супермаркете; его надо искать в другом месте. В этом есть задача наших проповедников и миссионеров, на примере притчи о Лазаре рассказать, что для каждого человека есть надежда; оказать им любовь, чтобы через нашу любовь они увидели любовь Божию к ним; рассказать им, что они не потерянные люди, что Господь любит их, также как Он любит Апостола Павла, Билли Грэма или Мать Терезу. Поэтому у каждого бездомного и обездоленного есть надежда, подобно Лазарю, закончить свой земной путь вратами Рая.

«Итак идите, научите все народы, крестя их во имяОтца и Сына иСвятого Духа» Матф.28:19.

Сердце Господа

«...и возлюби ближнего твоего, как самого себя» Матф.22:39.

Есть старая Африканская притча о мудрой черепахе. «Однажды человек пришел к старой мудрой черепахе и говорит ей: Помоги мне, мудрая черепаха, найти ответ на три вопроса: Какое самое красивое место на земле? Какое самое важное дело в жизни? И где найти самого важного человека?

Покачала головой мудрая черепаха и отвечает: Самое красивое место на земле, это место где ты сейчас находишься. Самое важное дело на земле, это дело, которое ты делаешь сейчас. И самый важный человек на земле тот, с которым ты встретился в эту минуту».

Может ли наступить рай на земле? Может. Если

каждый человек возлюбит ближнего своего, как самого себя. Господь ставит эту заповедь в разряд наибольших заповедей закона, проводя параллель с первой ее частью, в которой Христос говорит о любви человека к Богу.

За несколько дней до распятия, Христос указал ученикам, как это надо делать на практике. **«Так-как вы не сделали этого одному из сих меньших, то не сделали Мне...» Матф.25:31-45.**

Пришла ли вам сейчас мысль: какое необъятное сердце у Господа? Все, что вы сделали или не сделали своему ближнему, Господь записывает на свой счет. Это говорит нам о том, что Христос всегда рядом. Христос всегда среди нас. В каждом человеке, хороший он или плохой, мы должны научиться видеть образ Божий.

Мы можем ударить Христа, ударив какого-то человека; можем вытащить кошелек из Его кармана; оставить Христа ночевать на улице; посадить Христа в тюрьму или уложить в больницу доведя до инфаркта... И напротив: Мы можем согреть Христа завернув в одеяло замерзающего; накормить Его обедом накормив голодного; посетить Христа в тюрьме или в больнице; помочь Христу достроить забор; подвести Его на своей машине и т.д.

Нам надо учиться видеть Христа в каждом человеке. Ибо все, что вы сделали или не сделали одному из малых сих, вы сделали или не сделали Мне, говорит нам Господь.

Таким и будет грядущее Царство Божие, в котором все будут любить друг друга, а необъятная любовь Христа, как воздух, будет покрывать нас в этом чудесном месте на веки и веки.

Будем же сегодня создавать вокруг себя миниатюрные Царства Божии в наших общениях с близкими, разливая любовь, праведность, мир и радость, которые приходят к нам когда мы встречаемся с Господом.

Поздравляем с Днем Матери

Май – это один из самых прекрасных месяцев в году, поэтому именно в этот месяц мы отдаем дань любви и уважения самым дорогим, самым близким людям земли – нашим мамам.

Почитай отца и мать – гласит древняя заповедь Господа. В ветхом Завете мы имеем много примеров, как древние весьма уважительно относились к своим мамам. **«И вошла Вирсавия к царю Соломону говорить ему об Адонии. Царь встал пред нею, и поклонился ей, и сел на престоле своем. Поставили престол и для матери царя, и она села по правую руку его...» 3Цар.2:19.**

Далее Соломон дает много наставлений о матерях в своих притчах. **«Не отвергай наставления матери твоей...» Пр.6:20. «Не пренебрегай матери твоей, когда она и состарится...» Пр.23:22.**

Ничто и никто в этом подлунном мире не превзойдет любви матери. Она безмерна, как океан. И самое главное – это есть отражение Божьей любви к людям. Мы все Его дети и каждый человек весьма и весьма дорог нашему Создателю. Только Его неземная любовь превосходит любовь матери.

«Забудет ли женщина грудное дитя свое, чтобы не пожалеть сына чрева своего? Но если бы и она забыла, то Я не забуду тебя» Ис.49:15. Как далеко идет Бог в Своих обещаниях нам людям!

Мама – это первое слово и оно ласкает наш слух до конца жизни. «Мы любим сестру, и жену, и отца, но в муках мы мать вспоминаем», – пишет поэт и это правда. Лежит человек на одре болезни, или падает солдат со смертельной раной в груди на поле боя, и последние слова он шепчет – мама.

В этот день мы говорим большое спасибо всем мамам планеты за самый лучший подарок – жизнь! От всей души поздравляем вас с вашим «профессиональным» праздником, ведь мама – это работа 24/7 без отпусков и выходных. Пусть наградой и вашей материнской «зарплатой» будут огромная, чистая, бескорыстная любовь ваших детей к вам, их теплые искренние объятья, а вас наполняет радость за их достижения...

Желаем вам душевных сил, жизненной мудрости, ангельского терпения, женского счастья, взаимной любви и домашнего уюта.

И наконец: Желаем всем мамочкам, чтобы в онный день, вы и ваши дети встретились у врат Царства Небесного и навеки утонули в бескрайней любви нашего Господа и Спасителя. Ему слава и держава во-веки!

Аминь.

Уготованное на Небесах

Хотели бы вы знать, почему так был успешен в проповеди Евангелия Апостол Павел? В его посланиях содержатся замечательные наставления, но о чем он проповедовал, когда приходил в новое место? Какие темы могли заинтересовать людей, когда он обращался к ним впервые? Было бы хорошо, иметь у себя конспект проповеди Апостола Павла или хотя бы знать тему, на которую он говорил проповедь.

Ответ мы находим в Послании к Колосянам. ***«Благодать вам и мир от Бога Отца нашего и Господа Ии-***

суса Христа. Благодарим Бога и Отца Господа нашего Иисуса Христа, всегда молясь о вас, услышавши о вере вашей во Христа Иисуса и о любви ко всем святым в <u>надежде на уготованное вам на небесах</u>, о чем вы <u>прежде слышали</u> в истинном слове благовествования» Кол.1:3-5.

Здесь Павел напоминает Колосянам об их первой встрече, в которой он говорил им о надежде на уготованное на небесах всем любящим Господа. Именно эта тема коснулась их сердца и стала ключевой причиной обращения язычников к Богу.

В Ветхом Завете практически ничего не говорится о Небе. Рождение Иисуса Христа открыло на земле эру благовестия Царствия Небесного, которая начинается явлением в мир Иоана Крестителя. Таким образом, проповедь Царства Небесного стала ярким символом Нового Завета. **«Закон и пророки до Иоана; с сего времени Царствие Божие благовествуется»** Лук.16:16.

Здесь Библия, словами Иисуса Христа ясно говорит нам, где проходит черта закончившая время Ветхого Завета.

Приняв крещение Господь был 40 дней искушаем в пустыне; это стало началом Его служения, в котором стержнем проповедей Господа был призыв в Царство Небесное. **«С того времени Иисус стал проповедывать и говорить: покайтесь; ибо приблизилось Царство Небесное».** Матф.4:17.

И еще одно место. **«Но Он сказал им: и другим городам благовествовать я должен Царствие Божие, <u>ибо на то Я послан</u>»** Лук.4:43.

Многие места Писания свидетельствуют, что проповеди Христа и апостолов были о грядущем Царстве Небесном.

Прочитайте еще раз Новый Завет с целью отметить все места говорящие нам о небе, о вечности, о Царстве Небесном и вы будете удивлены, как много там есть информации на эту тему.

Будем же в наших беседах и проповедях уделять больше внимания славному Царству нашего Господа и напоминать о <u>надежде на уготованное нам на Небесах</u>.

Христос Воскрес!

«Что вы ищите живого среди мертвых? Его нет здесь: Он воскрес!» Лук.24.6.

Мир Вам да умножится! Наши дорогие братья и сестры, наши друзья и соработники Миссии и наши соучастники в славе, которая откроется в нас в Царстве Любви, Света и Радости на Небесах! Сотрудники Миссии сердечно поздравляют Вас с наступающим Праздником светлого Христова Воскресенья!

С Праздником Жизни Вас! С Праздником победы над смертью!

Христос Воскрес! Воистину Воскрес!

Победа Христа над смертью, это событие Вселенского масштаба. Христос Своим Воскресением разрушил смерть, доставил Вселенскому Суду победу (Матф.12:18-21) и лишил силы основателя Державы Смерти диавола. В конце веков смерть будет истреблена из пределов Вселенной. Победа Христа открыла людям вход в Царство Небесное, диавол и его ангелы осуждены, а мы ожидаем явления Господа и водворения в Его славное Царство на Небесах!

В сиянье праздничных служений и радостных поздравлений с Воскресением Господа, мы призываем вас помнить цену, которую Иисус заплатил за эту победу. **«Зная, что не тленным серебром или золотом искуплены вы от суетной жизни, преданной вам от отцов, но драгоценною Кровию Христа, как непорочного и чистого Агнца» 1Петр.1:18-19.**

Всегда благодарим за Вас Бога и Отца Господа нашего Иисуса Христа, что Вы не оставляете поддержку служение Миссии. Благодаря Вашему усердию и усердию наших соработников, Миссия продолжает радовать и возвещать Пасхальную Весть миллионам радиослушателей в разных уголках нашей планеты.

Пусть Вера и Любовь, Свет и Добро, Здоровье и Благоденствие окружают Ваш дом до встречи с Господом. Пусть радость Воскресенья наполняет Ваши сердца, сердца Ваших детей и детей Ваших детей и всех Ваших ближних и дальних, а Вера и Благодать нашего Господа, да управит пути Ваши во врата Царства Небесного.

ХРИСТОС ВОСКРЕС!!! ВОИСТИНУ ВОСКРЕС!!!

Поздравляем с Днем Отца

«Почитай отца твоего и матерь твою, как повелел тебе Господь, Бог твой, чтобы продлились дни твои, и чтобы хорошо тебе было на той земле...» Втор.5:16.

В конце первого летнего месяца во многих странах празднуют День Отца. Каждому ребенку нужна не только мамина любовь и нежность, но и отцовская любовь, уверенность, требовательность. Этот праздник своим существованием напоминает о роли семьи в жизни каждого человека.

Отец – это не просто слово. Гордитесь этим званием, цените и берегите его. Отец должен стать примером для сына и ангелом – хранителем для дочери, научить, рассказать, защитить, объяснить и сделать все это с любовью и терпением – такое может только папа. Отцовство – это и праздник и жизненный алтарь папы, на котором до конца дней ему надо будет приносить в жертву, финансы, личное время, амбиции, учиться жить в новых обстоятельствах, возносить особые молитвы о семье и детях и многое другое.

Папа – это половина нашего семейного мира. Папы нужны девочкам и мальчикам, детям и взрослым, а еще, папы очень нужны мамам. Без папы детство не может быть абсолютно счастливым. В бескрайнем океане под названием жизнь, папа – это парус помогающий двигаться вперед, это якорь удерживающий от ошибок, это путеводная звезда указывающая верный путь.

Детям, у которых отношения с отцом были неважными, очень трудно будет понять и вместить в свое сердце любовь Божию. Ведь Бог хочет, чтобы дети видели в любви своего земного отца, отражение любви к нам нашего Отца Небесного. Самая большая трагедия, если ребенок увидит, что папа его обманул; ничто более так не обесценивает отца в глазах детей, чем допущенная ложь.

Добрые дела и добрые слова, говорят людям долго, а добрые дела и слова сделанные детям – говорят им всю жизнь! **«Наставь юношу при начале пути его: он не уклонится от него, когда и состарится» Пр.22:6.**

Всех отцов земли поздравляем с их «профессиональным» праздником! Пусть же вашей «зарплатой» будет любовь, забота и уважение ваших детей. Поздравляем вас, дорогие наши, и желаем вам всего самого доброго, и, чтобы ваши дети всегда только радовали вас и никогда не разочаровывали.

<u>И самое главное</u>: чтобы некогда вы могли с гордо-

стью сказать пред Троном Отца нашего Небесного: «**Вот я и дети, которых дал мне Господь**» **Ис.8:18.**

Ступени к Славе

Первая ступень к славе называется терпение. Человек не рождается с терпением, как с цветом кожи или волос, но терпение достигается нами сознательно в процессе жизни. Вы не сможете купить пузыречек терпения ни в одной аптеке мира.

Многих современных проблем могло бы избежать человечество: разводы, убийства, аварии на дорогах, самоубийства, войны, конфликты, сироты, бездомные и многое многое другое. На земле было бы гораздо меньше такого негатива, если бы люди научились быть терпеливыми.

В духовной жизни путь к совершенству лежит через терпение. **«Кто не согрешает в слове, тот человек совершенный, могущий обуздать и все тело» Иак.3:2. (Иак.1:4)** В характере Иисуса Христа, пророков и служителей, терпение было на одном из первых мест, являясь важнейшим компонентом духовной жизни на нелегкой дороге к вечности.

«Терпением вашим спасайте души ваши» – призывает Господь со страниц Евангелия. (Лук.21:19) Некто хорошо сказал: Терпение – это камни, которыми вымощена дорога к спасению.

Навык терпения поднимает человека на новую духовную ступень, являясь фундаментом для кротости и смирения. Это уже практический шаг к тому, чтобы в нашем сердечном храме жил Дух Божий. Дверь через которую Дух Божий входит в храм нашей души, называется Смирение.

Ибо так говорит Высокий и Превознесенный, вечно живущий, – Святый имя Его: Я живу на высоте небес и во святилище, и также с сокрушенными и смиренными духом, чтоб оживлять дух смиренных и оживлять сердца сокрушенных» Ис.57:15. В 50-м Псалме Давид пишет слова, которые мы всегда должны помнить становясь на молитву. Хотите, чтобы ваша молитва была услышана? В Писании мы имеем ключ – называется он Смирение. **«Сердца сокрушенного и смиренного Ты не призришь, Боже» Пс.50:19.**

Заключительным, торжественным аккордом в финале симфонии смирения является слава. Смирение приводит нас к славе. **«За смирением следует страх Господень, богатство и слава и жизнь» Пр.22:4.**

Это чудесно и это не должно удивлять нас, потому что все, что делает Господь, Он делает во всей полноте. Так обстоит дело и с законом Смирения. Бог не только воздает благодеянием за смирение, но и приводит нас посредством этого закона к высшей духовной степени – в славу! **«Сеется в уничижении, восстает в славе» 1Кор.15:43.**

Так было с Иисусом Христом и так будет со всеми, кто претворяет это чудесное обетование Божие в своей жизни.

Не Препятствуйте Господу

«Итак помилование зависит не от желающего и не от подвизающегося, но от Бога милующего» Рим.9:16.

Огромное значение, в жизни христианского общества имеет заповедь Господа: **«Не судите, да не судимы будете».** Она Красной Нитью проходит через книги Нового Завета и ярко звучит в Его наставлении ученикам на Тайной Вечере: **Любите друг друга и будьте едины. (Иоан.13-17 гл.)** Осуждение – разрушает эту заповеди наносит тяжелый ущерб братству. В осуждении нет ни любви, ни единства.

Множество мест Писания убедительно доказывают нам, что суд – это эксклюзивное право Бога и, пока мы на земле, Он никому не доверяет это делать. У христианина нет права судить и осуждать. Но у нас есть право – увещевать. Не забывая, что цель увещевания – любовь от чистого сердца. (1Тим.1:5)

Непримиримое осуждение, может иметь очень печальные последствия. На наших глазах, братья из «отделенных» и «регистрированных» общин, десятилетиями не общались друг с другом сами и возбраняли это делать другим. Христиане, забирая у Господа Его право, вершили свой суд, разделяя людей на чистых и нечистых. На достойных и недостойных. Забывая, что все согрешили и лишены славы Божией и нет ни одного человека, который бы достиг спасения своею святостью. Спасает всех, драгоценная Кровь нашего Господа и Спасителя. Это не наша заслуга, не от дел, чтобы никто не хвалился. Наша святость – Христос! Нам нечем гордиться.

Но вот беда. Дети Божии, порою не вмещают друг друга живя на земле. Но если я сегодня не вмещаю и осуждаю своего брата или сестру из другой общины, которые, как мне кажется, не так веруют, не так одеваются, – так ли на это смотрит Господь? Он, возможно, рад был бы принять в Свое Царство и тех и других, но проблема в том, что мы здесь не вмещаем друг друга и, произведя свой суд, не желаем видеть брата или сестру рядом с собой.

Здесь мы ставим перед Господом проблему выбора: <u>А кого из нас взять в Царство Небесное? Ведь вместе мы быть не желаем.</u>

Таким образом, суд и осуждение, могут стать для кого-то препятствием для входа в Небо. Препятствие это не от Господа, а от нашего осуждения.

Будем помнить: не прощая и осуждая ближнего, мы теряем право на Божье прощение, ибо **«каким судом судите, таким и судимы будете» Матф.7:1-2.**

Страшные Близнецы

Мы не будем углубляться в бесконечные гипотезы типа: а что было бы, если Адам не стал вкушать запретный плод и остался бы верным Божьему повелению? Пришлось бы Богу создавать другую Еву? Или еще как? Теорий много. Мильтон пишет например, что Адам так любил Еву, что решил умереть вместе с ней и сознательно вкусил запретный плод. Как бы то ни было, печальный факт совершился и вся земля пожинает сегодня плоды первородного греха.

Закон Греха Вселенной гласит: **«Ибо возмездие за грех – смерть» Рим.6:23.** Таким образом, грех становится жалом смерти. **«Жало же смерти – грех, а сила**

Страшные Близнецы

греха – закон» 1Кор.15:56. С тех пор, всякий раз, как только любой грех совершался человеком, смерть вонзала в него свое жало. Этот человек теперь ее добыча. Так раз за разом, за каждый новый грех, смерть, подобно диавольскому скорпиону, жалила людей оставляя на них свою печать смерти.

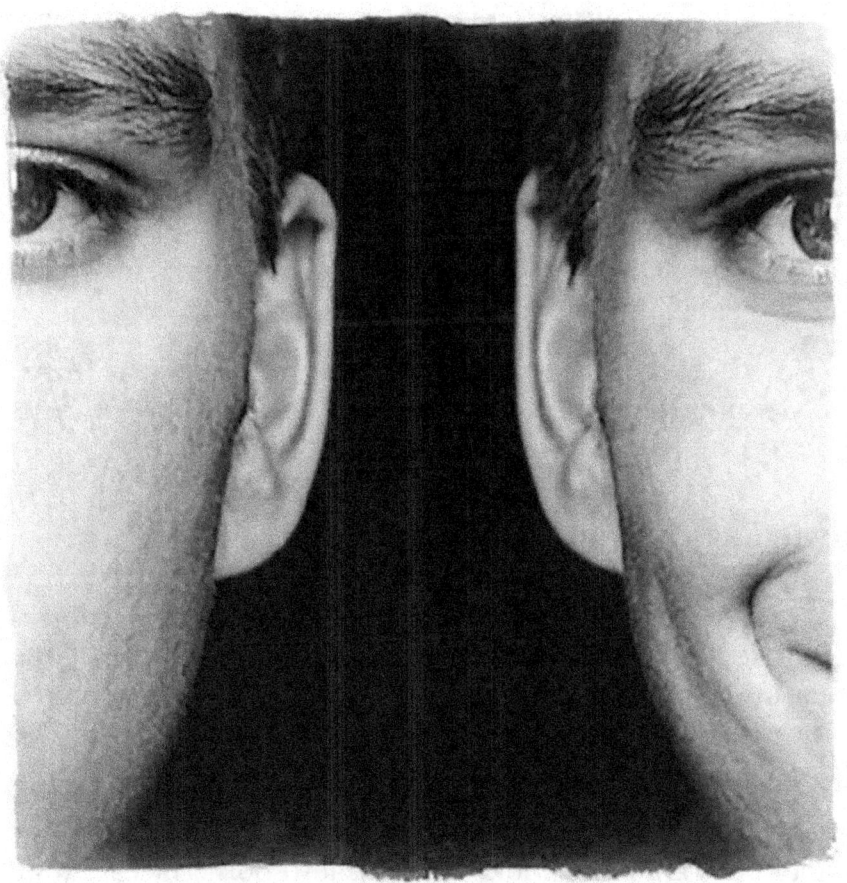

Сегодня мы видим вокруг нас цветущих, преуспевающих людей. Мы видим их на экранах ТВ и мониторах компьютеров, в красочных журналах и газетах, мы видим успешных артистов, бизнесменов, политиков, спортсменов и других подобных им.

Но если бы открылись наши духовные очи, мы бы

от ужаса закрывали глаза видя, что на этих людях нет живого места. Тысячи раз жало смерти оставило на них свою печать, хотя для остальных людей они являются воплощением счастья и успеха.

Апостол Павел подробно описывает действие греха в Послании к Римлянам и называет его Закон Греха. **(Рим.8:2)** Грех имеет силу. Он не просто лежит на пороге дома и виляет хвостом, как дворняжка, но грех влечет человека к себе. (Быт.4:7)

Один известный доктор лечащий зависимых людей сказал: <u>чрезвычайно трудно вылечить наркомана или алкоголика не потому что их воля слаба, а потому что враг силен</u>. Друзья мои, не играйте с грехом. Цена нашего искупления очень велика.

«В том любовь, что не мы возлюбили Бога, но Он возлюбил нас и послал Сына Своего в умилостивление за грехи наши» 1Иоан.4:10.

Чудо Евангелия

«Ибо никогда пророчество не было произносимо по воле человеческой, но изрекали его святые Божьи человеки, будучи движимые Духом Святым» 2Петр.1:21.

Изучая книги Нового Завета, мы находим многочисленные свидетельства о чудесах, которые Господь и Апостолы творили силою Всемогущего Бога. Здесь я хочу обратить наше внимание на то, что книги Священного Писания являются чудом сами по себе. И вот почему.

Все великие учителя человечества, все без исключения, оставляли после себя тома написанных или продиктованных ими учений, наставлений, размышлений, философских умозаключений, стараясь направить человечество к светлому будущему. (По мере того как они сами себе это представляли). Платон, Сократ, Будда, Конфуций, Мухаммад и многие многие другие оставили после себя целые религиозные и философские течения. Все они много писали.

Господь наш не написал Своей рукой ни одного слова. Он не диктовал ученикам Свои наставления и притчи, не требовал, чтобы Его произведения публиковались и наполняли землю. Но почему Он не поступал так, как это делали до Него все великие мыслители на земле? Многие из них были весьма успешными и казалось, что Господу можно было бы воспользоваться накопленным опытом человечества.

Самое удивительное здесь то, что не написав Своей рукой ни одного слова, Господь основал на земле учение, которое покорило вере миллиарды человек. Как это могло быть? Это же невозможно!

Давая наставление ученикам, Господь говорил, чтобы они не составляли заранее приготовленные речи, когда их будут допрашивать в синагогах и поставят перед правителями, но в это время Дух Святой даст вам слова и научит как отвечать. Таким образом, ответы учеников часто заставали врасплох гонителей и они ничего не могли противопоставить их мудрости.

Посредством водительства Святого Духа были написаны книги Нового и Ветхого Заветов и Господь не беспокоился о том, что кто-то может что-то забыть, что-то добавить или убавить. Он говорит утешая учеников на вечере перед Своими страданиями: **«Утешитель же, Дух Святый, Которого пошлет Отец во имя Мое, научит вас всему и напомнит все, что Я говорил вам» Иоан.14:26.**

В таком подходе к проповеди Евангелия, мы видим потрясающее проявление провидения свыше. Господь подошел к решению этого вопроса методом который никто, нигде, никогда не использовал и не мог использовать.

Разве это не чудо?

Желтый Сигнал

«И не давайте места диаволу... Всякое раздражение и ярость, и гнев и крик, и злоречие со всякою злобою да будут удалены от вас: но будьте друг ко другу добры, сострадательны, прощайте друг друга, как и Бог во Христе простил вас» Еф.4:27-32.

Нам порою кажется, что место диаволу дают мирские люди, но здесь Ап. Павел пишет Ефесской церкви и предупреждает, что опасность дать место диаволу, подстерегает и верующих людей.

Интересная деталь: Почему Ап. Павел перечисляет эти негативные качества в таком порядке? Почему раздражение он ставит на первое место? Хотя ярость, гнев, крик, злоречие, это более тяжелые проявления негатива. Это случайность или совпадение?

Писание говорит верующим: **«Разве вы не знаете, что вы храм Божий, и Дух Божий живет в вас» 1Кор.3:16.** Весь перечисленный выше негатив касается нашего внутреннего состояния и, выражается словами, как отражение этого состояния. **«Ибо от избытка сердца говорят уста», – учил Христос учеников. (Матф.12:34)**

Таким образом, раздражение – это дверь, через которую вырываются наружу настоящие цепные псы геены: ярость, гнев, крик, злоречие. Понятно, что Дух Святой ничего общего не имеет с этими «посланниками» и уходит из такого сердца. Огорченный Господь, огорченный Дух Святой, огорченные люди вокруг нас и глубокое огорчение в душе самого христианина. Раздражение – это желтый свет светофора в душе. Увидев желтый свет, каждый водитель знает, что надо притормаживать, ибо еще немного и загорится красный сигнал. Поэтому, в любом месте, в любом деле, в любой беседе, если в вашей душе появилось раздражение – это знак, что надо нажимать на тормоза. Это знак, что «цепные псы геены», уже скребут своими лапами у порога нашего сердца; рвутся воспалить круг жизни вокруг нас и огорчить Святого Духа.

Стойте на страже своего спасения. Как только раздражение закралось в ваше сердце, прекращайте любые споры, не доказывайте кто прав, кто виноват, даже если вам придется унизиться и ради Господа претерпеть несправедливость, уступите, не ищите своего, а предайте дело Судие Праведному.

Это будет вашей победой, о которой вы никогда не пожалеете и чувство Божьего одобрения снизойдет к вам Духом Святым, ибо вы сбережете Его в своем сердце. **«Чтобы не сделал нам ущерба сатана; ибо нам не безызвестны его умыслы» 2Кор.2:11**

Формула Счастливой Жизни

« И все, что делаете, делайте от души,

как для Господа, а не для человеков» Кол.3:23.

Во время перестройки в СССР был, так называемый, «Знак Качества». Это означало, что изделие имевшее на себе такой знак, было добротным и заслуживало доверие покупателей.

Как и многое другое – эта идея стара, как этот мир. Две тысячи лет назад, Апостол Павел пишет церкви в Колоссах письмо, в котором он описывает христианский «Знак Качества», который называется: «Сделано от Души». Кроме всех позитивных моментов для нашей жизненной рутины, этот знак имеет далеко идущие последствия и в духовной жизни. А именно: это хорошее лекарство от недугов, которые наводнили наш нынешний мир. Депрессия, уныние, апатия, безысходность и т.п.

Заповедь Господа **«Не заботьтесь о завтрашнем дне» (Матф.6:34) и стих из Послания к Колосянам 3:23**, дают нам Формулу построения Счастливой Жизни.

Заключается она в следующем: Начиная новый день, не пускайте заботы и хлопоты завтрашнего дня в свое сердце, но сосредоточтесь на том, что вам предстоит сделать сегодня. Приложите все старание сделать это наилучшим образом, сделать «от души, как для Господа».

На следующее утро, когда вы посмотрите вслед прожитого дня, вы будете видеть, что все в нем было сделано «от души». Таким образом, ваш вчерашний день будет похож на счастливый сон и у вас будет хорошее основание с оптимизмом смотреть в день грядущий.

Так поступая, ваше настроение и жизненный тонус будут повышаться день ото дня без всяких лекарств.

Следовать правилам этой формулы несложно, но таким образом мы получаем помощь, которую трудно переоценить. Все, что нам необходимо делать, это отгородить заботы завтрашнего дня непроницаемой стеной, честно и добросовестно делать свое дело, благодарно радоваться минутам жизни настоящей и доверить Господу свое «завтра».

«Все заботы ваши возложите на Него, ибо Он печется о вас» 1Петр.5:7.

Ведение Господа покрывает всю землю. Он исчислил все земные дни наши, когда они еще не начинались и Господь хочет, чтобы наши краткие дни, были наполнены миром, радостью и благодарностью. Для этого, у нас есть хорошее основание: – Нас ожидает Жизнь Вечная в Царстве Небесном нашего Господа и Спасителя.

В заключении напомню «золотой стих» бизнесменам, который советую написать на стене своего офиса. **«Предай Господу дела твои, и предприятия твои совершатся» Пр.16:3.**

Помыслите о Претерпевшем

Помыслите о Претерпевшем такое над Собою поругание от грешников, чтобы вам не изнемочь и не ослабеть душами вашими» Евр.12:3.

Что такое мысль? (Американцы называют ее идеей) Откуда она приходит и куда уходит? Мы не можем увидеть мысль физическими очами, потрогать руками или поместить ее в стеклянную пробирку, но эта сфера человеческого естества, имеет огромное влияние на жизнь каждого человека.

Наши мысли – это связь с духовным миром и там, в невидимом высшем мире, ведется напряженная борьба за сферу мышления человека. Тот, кто выигрывает эту борьбу, обладаетвсем человеком.

Писание предупреждает нас об опасности стать орудием диавола через неправильные мысли. **«Берегись, чтобы не вошла в сердце твое беззаконная мысль» Втор.15:9.** И прямо называет источник откуда к нам могут придти губительные мысли:**«Но Петр сказал: Анания! Для чего ты допустил сатане вложить в сердце твое мысль солгать Духу Святому» Д.А.5:3.** Поэтому, нам следует быть очень внимательными к нашим мыслям.

«Порою мы устаем и изнемогаем физически, и каждый человек знает, что делать в таких случаях. Мы выезжаем на природу, паримся в баньке, делаем массаж, готовим калорийную пищу и т.п. Есть разные способы восстанавливать физические силы.

Но что делать, если изнемогает и ослабевает душа? Медицине трудно помочь такому человеку. Делая вскрытия покончившего жизнь самоубийством, врачи нередко находят, что физически этот человек абсолютно здоров. Его сердце, легкие, почки, печень и другие органы в идеальном состоянии. А человек настолько изнемог душей, что решает уйти из жизни.

Писание дает всем людям замечательный рецепт. **Помыслите о Претерпевшем…, чтобы вам не изнемочь и не ослабеть душами вашими.** В этих словах – ключ к победе.

Присутствие Иисуса Христа в мыслях освящает духовную сущность, очищает помыслы и является духовным стерилизатором, который нейтрализует все негативное в наших мыслях. В мышлении проявляется безошибочная разница плотского и духовного человека. **«Потому что, каковы мысли в душе его, таков и он» Пр.23:7.** – пишет мудрый царь Соломон.

В любых искушениях, когда изнемогает душа, <u>заполняйте свою мысленную сферу мыслями о Претерпевшем</u>; молитесь, пойте псалмы, цитируйте знакомые места Писания, воздавайте хвалу и благодарения Богу, размышляйте о страданиях Господа, о горнем, о небесном. Духи злобы поднебесной бегут прочь из души, которая наполнена мыслями о Господе.

«Всякою молитвою и прошением молитесь во всякое время духом, и старайтесь о сем самом со всяким постоянством...» Еф.6:10-18. Да сохранит вас Господь, в этом неспокойном мире, для Своего Царства.

Сохрани Нас от Зла

«Не молю, чтобы Ты взял их из мира, но чтобы сохранил их от зла» Иоан.17:15.

Эти слова Господа имеют колоссальное значение для нас сегодня, как и две тысячи лет назад. Как сохранить себя от зла в нашем 21-ом веке информатики, электроники, доступности и возможностей, которые и не снились людям прошлых столетий. Несколько секунд и человек погружается в мир интернета с огромным спектром выбора информации на любую тему. Только успевай кликать и выбирать, куда влечет тебя твое сердце.

Настало очень непростое время для молодежи на

земле. Некто хорошо сказал: «Если ты хочешь победить врага, – воспитай его детей». Именно за их души идет сегодня борьба и, у врага душ человеческих, появилось очень много вариантов, как влиять на души и сердца наших детей.

Это есть важнейшая задача семьи и церкви. Мы не можем сегодня, подобно Амишам из Пенсильвании, забрать детей из этого мира и держать их, как лошадей за оградой, на далеком ранчо. Наши дети идут в школы, в колледжи, заканчивают университеты, работают, покупают дома, женятся, и каждый день, хочешь – не хочешь, они идут в этот мир.

Господь, в лица Своих учеников, молится и о нас, достигших последних времен. Господь не просит Отца забрать нас из мира, но чтобы нас, находящихся в мире, Он сохранил от зла.

Вы – соль земли, говорит Христос о верующих. Если мы уйдем из мира, как же нам спасать этот мир и исполнять заповедь Господа: **«Идите и проповедуйте всем народам…»**

В Послании к Евреям, Ап. Павел приводит в пример веру Моисея и дает нам ключ к решению этой проблемы. **«Верою оставил он Египет, не убоявшись гнева царского; ибо он, как бы видя Невидимого, был тверд» Евр.11:27.**

В этих словах мы находим первостепенную задачу семьи, церкви, молодежных пасторов: – научить молодежь в любой ситуации жизни, в любом месте, в любой обстановке, в любой компании, всегда видеть рядом с собой Невидимого Господа. Это сохранит их от зла и поможет побеждать любые искушения.

И еще одно место Писания: **«…ибо он (Моисей) взирал на воздаяние» Евр.11:26.**

Итак, если мы научим нашу молодежь (и не только) всегда помнить, что рядом присутствует невидимый Господь и взирать на воздаяние – это будет духовным антибиотиком в любых искушениях.

Вера Еноха

"Научи нас так счислять дни наши, чтобы нам приобресть сердце мудрое. Пс..89:12.

Дорогие братья и сестры, наши друзья и соработники на ниве Господа, Мир вам и Благодать да умножатся! Благодарим за вас нашего Господа и Спасителя, что вы оказались верными служа Господу своими молитвами и поддерживаете служение Миссии тем материальным достатком, которым Господь благословляет вас. Да воздаст Он вам обильно за ваше усердие и ревность. Да благословит Он все дела рук ваших и преумножит благосостояние ваше. Благодаря вашей ревности в этом служении, мы имеем привилегию продолжать наше служение, с помощью и благословением Господа, начатое 50 лет назад!

Сегодня мы хотим пожелать вам иметь веру Еноха! **«И ходил Енох пред Богом; и не стало его, потому что Бог взял его» Быт.5:24. «Верою Енох переселен был так, что не видел смерти; и не стало его, потому что Бог переселил его. Ибо прежде переселения своего получил он свидетельство, что угодил Богу» Евр.11:5.**

Жизнь и вера Еноха – это первый прообраз Церкви, который Господь показал нам в самом начале истории человечества. Жизнь Еноха – это символ полноты времени. Дней жизни его было 365 лет. Именно это число составляет число дней в году. Каждому человеку дана своя «полнота времени». Не важно сколько лет жизни в нашей личной полноте времени, важно, чтобы мы, подобно Еноху, получили свидетельство, что, своей жизнью на земле, мы угодили Богу.

В течении тысячелетий, до прихода Иисуса Христа, было много пророков и пророчеств указывающие на приход Мессии, через Которого Отец Небесный совершил План Спасения и основал Церковь. Подобно как Енох, когда исполнилась полнота времени, – не стало его, потому что Бог восхитил его. Так некогда и Церковь Христа, когда исполнится полнота времени, будет восхищена Господом в Небесные Обители и не станет ее на земле.

Будущее – это продленное настоящее! – То чем мы

живем сегодня, к чему прикладываем свое сердце и желания, это и будет нашим будущим. **«Сеющий в плоть, от плоти пожнет тление, а сеющий в дух, от духа пожнет жизнь вечную» Гал.6:8.** Желаем всем вам, наши дорогие друзья и соработники, особой мудрости и благодати Свыше – собирать себе сокровища на небесах и в Боге богатеть. Хорошо сказал об этом Марк Аврелий: «Единственное богатство, которое нам удастся сохранить – это то богатство, которое мы отдаем».

Служители Радости

Благодать Вам и мир дорогой друг и соработник Миссии.

Не сбавляя скорости, мир продолжает свой бег и в наступившем году. Так будет, доколе не исполнятся все обетования Писания. Сердечно благодарим Вас, что вы остаетесь верным своему обещанию, – служить Ему доброй совестью и ревностно поддерживаете наше служение.

«Так, да светит свет ваш пред людьми, чтобы они видели ваши добрые дела и прославляли Отца вашего Небесного» Матф.5:16.

Добрые дела несут окружающим людям радость. Добрые дела, также дарят радость и тем, кто их делает. **«Радость человеку – благотворительность его»**, – пишет мудрый царь Соломон. Радость – это особое чувство и особое состояние. Когда приходит радость, в ее лучах меркнет все негативное, как от лучей солнца исчезает тьма. Проблемы, заботы, кажутся уже не такими большими и страшными, появляются новые силы жить и радоваться жизни.

Более того. Радость – это лучик Царства Небесного

на земле. **«Ибо Царствие Божие не пища и питие, но праведность и мир и радость во Святом Духе. Кто сим служит Христу, тот угоден Богу и достоин одобрения от людей» Рим.14:17-18.**

Быть угодным Богу и служить Христу, мы можем не только посещая церкви по воскресеньям, но разливая радость окружающим нас людям. К этому призывает нас Господь. Так прославляется Его имя в этом мире.

Следовательно, христиане – это служители радости. Доброе дело и доброе слово производят одинаковый результат: – сердца людей исполняются радостью и в таком состоянии человеку легко прославлять Отца Небесного. Томас Джефферсон говорил: «Я убежден, что душа каждого человека радуется, когда он делает добро другому».

Да благословит Вас Бог, чтобы Вы оставались верным воином Иисуса Христа, **«...Которого не видевши любите, и Которого доселе не видя, но веруя в Него, радуетесь радостью неизреченною и преславною, достигая наконец верою вашею спасения душ» 1Пет.1:8-9.**

Не уставайте делать добрые дела, которые несут людям свет благодати и наполняют сердца радостью. Господь близко.

Настоящий Христианин

На одном из выступлений писателю Эрнсту Хэмингуэю некая дама задала вопрос: – «Дорогой Эрнст, скажите, а что такое настоящий джентльмен? Эрнст улыбнулся и ответил: – Настоящий джентльмен, это такой человек, рядом с которым другие тоже становятся джентльменами».

Если мы зададим вопрос, что такое настоящий христианин? Я думаю, что ответ Хэмингуэя будет подходить к этому вопросу, как нельзя лучше: – Настоящий христианин, это такой человек, рядом с которым другие тоже становятся христианами.

Как люди этого мира могут встретиться со Христом? На земле есть сотни музеев где можно увидеть нарисованного Христа. Но там нет живого Христа. В храмах по всей земле есть множество статуй Христа из камня.

Но и это не живой Христос. Писание говорит нам: **«Вы – наше письмо, написанное в сердцах наших, узнаваемое и читаемое всеми человеками; вы показываете собою, что вы – письмо Христово, чрез служение наше написанное не чернилами, но Духом Бога живого...»2Кор.3:2-3.**

Встретиться со Христом люди могут только через христиан. Поэтому Господь уходя с этого мира, дал нам заповедь: **Идите и проповедуйте.** Наши дела, наши слова и наши глаза излучающие любовь, все это читается и узнается окружающими.

Слова говорящие о любви Господа – это слова Господа; глаза наполненные любовью к человеку – это глаза Господа; доброе дело сделанное для кого-то с любовью и от души – это дело Господа. **«Так да светит свет ваш пред людьми, чтобы они видели ваши добрые дела и прославляли Отца вашего Небесного»-Матф.5:16.**

Мы письмо Христово, но каким почерком мы пишем свое письмо каждый день? Благодарят ли люди Бога за то, что встретились с нами в своей жизни? Каждая встреча оставляет в сердцах человеческих свой след. И это надолго. Люди могут годами вспоминать одну единственную встречу и благодарить за нас Бога или напротив, каждое воспоминание может вновь и вновь наполнять их пережитым негативом.

Люди сегодня тратят много усилий, чтобы достичь почетного положения, высокого звания, коллекционируют дипломы, занимают важные должности, но все это отпадет как шелуха, когда мы перешагнем порог вечности. Там ярким алмазом будет гореть самое важное звание: **Настоящий Христианин.**

Я желаю каждому брату и сестре в Господе, однажды услышать слова: **Добрый и верный раб, ты был настоящий христианин, войди в радость Господина твоего.**

Сила Господа

«Тогда Иисус сказал им прямо: Лазарь умер...»Иоан.11:14-45.

Умер Лазарь и похоронили его... Давайте представим, что ко гробу Лазаря собралась вся Иудея, весь Синедрион, царь Ирод со своими вельможами, Пилат с воинами, десятки тысяч человек толпились бы перед его пещерой. Далее, из этого множества людей, выбрали бы самого талантливого и красноречивого.

Он попросил бы убрать камень и начал речь:

– «Лазарь, у твоего гроба собралась вся Иудея, все самые уважаемые люди стоят в первых рядах, все священство храма, Синедрион, царь Ирод и Понтий Пилат здесь, а также все твои друзья и соседи; вот и сестры твои не могут утешиться, Лазарь, вставай, выходи, мы будем очень рады тебе, сделай нам такой праздник, мы ждем тебя. Если ты не выйдешь, это будет крайним неуважением к нам... Лазарь, выходи... и т.д». Он мог бы держать свою речь до скончания века. Без всякого результата.

Но вот ко гробу Лазаря подходит Христос. Он не говорил высокопарные речи или какие-то магические заклинания, но произнес три самых простых слова: – «Лазарь, иди вон». И, о чудо! Выходит из гроба обвитый погребальными пеленами воскресший Лазарь.

В чем причина такой потрясающей разницы? – **В словах Иисуса Христа была сила Божья.**

Это важный урок для всех христиан. Не смущайтесь, что вы не в состоянии хорошо проповедывать, что вы не учились в семинарии и вас не рукополагали на какое-либо служение. Для проявления силы Божией, это не имеет никакого значения. В любой ситуации, когда вам предстоит говорить с человеком, которому вы хотите сказать о Христе, не ищите красивые и умные слова, но просите чтобы Господь дал силу вашим словам. Они могут быть самые простые, но исполненные силой Божией, они обязательно сделают свое дело. Может не сразу, но это уже не ваше дело. Дух Святой найдет время, когда ваши слова свидетельства, приправленные солью благодати, исполненные любовью к людям, дадут добрые всходы и будут совершать чудеса.

«Посему, братия, более и более старайтесь делать твердым ваше звание и избрание: так поступая, никогда не предкнетесь, ибо так откроется вам свободный вход в вечное Царство Господа нашего и Спасителя Иисуса Христа» 2Петр.1:10-11.

Живо и Действенно

«Ибо слово Божие живо и действенно и острее всякого меча обоюдоострого: оно проникает до разделения души и духа, составов и мозгов,

и судит помышления и намерения сердечные» Евр.4:12.**

Несколько лет назад с моей женой вышла на контакт в соц. сетях ее одноклассница и рассказала ей свою историю обращения к Богу. По национальности она татарка, а проживали они в то время в далеком поселке нефтяников, затерянном в жарких песках Туркменистана. Будучи еще подростком, лет 12-ти – 13-ти, эта девочка часто приходила к своей подружке христианке делать уроки. На стене гостинной комнаты этого дома висел известный текст Писания: **«А я и дом мой будем служить Господу» Ис.Нав.24:15.**

Ты знаешь, Люба, – пишет ей одноклассница, – мы тоже уехали из Кум-Дага в Россию, но эти слова с тех пор горели в моем сердце вопросом: – Этот дом служит Господу, – а я...? Этот дом служит Господу, – а мой дом...? Люба, много лет я не находила себе покоя, пока, в конце концов, я нашла церковь и отдала себя и мой дом Господу. Любочка, – пишет она дальше, – я так рада, что мы с тобой теперь сестры по духу, омытые пречистой Кровью нашего Господа и Спасителя. Теперь и мой дом служит Господу.

Эта история хорошо иллюстрирует нам, как может действовать Дух Святой в нашей жизни. Совершенно неверующий человек, мусульманка по рождению, увидела на стене текст Писания и далее, несколько десятков лет Дух Святой готовил эту душу к жатве.

Порою мы переживаем, что слова нашего свидетельства не приносят видимых плодов сразу. Не унывайте. Наше дело сеять семена благодати Писания, а силу взрастить посеянное имеет только Бог. Время, когда Он это сделает, тоже не в нашей власти. Нам надо делать все, что может рука наша делать сегодня, чтобы помогать Господу заполнять спасенными Небеса и не переживать, что мы не видим результат. Возможно мы увидим его только в вечности.

Невидимая физическими глазами работа Духа Святого на земле, готовит благодатную почву в сердцах человеческих. Порою Бог использует нас тогда, когда мы даже не подозреваем, что в это время Дух Святой делает работу с тем или иным человеком. Самые простые слова, сказанные от сердца, часто делают больше, чем мудреные и заученные проповеди. Будем внимательны к Его голосу.

Приобретайте Сердце Мудрое

Осуществляя перелет через Атлантический Океан, авиалайнер достигает такой точки, за которой, что бы ни случилось на борту, самолет должен лететь только вперед. Здесь имеется ввиду, что авиалайнер пролетел уже больше половины пути и расстояние до другого берега океана уже меньше, чем до места вылета.

Это очень похоже на нашу жизнь. Завершается очередной круг месяцев прошлого года и наступает Новый

Год. Так устроен этот мир, что поток времени, подобно авиалайнеру, несет нас только вперед. Что бы ни случилось в нашей жизни в прошлом году, мы не имеем возможности вернуться назад; что-то доделать, что-то исправить, оказать кому-то любовь и внимание, забрать назад неосторожно сказанное слово.

Все, что мы можем сделать сегодня, это оглядываясь на прожитый год делать выводы и, смотря в год грядущий, приложить все старание, чтобы свои ошибки и недочеты, все о чем сожалеет наша совесть, не повторять в наступившем году.

Впереди Новый Год. В наших мыслях, в наших календарях, мы видим стройный ряд месяцев нового года. Но они еще не наши. Бог подарил нам 365 дней прошлого года и люди с полагают, что так будет и в этом году.

Но так будет не для всех. На земле живет семь с половиной миллиардов человек. По сути, это просто длинная очередь перед переходом в вечность. С самого рождения, каждый человек становится в эту очередь. У кого-то она еще длинная, а у кого-то уже совсем короткая. Каждый день уходит в мир иной более 150 тысяч человек. Любой человек, в любой день, может оказаться в их числе.

«Научи нас так счислять дни наши, чтобы нам приобресть сердце мудрое» - говорит нам Дух Святой устами Моисея. **(Пс.89)**

Да благословит нас всех Господь иметь сердце мудрое. Если по Своей милости и благодати, Он дарует нам пройти путь одного года, – вспоминать его без сожаления об упущенном времени и с радостью сказать нашему Господу: Мы сделали все, что могли.

Если в этом году настанет и наш черед предстать пред Господом, мы услышали бы слова, которые желаем услышать всем христианам: Добрый и верный раб, войди в радость Господина твоего. Да прославится Его святое имя в нашей жизни и ныне и во веки веков.

Каждому Дню – Свои Заботы

«Все заботы ваши возложите на Него, ибо Он печется о вас» 1Петр.5:7.

Каждый раз, провожая ушедший год, мы подводим итоги и невольно сознаем: Еще больше стало у нас прошлого, еще меньше осталось у нас будущего. Но даже это краткое время жизни, данное нам для радости и благодарности Богу, крадут у нас заботы и беспокойства. Христос понимая это, хочет нам помочь говоря: **«Итак, не заботьтесь о завтрашнем дне, ибо завтрашний сам будет заботиться о своем: довольно для каждого дня своей заботы» Матф.6:34.**

Уразумев эту истину Писания, социологи провели исследование, чтобы выяснить какую роль играют заботы в жизни человека? Они нашли, что 40% беспокойства – это были опасения за события, которые никогда не случились. 30% беспокойства – были события, на исход которых все равно нельзя было повлиять. 22% были заботы о вещах столь незначительных, что их можно было бы считать совершенно излишними. А серьезных забот было только 3%.

Советуем вам запомнить «Золотое Правило Жизни»: Не переживать за то, что мы не в силах изменить. Принимать ситуацию такой, какая она есть. <u>Ведь мы же не можем изменить погоду, а просто одеваемся по погоде.</u> И всегда помнить, что все находится в руках Бога. **«Не заботьтесь ни о чем, но всегда в молитве и прошении с благодарением открывайте свои желания пред Богом» Фил.4:6.**

Суммируя эти цифры, мы в очередной раз убеждаемся в правоте Писания. Давая такие наставления, Господь хочет, чтобы мы ценили и наслаждались каждым днем своей земной жизни, встречая его с радостью и провожая с благодарностью.

В Сентябре Миссия, открыла еще одно христианское Интернет-радио, которое круглосуточно проповедует Слова Истины во всех уголках земного шара. Вы можете стать соработником в этом служении. Это могут быть ваши молитвы и посильная лепта поддержки этого служения. Да воздаст Вам Господь обилием Своей благодати.

Благословенные Филиппийцы

Благодарю Бога моего при всяком воспоминании о вас, всегда во всякой молитве моей за всех вас принося с радостью молитву мою...» Фил.1:3-4.

Каждый день в нашей жизни мы встречаемся с разными людьми. Есть среди них знакомые, есть незнакомые; какие-то встречи мы ждем, а какие-то получаются случайно; с какими-то людьми мы встречаемся часто, а с какими-то может раз в жизни. Каждая встреча оставляет и в нашем сердце и в сердце того человека какой-то след. После одних встреч у нас поднимается настроение, а есть встречи с людьми о которых нам не хочется даже вспоминать.

Что особенного сделали Филиппийцы Апостолу Павлу? Каждый раз, когда он вспоминал о них, его сердце напонялось радостью! Какой замечательный пример оставили нам Филиппийцы. (Прочитайте сегодня это Послание)

С каким сердцем вспоминают о нас люди, с которыми мы встречаемся каждый день? На работе, дома, на отдыхе, в магазине, на заправке, в кресле самолета, в автобусе? Хочется ли им благодарить Бога вспоминая о нашей с ними встрече? Или может совсем другие чувства наполняют их сердца. Писание говорит нам, что мы, христиане, – письмо Христово, но каким почерком мы пишем это письмо? Как много есть на земле таких людей, которым хочется благодарить Бога, за то что они, хотя бы один раз встретились с нами в своей жизни?

Мы граждане Царства Небесного, которое есть **Праведность, Мир и Радость во Святом Духе икто сим служит Христу, тот угоден Богу и достоин одобрения от людей. Рим.14:17-18.**

Оказывается служить Христу мы можем не только посещая церковь по воскресеньям, но разливая вокруг себя праведность, мир и радость. Такие встречи остаются в сердцах людей надолго <u>и продолжают свою работу даже когда нас уже нет рядом: – при всяком воспоминании.</u>

Наша Миссия сердечно благодарит за вас Бога, вспоминая о вашей верности и за поддержку нашего общего служения Христу через благовестие. Весть о грядущем Царстве Небесном, благодаря вашему участию, летит по всему миру через радио-служение.

Да благословит вас Господь обильно в этом новом году быть благоуханием Христовым во всяком месте и да сохранит Он вас и ваших близких для Своего Царства Непоколебимого.

Не Забывайте Господа

«**Берегись, чтобы ты не забыл Господа Бога твоего**». Времена года так удивительно точно напоминают нам этапы жизни человека. Каждая осень, в очередной раз, дает нам наглядный пример, что и в нашей жизни настанет время пожинать плоды. А <u>пожинать мы будем не то, что нам хочется, а то что мы сеяли</u>. Что посеяли, то выросло. И жнут обычно намного больше того, что посеяли.

В Книге Откровения Господь говорит слова обличающие верующих Лаодикийской церкви: **«Ибо ты говоришь: «я богат, разбогател и ни в чем не имею нужды»; а не знаешь, что ты несчастен и жалок, и нищ и слеп и наг…» Откр.3:14-18.**

Какой контраст, какое разительное преломление. Здесь на земле люди видят богатых, преуспевающих людей у которых есть все. Может это известные артисты или политики, может это успешные бизнесмены или правители в каких-то странах, они наверное важные, уверенные в себе, имеют хорошие дома, автомобили, яхты и самолеты, имеют хорошее образование и ни в чем не нуждаются.

Но в это же время, посмотрите как они выглядят в глазах Бога: – Несчастные, жалкие, нищие, слепые и нагие. Такими они предстанут пред Богом, если будут продолжать сеять в таком же духе.

Всю нашу жизнь идет посев, но обязательно будет жатва. Поэтому, в перспективе вечной жизни, кем бы ни был человек на земле президентом или простым рабочим, Писание всем дает драгоценный совет: **«Берегись, чтобы ты не забыл Господа Бога твоего» Втор.8:11.**

Сердечно благодарим вас и Господа наши дорогие братья и сестры, наши соработники на ниве Божией за ваши добрые семена, которые вы сеете поддерживая служение Миссии. Это есть доброе свидетельство о том, что вы не забыли Господа Бога своего и находите возможность послужить Ему через служение Миссии всем Славянским народам.

Да наполнит Господь ваши житницы добрыми плодами ведущими вас в Жизнь Вечную. Да не изгладит Он ваше имя из Книги Жизни на небесах. Ему, возлюбившему и спасшему нас, да будет честь, слава и хвала во веки веков.

«Итак не оставляйте упования вашего, которому предстоит великое воздаяние» Евр.10:35.

Верующие Теряют или Приобретают?

«Сие написал я вам, верующим во имя Сына Божия, дабы вы знали, что вы, веруя в Сына Божия, имеете жизнь вечную» 1Иоан.5:13.

Некогда беседуя с атеистами о вере в Бога, Б. Паскаль привел интересную аргументацию. Если верующий неправ и Бога нет, что он теряет в этой жизни? – НИЧЕ-

ГО.

Он прожил простую честную жизнь в духе Евангелия, вырастил детей, не изменял, не разводился с женой, не воровал, не пьянствовал, не обижал других, с молитвой и чистой совестью ложился спать каждый вечер, с благодарностью встречал каждое утро и сделал свой последний вздох на смертном одре исполненный надежды и мира. Что потерял верующий в этом случае? – НИЧЕГО.

Но если верующий прав и Бог есть, тогда он приобретает ВСЕ, о чем мы читаем в Библии. Жизнь вечную.

Если неверующий прав утверждая, что Бога нет? Выигрыша нет.

Жизнь его проходит в суете, наполненная грехами, страхом и тревогами. Борьба с болезнями, судорожные попытки продлить свою жизнь ибо за гробом ничего нет и все стремления его любой ценой взять от жизни все, что можно. Так родилась философия безбожного мира: «После нас – хоть потоп». В финале у неверующего безнадежное смертное одро исполненное ужасом и страхом смерти. Выигрыша нет.

А если неверующий неправ и Бог есть, что он теряет? Он теряет ВСЕ. Его ожидает страшная судьба в жизни будущего века.

Мы благодарим за Вас Бога Отца и Господа и Спасителя нашего Иисуса Христа, что некогда познавши истину Вы стоите в ней и спасаетесь. Об этом свидетельствуют добрые дела Ваши, среди которых есть поддержка служения Миссии.

<u>Христиане делают это не для того, чтобы спастись, а потому что мы уже спасены.</u>

Да благословит Вас Господь и воздаст Вам обилием Своей благодати в земной жизни и откроет Вам свободный вход в Свое нетленное Царство Света, Любви и Радости. **«Итак, не оставляйте упования вашего, которому предстоит великое воздаяние» Евр.10:35.**

Благодеющая Рука Бога

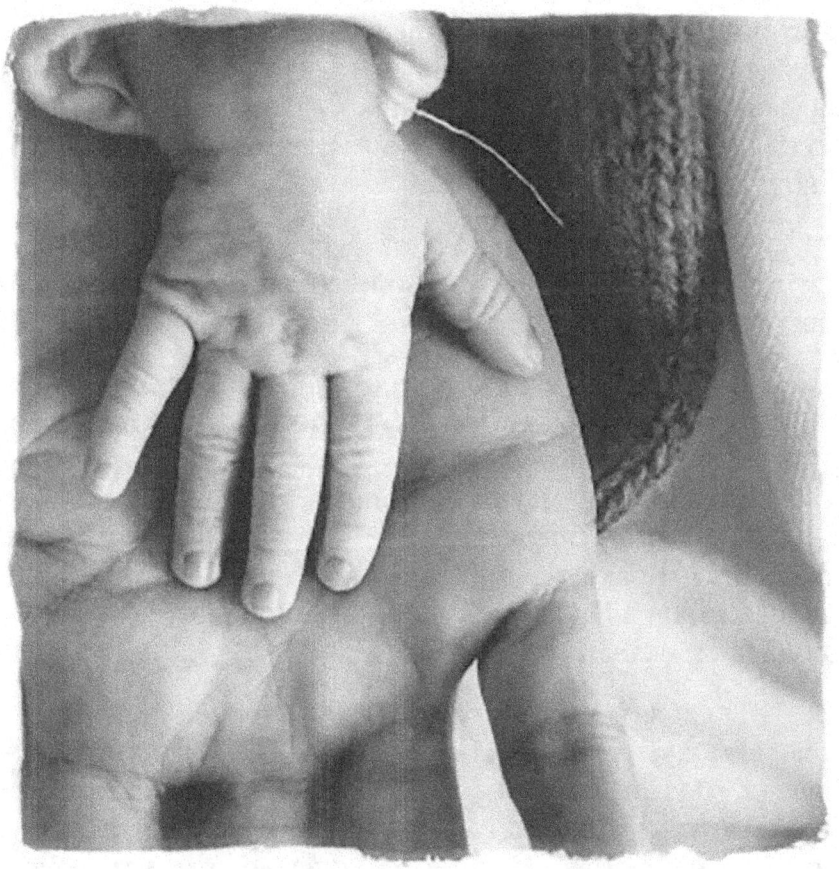

«...и в первый день пятого месяца он пришел в Иерусалим, – так как благодеющая рука Бога его была над ним; потому что Ездра расположил сердце свое к тому, чтобы изучать закон Господень и исполнять его, и учить в Израиле закону и правде» Ездр.7:9-10.

Здесь Писание дает нам замечательный ключ к решению многих наших вопросов. Молитвы всех верующих всех веков и поколений, помимо всевозможных личных вопросов, имеют общий стержень в своих желаниях: – <u>чтобы над нами была благодеющая рука Бога</u>.

Иными словами, это желания благословения свыше. На примере брата Ездры мы видим, как этого можно достичь. Для этого нам надлежит исполнять три основных условия. Поскольку Бог вчера, сегодня и вовеки тот же, мы можем, со всей уверенностью, ожидать, что и мы, подобно как некогда Ездра, будем иметь над собой благодеющую руку Бога.

Что же он делал? Ездра расположил свое сердце <u>изучать закон Господень, исполнять его и учить окружающих закону и правде</u>.

Здесь очень важно соблюдать порядок, в котором написаны эти слова. **Изучать. Исполнять. Учить.** Порою приходится замечать, как люди пренебрегая изучением и исполнением, уже начинают учить. От таких «учителей», обычно, больше вреда, чем пользы. Подобные примеры мы находим и в Писании, когда Христос укорял священников в Израиле говоря, что они учат, но сами не соблюдают сказанное.

К словам из Книги Ездры, уже более свежим отголоском, звучат слова Иисуса Христа из Нагорной Проповеди. **«Итак, кто нарушит одну из заповедей сих малейших и научит так людей, тот малейшим наречется в Царстве Небесном; а кто <u>сотворит и научит, тот великим наречется</u> в Царстве Небесном» Матф.5:19.**

Таким образом, эти старания имеют далеко идущие последствия. Во-первых - это благодеющая рука Бога в земной жизни и перспектива быть великим в Царстве Небесном. Бог не остается в долгу у тех, кто прилагает свои старания исполнять Его заповеди.

Помните, что эти слова сказал сам Господь!

Две Встречи

«И как человекам положено однажды умереть, а потом суд» Евр.9:27.

В жизни людей есть много встреч. Есть важные, есть не очень, есть полезные, есть бесполезные, есть даже вредные. Некоторые встречи мы планируем, некоторые получаются случайно. Некоторые встречи мы ждем с нетерпением, а некоторые мы хотели бы отодвинуть как можно дальше.

У каждого человека на земле уже есть две назначенные встречи. Первая – это встреча со смертью. Вторая – это встреча с Богом. Далее, от результата встречи с Богом, человека ожидает еще одна встреча. Или встреча с Царством Небесным, или встреча с адом.

Готовы ли мы встретиться с Богом? Правда жизни такова, что эта встреча уже запланирована. Хотим мы этого или нет. Практически каждый человек сознает, что надо жить правильно, но в реальности многие убаюкиваются тем, что эта встреча произойдет не сегодня, а потом, не скоро. Но в нашей Книге Жизни уже пронумерованы все страницы, когда она еще не начиналась.

Поэтому первостепенный вопрос жизни каждого человека состоит в том: Хорошо ли я подготовился к самой важной встрече моей жизни? – встрече с Богом.

Там перед Белым Престолом будет проходить жатва всей нашей жизни. Да благословит Господь свыше вас наши дорогие друзья и соработники Миссии, быть в числе мудрых дев, которые войдут на брачную вечерю Агнца.

Поправим наши светильники и будем помнить – время коротко. И у сегодняшнего дня будет вечер.

«Научи нас так счислять дни наши, чтобы нам приобресть сердце мудрое» Пс.89:12.

Четыре Друга

«Ему, возлюбившему нас и омывшему нас от грехов наших Кровию Своею и соделавшему нас царями и священниками Богу и Отцу Своему, слава и держава во веки веков, аминь». Откр.:5-6.

Однажды юноша спросил у мудреца: - Сколько видов друзей он знает? Старец подумал и ответил, – четыре.

Есть друзья, как еда. – Ты каждый день нуждаешься в них.

Есть друзья, как лекарство. – Ты ищешь их когда тебе плохо.

Есть друзья, как болезнь. – Они сами ищут тебя.

Есть друзья, как воздух. – Ты их не видишь, но они всегда с тобою. Каждый христианин может подобно невидимому 4-му другу быть благословением для окружающих. Наши молитвымогут достигать самых дальних краев земли. Поддерживать труд миссионеров, труд служителей в церквах, невидимые молитвы могут ограждать молодежь, влиять на правителей городов и стран.

Молитвенники – это «тяжелая артилерия» церкви, которая легко достает до концов земли и до Белого Престола Всевышнего. А рядом с нами всегда пребывает наш невидимый верный Друг и Спаситель Господь. **«И се, Я с вами во все дни до скончания века» Матф.28:20.**

Мы благодарим за Вас Господа, наши дорогие друзья и соработники Миссии за ваши молитвы о нашем служении, что Вы оказались верными Тому, Кто возлюбил нас и омыл нас от грехов наших Своей Кровью.

Для слушателей наших Радио-передач, мы с Вами подобны этому четвертому другу: нас не видно, но наше с Вами служение заполняет эфир. Россия, Украина, Беларусь, Прибалтика, Калифорния, сотни тысяч человек, благодаря Вашему участию, каждый день имеют возможность слушать благословенные слова Жизни Евангельской Истины и Спасения.

Благодаря этому труду, Господь наш, как невидимый верный Друг, всегда находится рядом с нашими радиослушателями. Нас не видят люди около радиоприемников, но вместе с невидимым Господом, мы доносим людям слова вечной Истины и Спасения, исполняя тем самым Его повеление: – **«Итак идите, научите все народы…, уча их соблюдать все, что Я повелел вам; и се, Я с вами во все дни до скончания века» Матф.28:19-20.**

Как Стать Великим?

Трудно поверить, но на календаре стоят цифры следующего года.

Поздравляем наших дорогих друзей и соработников Миссии с прохождением еще одной вехи, на нашем нелегком пути в Жизнь Вечную!

Пролетел старый год и поезд нашей жизни отправился в путь к неизвестным горизонтам нового года. Что ждет нас в этом году? – известно только нашему Создателю. Многим вспомнились слова Писания. – **Жизнь наша, как пар, являющийся на малое время... Иак.4:14.**

Множество мест Писания говорят нам о том, что время, это капитал, которым надо учиться правильно управлять. **«Торопись, – и у сегодняшнего дня будет вечер»**, – говорит нам народная мудрость, призывая нас бережно относиться к дарованному нам времени. Об этом же нам говорит Дух Святой устами Моисея: **«Научи нас так счислять дни наши, чтобы нам приобресть сердце мудрое» Пс.89:12.**

Сотрудники Миссии сердечно благодарят вас за ваше участие в служении и от всей души желают вам стать великими в Царстве Небесном! К этому призывает нас Господь словами из Нагорной Проповеди. **«Итак, кто нарушит одну из заповедей сих малейших и научит так других, тот малейшим наречется в Царстве Небесном, а кто сотворит и научит, тот великим наречется в Царстве Небесном» Матф.5:19.**

Итак, чтобы стать великим в Царстве Небесном, не обязательно быть Билли Грэмом или Апостолом Павлом, но Господь дает такую привилегию всем Своим детям. <u>Все, что нам надо для этого – исполнять заповеди Господа и учить этому других людей.</u>

«Великими не рождаются, великими умирают», – говорит известная пословица и это действительно так. Ваш вклад в дело служения нашей Миссии помогает глаголам Благой Вести наполнять эфир во многих странах. Сотни миллионов человек имеют возможность слушать слова Благодати на своих радиоприемниках, компьютерах, телефонах и учиться исполнять заповеди Господни.

В этом есть частичка и вашего труда. **«Итак не оставляйте упования вашего, которому предстоит великое воздаяние» Евр.10:35.**

Возможно, что уже очень скоро... Господь Близко!

Благословенная Пасха

«Ибо так Возлюбил Бог мир, что отдал Сына Своего Единородного, дабы всякий верующий в Него не погиб, но имел жизнь вечную» Иоанн.3:16.

Работники Миссии сердечно поздравляют Вас с наступающим Праздником светлого Христова Воскресенья! Христос Воскрес!

Я не перестаю удивляться, как мы можем объяснить себе то, что является самым большим чудом, которое было зарегистрировано в истории земли.

Представьте себе молодого человека отец, которого был плотником. Этот человек, возрастая, работал с отцом в его мастерской. Но однажды Он положил свой инструмент и вышел из мастерской. Он стал проповедовать новое учение на углах улиц и в окрестностях своего города, ходя с одного места в другое, хотя Он не был ученым проповедником. Он никогда не был далее, чем сто миль от того места где он проживал. Он делал это три года. Затем Он был арестован и осужден.

В то время не существовало судов высшей инстанции, куда осужденные подают апеляции и Он немедленно был распят в возрасте 33-х лет, между двумя обычными разбойниками. Те, кто распинали Его, бросили жребий о Его одежде. Это было все, чем Он обладал. Его семья не могла позволить себе приобрести место для его погребения и Он был положен в гробу чужого человека.

На этом история его жизни закончилась? Нет. Но Этот необразованный, не имеющий имущества молодой человек, за последние две тысячи лет произвел большее влияние на мир, чем все правители, монархи, императоры, все завоеватели, генералы и адмиралы, все учителя, ученые и философы, которые когда либо жили на нашей планете, даже если мы сложим их всех вместе.

Как мы можем объяснить это? Ничем другим, как только признать, что Он был именно тем, за кого Он себя выдавал.

Благодарим за Вас Бога и Отца Господа нашего Иисуса Христа, что Вы не оставляете служение Миссии. Благодаря Вашему усердию и многих наших соработников, Миссия продолжает радовать и возвещать Пасхальную Весть миллионам радиослушателей во всех уголках нашей планеты.

Верность в Малом

«Господин его сказал ему: «хорошо, добрый и верный раб! в малом ты был верен, над многим тебя поставлю…» Матф.25:21

Порою христиане унывают от того, что так много еще не сделано в становлении нашей христианской жизни. Но Господь не ожидает от нас великих свершений и подвигов веры сразу. Важно делать немногое, но постоянно. Делать то малое, что в силах рука наша, но постоянно. Верность в малом – это ключ к победе!

Порою мы готовимся к встрече с каким-то важным

и нужным человеком. Иногда мы мчимся на эту встречу в автомобиле многие километры или даже летим на самолете, но реальная правда жизни такова, что самый важный человек в мире – это тот, который в этот момент стоит перед нами.

Порою мы много тратим усилий готовясь к большим делам, инвестируем в это финансы, время, но, фактически, самое важное дело – это дело, которое мы делаем в это время. Самая важная минута жизни – это минута, которую мы проживаем сейчас.

Время, которое мы отдаем людям – это самое дорогое, что мы имеем: – ведь оно никогда к нам не возвратится. Как часто люди этого не ценят. Время, которое мы отдаем Господу – оно тоже к нам никогда не возвратится, но этот подарок Господь никогда не забудет.

Возможно, что в этой жизни наше малое так и останется малым, но в вечности верных в малом рабов, Господь поставит над многим. Поданная чаша воды, постоянные молитвы, скромная лепта вдовы – все подобное малое превращается в великое в глазах Господа. Верность и постоянство в малом шлифует характер христианина и это есть самое ценное в глазах Бога.

Наши сердца часто похожи на поле заросшее бурьяном и мы порою унываем видя, насколько мы еще не совершенны, как многому нам надо еще учиться. Но пропалывая свое поле по-немногу, но постоянно – это обязательно приведет к добрым результатам. И в этой жизни и в жизни будущего века.

Некто хорошо сказал: Неправда, что время уходит. Это уходим мы. Будем ценить каждую минуту нашей жизни, не унывать, что не довелось нам свершить великое на земле, но если мы будем верными Господу в малом, великое обязательно встретит нас на небесах.

Жатва Христианина

Вчера произошло важное событие, которое напрямую коснулось всех живущих на земле. Я имею ввиду, что прошел вчерашний день. У всех людей на один день стало больше прошлого и на один день стало меньше будущего.

Сколько у нас прошлого, каждый определит легко, а вот сколько у нас будущего? – Этот вопрос волнует всех людей. Этот вопрос волновал и древних людей, как и нас с вами сегодня. Три тысячи лет назад, царь Давид пишет слова, которые многие готовы повторить и сегодня. **«Скажи мне, Господи, кончину мою, и число дней моих, какое оно, дабы я знал, какой век мой-»Пс.38:5.**

Почему этот вопрос так волнует людей? И верующих и неверующих. Потому что за дверью смерти настанет Жатва. Кто-то ждет это время с радостью, надеждой и упованием, а кто-то со страхом и ужасом.

Времена года так удивительно точно напоминают нам этапы жизни человека. Наступила еще одна осень, которая в очередной раз дает нам наглядный пример, что и нашей жизни настанет время пожинать плоды. А пожинать мы будем не то,что нам хочется, а то что мы сеяли.

Праздник Жатвы Бог заповедал еще со времен Ветхого Завета. Но Жатва – это уже конечное явление. Что бы мы имели Жатву, на земле действуют несколько законов установленные Богом при сотворении Мира. **Закон Сеяния, Закон Жизни, Закон Рода и Закон Жатвы.**

Закон Жизни. Необходимо, чтобы семя, которое мы сеем – имело в себе жизнь. Ученые пытались сделать в лаборатории пилюлю из точного состава пшеничного зерна. Сделали. Посадили. И ничего не выросло.

Из гробницы Египетского фараона археологи вынесли кувшин с зерном, возраст которого был более трех тыс. лет. Зерно посадили в землю и, как ни в чем ни бывало, выросла пшеничка. Таким образом, незыблемый Закон Сеяния и Жатвы, данный Богом, силен тем, что в нем есть Закон Жизни. Тайну Жизни Бог не открывает никому.

Закон Рода. (Все производит по роду своему) В повседневной жизни фермеры знают: Если он планирует собрать урожай пшеницы, – он не будет сеять ячмень или кукурузу. Эти законы действуют в жизни людей от сотворения мира. Многие места Писания дают нам наставления, приводя примеры связанные с этими законами. (Притчи о Сеятеле, о смоковнице, о горчичном зерне и т.д.)

Закон Сеяния и Закон Жатвы. Что посеет человек, то и пожнет. Существует множество пословиц связанных с этим библейским законом. (Посеешь ветер – пожнешь бурю. и т.п.) Христос в Своих притчах и наставлениях проводит примеры проводя параллели именно с этими законами. **«По плодам их узнаете их. Собирают ли с терновника виноград или с репейника смоквы? Так всякое дерево доброе приносит и плоды добрые, а худое дерево приносит и плоды худые: Не может дерево доброе приносить плоды худые, ни дерево худое приносить плоды добрые…. Итак по плодам их узнаете их» Матф.7:16-20.**

Подобные наставления приводят Ап. Павел и у другие Апостолы. **«Не обманывайтесь: Бог поругаем не бывает. Что посеет человек, то и пожнет: Сеющий в плоть свою от плоти пожнет тление: а сеющий в дух от духа пожнет жизнь вечную» Гал.6:7-9.**

Итак, мы видим, законы Сеяния и Жатвы одинаково действуют и в материальной и в духовной сферах являясь свидетельством, что они произошли от Единого

Законодателя. Этот факт убеждает нас, что мы постоянно ходим в присутствии Великой Силы, проявление которой, мы видим в рамках законов, установленные Великим Законодателем и Творцом всего видимого и невидимого. Ап. Павел пишет: **«Ибо невидимое Его, вечная сила Его и Божество, от создания мира чрез рассматривание творений видимы...» Рим.1:20.**

Праздник Жатвы был заповедан Богом еще с ветхозаветних времен, как праздник собирания плодов и благодарности Богу за урожай. Иисус Христос принес в этот праздник более глубокое значение и говорит о жатве, как о Кончине Века. **«Жатва есть кончина века» Матф. 13:39.**

О событиях Кончины Века много пишут разные книги Библии, но это предупреждение, часто понимается, как некое абстрактное, трудно применяемое к себе самому. – Да будет жатва, будет кончина века, все это будет, но не сейчас, а когда-то, потом. Такое состояние многих успокаивает. Сегодня нет кончины века? Ну и слава Богу. Успеем. Как пишет Соломон: **«Не скоро свершается суд над худыми делами, посему не боится сердце сынов человеческих делать зло»...**

Сегодня я хочу напомнить таковым важную истину. В Послании к Евреям мы читаем: **«И как человекам положено однажды умереть, а потом суд».9:27.** С первой половиной стиха никто не спорит. И верующие в Бога и неверующие. Но вторая часть этого стиха (а потом суд) мнения людей разделяет очень сильно. Здесь будет уместно спросить: если так точно исполняется первая половина этой истины, то как же не исполнится и вторая половина.

Этот стих разделяет мир на две половины. Вторая половина стиха уносит нас за грань физического мира. В беседе с верующими атеисты признаются, очень не желательно, если Бог и вправду есть. Если Бог есть, значит, обязательно будет суд. Однажды атеист, после жаркой беседы с верующим, высказался таким образом: «Если Бога нет – то слава Богу, а если Бог есть – то не дай Бог».

«Верующий в Меня» – говорит Христос – **«на суд НЕ приходит, но перешел от смерти в жизнь».** Иоанн.5:24.

Далее, Апостол Иоанн пишет: **«Сие написал я вам, верующим во имя Сына Божия, дабы вы знали, что вы, веруя в Сына Божия, ИМЕЕТЕ ЖИЗНЬ ВЕЧНУЮ!»** 1Иоан.5:13.

На суде, перед Великим Белым Престолом, не будет ни одного христианина, как подсудимого. Этот страшный для одних и желанный для других процесс – христиан не касается. Верующий в Господа, на суд не приходит.

«Ибо всем нам должно явиться пред Судилище Христово, чтобы каждому получить соответственно тому, что он делал, живя в теле, доброе или худое». 2Кор.5:10. Здесь будет совершаться <u>**Жатва Христианина.**</u>

Все привыкли понимать, что христиане делают только доброе! Или, по крайней мере, должны делать только доброе. А тут еще и худое? Доброе – это понятно, но, что там будут делать христиане с худыми делами? (Помните, что на Судилище Христовом речь идет ТОЛЬКО о христианах).

Ответ мы находим в Послании к Коринфской церкви где, Ап. Павел оставил нам описание этого процесса: **«Ибо никто не может положить другого основания, кроме положенного, которое есть Иисус Христос. Строит ли кто на этом основании из золота, серебра, драгоценных камней, дерева, сены, соломы – каждого дело обнаружится: ибо день пока-**

жет, потому что в огне испытывается, и огонь испытает дело каждого, каково оно есть. У кого дело, которое он строил, устоит, тот получит награду: а у кого дело сгорит, тот потерпит урон: впрочем сам спасется, но так, как-бы из огня» 1Кор.3:11-15.

Чьи дела выходят из огня чистыми и неповрежденными – такие христиане получают награды. Но те христиане, которые наполняли свою жизнь соломенными делами, их дела сгорают. Но, что здесь важно: РЕЗУЛЬТАТ Судилища, даже для соломенных христиан, если можно будет так сказать, оказывается не трагический. Они тоже спасаются, но как-бы из огня. Опаленные, постыженные, без наград, без венцов и почестей, но все-таки спасаются! Как это? Каким образом? – ОСНОВАНИЕ!

Пусть Бог благословит вас, положивших в основу своей веры это драгоценное ОСНОВАНИЕ, украшать свою жизнь делами веры, в которых будет прославляться наш Господь, Который сделал всё, чтобы мы стояли на нашей Жатве пред Судилищем Христовым, исполненные радостью и счастьем, с золотыми снопами в руках и услышали из уст Самого Господа слова: **«Добрый и верный раб, войди в радость Господина Твоего».**

Звездное небо

«Небеса проповедуют славу Божию, и о делах рук Его вещает твердь» Пс.18:2.

Как давно вы смотрели на звезды? Не просто взглянули и забыли, а с сознанием и благоговением перед этим замечательным свидетельством Божьей премудрости. Звездное небо – это самое красивое, самое впечатляющее явление, которое вы можете видеть.

Говорят что в ветхозаветние времена евреям запрещалось рассматривать звездное небо из опасения, что увидев такую красоту и величие, они станут поклоняться звездам и небесным светилам.

Это опасение было не на пустом месте. Мы видим у языческих народов, с самых древних времен, разные формы поклонения небесным светилам. Это и астрология и разные боги Солнца, Луны, Марса, Венеры и т.п. Взять например греческую мифологию – там сплошь и рядом имена богов связанные с небесными светилами.

И это неудивительно. Красота звездного неба поражает своим величием. А если мы еще при этом будем вспоминать места Писания, то это созерцание превратится в проповедь Господа языком Своего творения. Почему звездное небо так завораживает и притягивает наш взор? Потому что в этом мы видим отблеск и отражение славы Божией. **«Когда взираю я на небеса Твои, – дело Твоих перстов, на луну и звезды, которые Ты поставил, то что есть человек, что Ты помнишь его, и сын человеческий, что Ты посещаешь его» Пс.8:4-5.**

Нам очень удобно жить в городе. Отопление, дороги, транспорт, магазины, школы, церкви, все рядом, все удобно. *(Я думаю, что многие из нас помнят, как во времена нашего детства и юности, чтобы попасть в туалет идти надо было в домик в конце огорода).* А сейчас все рядом. Удобно, тепло и легко.

Но большой минус городской жизни в том, что мы теряем общение с природой. Когда вы последний раз смотрели на звезды? Так, чтобы молитвенно смотреть на них, размышлять, видеть в этом великолепии руку Создателя и благодарить Его за такую красоту. При этом сознавать, все это Бог создал для человека! Я думаю, что многие из нас даже вспомнить не могут – когда.

В городах свет звезд не такой, как вне города. В

городе очень много помех, которые приглушают свет звезд. Смог, дым, пыль, фары автомобилей, свет в домах, на столбах освещения, а еще городская суета. В городах люди всегда куда-то спешат, даже пенсионеры, всем некогда. Все это затмевает истинную красоту звездного неба и мы не можем назидаться проповедью, которую Господь говорит нам голосом Своего творения.

Давайте вспомним историю с волхвами. Они очень большое расстояние шли за звездой и не теряли ее из виду. Но когда они зашли в Иерусалим, шум, дым, свет, суета и они потеряли ее. Они стали спрашивать дорогу у звезд земных думая, что царь Иудейский точно должен был родиться во дворце. Ну и земные советники, может это были знатные люди, может вельможи или ученые, указали им дорогу во дворец. Оказалось, что совсем не туда, где был родившийся Царь всех Царей.

Интересно, что книжники, которых позвал царь Ирод, совершенно точно указали место рождения Младенца. Но что здесь еще интереснее: Никто из них не пошел с волхвами, чтобы увидеть этого Младенца. Это весьма показательный факт духовного состояния Израильского народа.

Далее, когда волхвы вышли из города, оказалось, что звезда никуда не исчезала. Они просто потеряли ее из виду. К этому времени, волхвы уже поняли свою ошибку. **«Увидев же звезду, они возрадовались радостью весьма великою» Матф.2:10**

Как велика галактика Млечный Путь? Если мы возьмем солнце и десять планет Солнечной системы и, условно, представим их как монету диаметром 3-4 сантиметра. Какое место в галактике Млечный Путь займет эта монета?

Для этого нам надо будет сложить территорию Канады, США и Мексики в одно целое и сравнить с этой монетой. Так велика галактика, в которой находится наша маленькая планета земля. И это далеко не самая большая галактика во Вселенной. Подобных галактик миллионы и многие гораздо больше Млечного Пути. Подумайте только, как велик наш Создатель!

Сколько звезд мы можем увидеть на небе? – К цифре 70 следует прибавить 70 нулей. *(И это только те звезды, которые люди смогли увидеть)* Таким образом, на каждого земного жителя приходится по 11-дцать триллионов звезд.

Оказывается мы очень богаты! Осталось совсем пустячное дело: всем своим звездам дать имена. **«Поднимите глаза ваши на высоту небес и посмотрите, кто сотворил их? Кто выводит воинство их счетом? Он всех их называет по имени: по множеству могущества и великой силе у Него ничто не выбывает» Ис.40:26.**

В Книге Откровения, наш Господь называет Себя Звездой Светлой и Утренней. **«Я, Иисус,… Я есмь корень и потомок Давида, звезда светлая и утренняя» Откр.22:16.**

Пусть же свет этой Звезды направляет и наши взоры к вратам Царства Небесного, а распростертый небесный свод, своей неумолкающей проповедью, напоминает нам о величии нашего Создателя.

Псалмы Царей Вавилонских

Проблема правителей на земле, стара, как этот мир. От глубокой древности, эта проблема возмущала народы, приводила к войнам, восстаниям, заговорам, изгнаниям и даже к казням. Она цветет пышным цветом и в нашем беспокойном 21-м веке. Войны, Цветные Революции, игры в Демократию, законы и правила, которые одним нравятся, а другим нет. А тут еще и болезни, природные катаклизмы, нехватка еды, социальные проблемы и, конечно же, в первую очередь, во всем виноваты правители.

Поэтому, не удивительно, что одним нравятся какие-то правители, а другим не нравятся. Причины разные. Но беда в том, что порою это приводит к немалым спорам и возмущениям, приносит огорчения и разводит братьев по разные стороны баррикад. Нарушается мир между братьями и сестрами в церкви, с родственниками, с соседями, с друзьями и знакомыми и т.д.

Как бы то ни было, важно помнить, что по какой-то причине, о которой, возможно, мы узнаем только в вечности, Бог допустил именно этого правителя к власти. Может Бог наказывает какую-то страну недобрым правителем или есть еще какие-то причины.

Изменят что-либо наши возмущенные слова в той или иной стране? Нет. В стране ничего не изменят. А вот нарушить мир в нашей душе и в окружающих нас они могут. В таких спорах, люди часто забывают одну библейскую истину: – **«Ибо нет власти не от Бога...» Рим.13:1-5.**

Здесь христианская мудрость, из светильника Библии, должна найти применение и сохранить наши души от чрезмерного возмущения и огорчения. Лучшим ответом будут наши молитвы за правителей, ибо многое может усиленная молитва праведника. (1Тим.2:1-2)

Запомните два ключевых направления для таких молитв: – <u>Господь дай нашим правителям мудрость и страх Божий.</u>

Принято считать, что помазанники Господа, это пророки, священники, апостолы, известные миссионеры, епископы, пресвитеры и прочие видные религиозные деятели. Здесь все гладко, без вопросов.

Но вот Писание называет нам других помазанников, которые даже не знают Господа! А Господь называет их по имени, берет за правую руку, препоясывает их, оказывает им почтение, называет Своими рабами и поручает им исполнять Его волю.

Посмотрите, как свидетельствует Господь о Вавилонском царе Кире: **«Так говорит Господь <u>помазаннику Моему Киру</u>: Я держу тебя за правую руку, чтобы покорять тебе народы…Я назвал тебя по имени, почтил тебя, хотя ты не знал Меня…Я Господь, и нет иного; нет Бога кроме Меня; Я препоясал тебя; хотя ты не знал Меня» Ис.45:1-7.**

Подобное свидетельство о Вавилонском царе Навуходоносоре, мы находим в Книге пророка Иеремии. **«И ныне Я отдаю все земли сии в руку Навуходоносора, царя Вавилонского, раба Моего, и даже зверей полевых отдаю ему на служение» Иер.27:6.**

Поэтому, наша задача молиться за правителей, просить им мудрости и страха Божия и, стараться, чтобы никакой горький корень не зародился в нашем сердце. Если наши чрезмерные возмущения и протесты будут воспалять круг жизни среди наших друзей и близких, для нас есть опасность даже стать богопротивниками, потому что сердце любого царя в руке Господа. **«Сердце царя – в руке Господа, как потоки вод: куда захочет, Он направляет его» Пр.21:1**

Таким образом, Писание дает нам пример, чтобы мы не огорчались видя того или иного правителя, который делает не то, что нам нравится. Мы не знаем, по какой причине Господь допускает ему так поступать. И может никогда не узнаем пока не уйдем в вечность.

Давайте вспомним, кто писал псалмы? – Давид, Соломон, Моисей, Асаф, сыны Кореевы, священники, пророки, пророчицы (песнь Деворы), Мария, Елисавета, есть некоторые псалмы, о которых точно не знают, кто написал их. Предполагают, что Давид.

Но мы находим в Библии, что славословия, очень похожи на псалмы, возглашали не пророки и священники, но, как бы, совершенно посторонние, не знающие живого Бога, люди. Это цари Вавилонские! Как бы странно, на первый взгляд, это не звучало.

«И сказал царь Даниилу: «истинно Бог ваш есть Бог богов и Владыка царей открывающий тайны,...» Дан.2:47

«Знамения и чудеса, какие совершил надо мною Всевышний Бог, угодно мне возвестить вам. Как велики знамения Его и как могущественны чудеса Его! Царство Его – царство вечное, и владычество Его – в роды и роды»Дан.3:28-33.

«И благословил я Всевышнего, восхвалил и прославил Присносущего, Которого владычество – владычество вечное и Которого царство – в роды и роды. И все, живущие на земле, ничего не значат; по воле Своей Он действует как в небесном воинстве, так и у живущих на земле, и нет никого, кто бы мог противиться руке Его и сказать Ему: «что Ты сделал?» Ныне я, Навуходоносор, славлю, превозношу и величаю Царя Небесного, Которого все дела истинны и пути праведны, и Который силен смирить ходящих гордо. Дан.4:31-34.

«Мною дается повеление, чтобы во всякой области царства моего трепетали и благоговели пред Богом Данииловым, потому что Он есть Бог живый и присносущий, и царство Его не сокрушимо, и владычество Его бесконечно. Он избавляет и спасает, и совершает чудеса и знамения на небе и на земле; Он избавил Даниила от силы львов» Дан.6:25-27.

Как правило, верующие люди уверены, что из мира, не может быть что-нибудь духовное и только верующие, читающие Библию, способны слышать голос Божий.

Но как мы видим из Книги Даниила, что когда Господь являет Свою силу, то даже такие крутые правители, как цари Вавилонские, прозревают и воздают славу Богу. Естественно, что такая хвала не возникает на пустом месте. Причиной к таким прославлениям становилась твердая вера, любовь к Богу и готовность пророков отдать свою жизнь, чтобы остаться верными Богу.

Чему Нас Учит Книга Даниила?

Точные данные о Мессии. 9:2;9:23-27.

Условия, при которых Даниил получал откровения. 9:3-21.

Молитва Даниила об Израиле, дает пример быть постоянными и в наших молитвах.

Учит нас, что для всего живущего на земле, есть мера. 8:23.ТЕКЕЛ – Ты взвешен на весах и найден очень легким. 5:27.

Когда человек встречается с явлениями из невидимого мира, это трудно пережить. Бог не просто так сказал Моисею, что человек не может остаться в живых, увидев лицо Бога. Об этом пишет и пророк Исайя в начале шестой главы.5:6-7; 8:15-18;10:7-11;10:15-18.

Хорошие советы. 4:24;5:23.

Учит нас смирению. 2:27-28;2:30.

Учит нас, что мы угождаем Богу, когда, подобно Даниилу, располагаем свое сердце к изучению Его Слова.9:2-3.9:21-23.10:12-13.

Учит нас о могуществе Бога. Свидетельствует о великих делах Его. Свидетельствует о великих чудесах Его. Ему все подвластно. Огонь. Животный мир. Тайны и сновидения. Жизнь и смерть. Цари и правители.

Путь к Истинному Счастью

В первом, Послании к Тимофею Павел написал фразу, которая выражает величайшую мечту всех поколений: **«Великое приобретение быть благочестивым и довольным» 1Тим.6:6.**

Многотомная философия мудрецов, веками пытающихся указать людям путь к счастью, спрессована в этой простом стихе Священного Писания. Павел не пишет здесь: Великое приобретение стать правителем города или первосвященником, иметь много золота и роскошные виллы, табуны породистых лошадей и множество прислуги, сундуки, наполненные драгоценностями, и гардеробы с дорогой одеждой, но он пишет, что великое приобретение быть благочестивым и довольным.

Мы должны будем согласиться с тем, что неугасимое вековое стремление людей к счастью, к наслаждению радостями жизни не может осуществиться без одного важного элемента, который имеет определяющее значение: быть довольным. Можно обладать сказочным богатством, но не быть довольным и такой человек не может быть, действительно, счастливым. Кому-то может быть доступен весь мир, но это не обязательно даст ему чувство наслаждения жизнью.

С другой стороны, человек имеющий скромный достаток и возможности, может быть довольным и счастливым, всем своим существом благодарно воспринимающий драгоценный дар жизни. Быть довольным – это стоять в вестибюле здания счастья, а не терять свои истинные потребности в погоне за навязанной обществом картинкой.

Сумрачная Полоса Жизни

Сумрачная полоса встречается в жизни каждого из нас, а то как мы воспринимаем привратности судьбы впоследствии определяет наш путь.

В Писании мы находим стих, который открывает, как нам правильно понимать и реагировать на экстремальные случаи жизни. Подобно, как наручные часы мы всегда носим так, чтобы в любой момент мы могли ими воспользоваться, так нам надлежит помнить и это место Писания, ибо оно поможет нашей душе переживать искушения и проблемы.

«С великой радостью принимайте, братия мои, когда впадаете в различные искушения, зная, что испытание вашей веры производит терпение...» Иак.1:2-3.

Золотой совет Апостола Иакова направлен не только на то, чтобы помочь человеку, переживая сумрачную полосу жизни, остаться на высоте положения, но даже извлекать пользу из искушений.

Первое, что советует Иаков – это радоваться, когда мы попадаем в искушение, зная, что искушения и проблемы это не обязательно наказание за какие-то провинности, но могут быть и другие причины, которые угодны Богу на этом этапе нашей жизни.

Таким образом, мы сохраним позитивное состояние души и оградим ее от негативных последствий искушений и это даст нам силу быть спокойными в критических ситуациях, сохранить мир в сердце, трезво оценить ситуацию и не позволить внешней проблеме войти в душу. Как следствие этого, мы получаем крупицы драгоценного качества души, которое называется терпение.

В 104-м и 105-м псалмах описывается краткая история Израильского народа. Там мы находим такую фразу: **«И послал (Бог) человека в Египет, в рабы был продан Иосиф...»** Интересно. Не правда ли? **«Бог послал человека в Египет».** Ничего себе, «послал».

Когда мы видим сегодня великих миссионеров, окруженных кольцом телохранителей, летающих на комфортабельных «Боингах» и подъезжающих к очередному стадиону на новейших моделях «Мерседеса», наверное поневоле вкрадывается мысль: Ну, это вот, действительно, Божий слуга. Какой размах служения! Какой масштаб проповеди! Какой восторженный прием! Это вот, действительно, Бог послал!

Хочу сразу оговориться. Поймите меня правильно, я не имею намерения осуждать их. (И вам не советую. Лучше молитесь о них, а особенно о тех, кто их слушает.) У меня нет весов, чтобы я мог взвесить их души и намерения сердечные. Меня никто не поставил судить таковых, в свое время это сделает Бог. Я могу только подписаться под словами, сказанными Апостолом Павлом: **«Но что до того? Как бы ни проповедали Христа, притворно или искренно, я и тому радуюсь и буду радоваться» Филипп.1:18.**

Я хочу обратить внимание и на другую сторону медали. Не торопитесь унывать и думать, что Бог отступил от вас, или, что Бог наказывает вас за какие-то провинности, если вы вдруг попадаете в полосу негативных переживаний и проблем. Приложите все усилия, чтобы не допустить этим обстоятельствам нарушить ваш внутренний мир с Богом, чтобы не допустить в душу ропот и уныние, но подобно Давиду, изливайте пред Богом свою печаль и благодарите Его за помощь. Воздавайте Ему славу и силой благодарности побеждайте искушения и проблемы. Помните, что любящим Бога, все содействует ко благу.

Помните Иосифа, которого однажды «Бог послал в Египет». Когда Бог «посылал» Иосифа в Египет, Он ничего не сказал ему об этом, поэтому для Иосифа было очень важным не сломаться, не скатиться в болото ропота и отчаяния, но остаться верным Богу и стойко пережить эти трудности, которые впоследствии оказались благословенными и судьбоносными для него самого и для всего Израильского народа.

Цикличность Мира

«За все благодарите: ибо такова о вас воля Божия во Христе Иисусе» 1Фесс.5:18

Много мудрых законов человек находит в природе. Это неудивительно, ибо законы природы устанавливал мудрый Законодатель, следы Которого мы видим в Его творении. Чередование дня и ночи, солнечных и дождливых дней, осенняя пора увядания, зимняя спячка, весеннее пробуждение, летняя зрелость, все служит конечной цели – земля произращает плоды и жизнь продолжается.

Творец всего видимого и невидимого мудро сбалансировал биологическое равновесие жизни и, в конечном итоге, никакое время года не оказывается лишним в нескончаемом круговороте дней и месяцев года. На всем его протяжении земледелец благодарит Бога за дождь, за снег, за солнце, за весну, за лето, за осень и в конце года благодарит Бога за жатву.

Подобное происходит в жизни человека: весна юности, лето труда, осень созревания, зима старости. Проживши жизнь, человек вспоминает, как разнообразны были его прожитые годы. У каждого по-своему, но у всех были и радости и печали, было время труда и было время отдыха, было время плача и время смеха, было время любви и время ненависти.

Это закон жизни, что нам приходится переживать ночи печали и солнечные дни радости, томительные и унылые времена засухи, дожди и радугу благословений, багровые закаты болезней и лазурные зори выздоровлений, в завершении всего также наступит жатва и человеку надо будет пожинать свои плоды. Поэтому, как земледелец благодарит Бога за все времена года, так учит нас Слово Божие благодарить за все и человеку надо будет пожинать свои плоды. А пожинать мы будет не то, что нам хочется, а то, что мы сеяли.

Есть два времени, когда мы должны благодарить Бога: Всегда и за Все! **"Благодаря всегда за все Бога и Отца, во имя Господа нашего Иисуса Христа" Еф.5:20.**

Сети Смерти

«Благоразумный видит беду – и укрывается; а неопытные идут вперед – и наказываются» Пр.22:3.

«Человек не знает своего времени», - пишет мудрый Екклесиаст. В эту великую тайну земли живых желали бы проникнуть миллионы людей, но будущего не дано знать человеку так, как он знает свое прошлое. В полицейских рапортах порою встречается фраза: «Пострадавший оказался в неправильное время в неправильном месте». Эти слова созвучны с тем, что много лет назад сказал Соломон. «время и случай для всех их». Порою случается, совершенно посторонний, не имеющий никакого отношения к происходящему, человек погибает ни за что и ни про что, только потому что случайно оказался вблизи какой-то заварушки.

Несколько лет назад Сакраменто потрясла серия трагических похорон молодых людей. Выстрелом в голову был убит Юра Довган, молодой парень, несколько дней не доживший до своего двадцатилетия. Два дня спустя, в автокатастрофе погибают сразу трое. Старшему из них было 18 лет. В ночь с 23-го на 24-е июня был убит Сережа, сын наших очень близких друзей. Это далеко не полный список трагедий среди славянской молодежи Сакраменто в тот период. Трудно поверить, что по плану Божию эти молодые люди, только начавшие жить, потеряли свою жизнь, так до обидного просто.

Писание говорит, что помимо традиционных сетей, которыми охотятся на животных, есть особенные сети, которые опутывают сынов и дочерей человеческих. Сегодня я хочу обратить наше внимание на страшные сети, которые приносят людям неизмеримые страдания и горе. Мудрейший человек земли, Соломон, называет их – сети смерти и увещевает людей словами: «...зачем тебе умирать не в свое время». В свете этих трагедий хочется задать вопрос: В свое ли время умерли эти молодые люди? Или они попали в сети смерти, не увидев беды, поджидавшей их за следующим жизненным поворотом.

Однажды мудрецу задали вопрос: - Какая разница между умным и мудрым? – Мудрец улыбнулся и ответил: - Умный, найдет выход из любой трудной ситуации, а мудрый в эту ситуацию и не попадет. В Притчах Соломона мы читаем: **«Благоразумный водит беду – и укрывается; а неопытные идут вперед – и наказываются» Пр.22:3.** Эта истина созвучна и с ответом мудреца, и с полицейскими репортами. Поэтому, критически важно научить нашу молодежь смотреть на жизнь с позиции мудрости, изучая Библию, которая имеет золотые россыпи наставлений об этом качестве.

Замечательный стих о мудрости записан сразу в трех местах Писания: **«Начало мудрости есть страх Господень» Пс.110:10.** Что такое страх Господень? – **«Страх Господень – ненавидеть зло» Пр.8:13.** Далее, в Библии мы находим незыблемое обетование для тех, кто всем сердцем прилепятся к этой истине: **«Страх Господень – источник жизни, удаляющий от сетей смерти» Пр.14:27.**

Нынешнее поколение людей пробуют разные пути, чтобы построить благополучную жизнь для себя и своей семьи. Библия дает ответ и на это желание. **«Страх Господень ведет к жизни, и кто имеет его, всегда будет доволен, и зло не постигне его» Пр.19:23.**

Дорогая молодежь, кто не хотел бы иметь такие радужные перспективы? Жить полноценной жизнью, всегда быть довольным, и чтобы вас не касалось зло? Мудрый царь Соломон, особое внимание уделяет наставлениям о мудрости. К его словам стоит прислушаться, ибо в этих наставлениях – жизнь.

Этот вопрос всегда будет актуальным, однако сталкиваясь с подобными ситуациями, нам необходимо помнить слова Господа нашего Иисуса Христа: **«Я есмь воскресение и жизнь; верующий в Меня, если и умрёт, оживёт. И всякий, живущий и верующий в Меня, не умрёт вовек»** (Ин. 11:25, 26).

Рабы Обстоятельств

В наши дни распространилось мнение, что у истинных верующих все должно быть на высшем уровне. У них должны быть самые хорошие автомобили, самые хорошие дома, лучшая одежда, они не должны болеть, у них не должно быть проблем и переживаний и т.п.

А если что-то случается, значит Бог, по каким-то причинам, не благоволит более к такому человеку. Такие люди становятся рабами обстоятельств: если все хорошо, значит Бог меня любит, а если что-то случилось, значит Бог меня разлюбил.

Подобные рассуждения дают диаволу огромный калейдоскоп ситуаций, в которых он может искушать человека, удручая его унылыми выводами от случившихся переживаний и трудностей жизни.

Скажем прямо, что Писание не дает нам основания для безоговорочного утверждения такого понятия, но у этой медали есть и обратная сторона. Когда вылупливаются пушистые желтые цыплята, их всегда стараются кормить лучшим кормом и содержать в теплом и безопасном месте, до меры их возрастания.

Подобное происходит и с духовными цыплятами, которыми, к сожалению, некоторые христиане могут быть многие годы. Слабеньких духовных цыплят Бог старается сберечь и не допускать им искушений сверх сил, потому что даже незначительные трудности и переживания могут выбить их из колеи жизни и бросить в кювет уныния и отчаяния.

Это не значит, что вся жизнь христианина должна состоять из долин плача и тени смертной, Бог благословляет праведника, но те, которые стремятся **«к почести высшего звания Божия во Христе Иисусе», (Фил.3:14)** обязательно будут проходить через горнила искушений и страданий.

Будем помнить. Бог не обещал, что будет легко, но Он обещал быть рядом. Пусть наша вера будет сильнее страха.

Лекарства, Подаренные Иисусом

В Послании к Евреям мы читаем, что многие пророки и мужи веры также терпели лишения, скорби, скитания. **«Те, которых весь мир не был достоин, скитались по пустыням и горам, по пещерам и ущельям земли» Евр.11гл.** Бог не обещал нам, что став христианином, мы автоматически огораживаемся от всех трудностей и переживаний, но Бог обещал, что даст нам силу устоять во всех испытаниях и пойдет с нами рядом через долины плача. Бог не обещал нам здесь легкой и безоблачной жизни, но обещал не оставлять и любить нас всегда. **«Любовью вечною Я возлюбил тебя и потому простер к тебе благоволение» Иер.31:3.**

Искушения, скорби, проблемы, переживания – это бревно, которым диавол старается пробить брешь в стенах нашей души, поэтому для христианина очень важно научиться спокойно переносить удары судьбы, доверяя все в руки Божии.

В большинстве своем, это явления внешнего характера и до тех пор, пока проблема остается снаружи, это еще полбеды, но беда, когда проблема прорывается вовнутрь и через эту пробоину в душу заползает вереница ее печальных плодов. Бурная реакция на проблему, как правило, не решает проблемы и даже усугубляет ее. Проблема не изменяется, но изменяемся мы.

Уходит мир души и радость жизни, а их место занимают новые незваные «жители». Уныние, гнев, злоба, раздражение, крик, плач, страдания, нервы, давление, бессонные ночи и т.п. способны отравить все прелести жизни и это проблема явно не физического характера. Попросите своего доктора выписать вам рецепт, чтобы купить в аптеке пузыречек терпения. Вы можете объехать все аптеки мира и ни в одной из них вы не найдете терпения. Вы не найдете в аптеках прощения, милосердия, любви, кротости и других душевных качеств.

Эти «лекарства» надо искать в другом месте. И имя этому месту Библия, так как лишь слово Господа нашего способно исцелить наши грешные души.

Не Умолкайте

«Но будем увещавать друг друга, и тем более, чем более усматриваете приближение дня оного» **Евр.10:25.**

Подобно скорому поезду, мир летит к своему концу быстро дополняя свою меру беззакония; колеса времени неумолимо отстукивают последние вехи Писания громко говорящие нам о скором пришествии Господа. На наших глазах силы тьмы, как никогда ранее, открыто действуют на земле влача мир на эшафот Божьих судов. Эти факты должны ободрить христиан прилагать все усилия, чтобы успеть спасти хотя бы некоторых.

В Царстве Небесном нас ожидает Вечная Любовь, отдых и покой от труда, но там мы уже не сможем благовествовать. Это привилегия земной жизни. Сегодня наш мир особенно нуждается в этом. Если бы спасение приходило в жизнь человека автоматически, если бы для спасения всего мира Богу нужно было только отдать на крест Своего Сына, то этот вопрос был бы решен уже две тысячи лет назад. Тогда Иисусу назачем было бы поручать ученикам, чтобы они шли и проповедовали Евангелие всей твари. Но Евангелие не срабатывает автоматически. Кто-то должен его нести и проповедовать. В этом смысл Великого Поручения Господа, которое Он заповедовал ученикам за несколько минут до Своего вознесения.

«О, вы, напоминающие о Господе! Не умолкайте», – звучит голос пророка Исайи из глубины веков. Он и сегодня касается всех христиан земли. Современные электронные технологии открывают потрясающие возможности для проповеди Евангелия. Сегодня, не покидая своего места, мы можем достигать миллионов по всей земле.

Находите время работать для Господа в интернете. Делитесь с друзьями и поощряйте их делиться с другими всеми добрыми сайтами, песнями, проповедями, всем тем что коснулось вас и ободрило ваше сердце. Нашими общими усилиями мы можем заполнять интернет словами истины и благодати. Также, каждому верующему дано право и великая привилегия обращаться в молитвах к Тому, Кто своею силой вершит судьбы мира, наполняя всю землю ведением свыше. Будем иметь открытые сердца к нуждам всех людей и к нуждам страны, в которой поселил нас Господь.

День Господень

«Но вы, братья, не во тьме, чтобы день застал вас, как тать; ибо все вы – сыны света и сыны дня…» 1Фесл.5:2-5.

Тема конца света и второго пришествия Христа, всегда была особенной темой, в которой особенным был вопрос: Какой признак Твоего пришествия и кончины века? (Матф.24:3) Вопрос кончины века, волнует жителей 21-го века, также как и учеников Христа. Нынешние события, по всему видно, это будет нешуточная встряска всему миру. Беда пришла откуда мы ее не ждали. В головах у людей было ожидание еще одной Мировой Войны. Ракеты, бомбы, ядерные взрывы, но проблема пришла с другой стороны: – Малюсенькая бацилла поставила на колени всю мировую экономику.

Сегодня настало время еще раз внимательно посмотреть на слова Иисуса сказанные Им на Елеонской горе. Первое: – найти точку отсчета. Христос указывает на нее пальцем: **«От смоковницы возьмите подобие… когда вы увидите все сие, знайте, что близко, при дверях. Истинно говоря вам: не пройдет род сей, как все сие будет» Матф.24:32-34.**

Пророк Иоиль называет смоковницу прообразом Израиля. (Иоиль 1:7). Таким образом – наши взоры мы должны направить на Израиль, который многие богословы называют «Мировыми часами». Израиль был в рассеянии две тысячи лет. И, как совершенное демографическое чудо, в 1948 году, появляется государство Израиль.

(*Смоковница зазеленела.*) Далее, слова Христа – не пройдет и род сей, богословы объясняют, что от основания Израиля, (*это точка отсчета*) не пройдет род, как все сие будет.

Время рода толкуют по-разному. Кто как. Нам следует брать информацию исключительно из Писания. Последняя цифра рода озвученная в Писании, это 89-й Псалом. **«Дней лет наших семьдесят лет, а при большей крепости восемьдесят лет...» Пс.89:10.** Если мы добавим к 1948 году 70 лет, мы получаем 2018 год. В 89-м Псалме мы видим десять лет, как вариант рода. Следовательно, все события кончины века, нам следует ожидать между 2018 и 2028 годом. Мы не будем знать дня и часа. Это факт. Но видеть приближение этих дней мы будем видеть; но вы, братья, не во тьме, чтобы день застал вас, как тать. (1Фесл.5:2-5)

То, что мы и видим сегодня, дает нам почву, для серьезных размышлений. **«Когда же начнет это сбываться, тогда восклонитесь и поднимите головы ваши, потому что приближается избавление ваше» Лук.21:28.**

Идите и Проповедуйте

Приветствуем всех соработников на ниве Божией!Мир Вам и благодать свыше, да умножится!Предлагаем вам познакомиться с нашими друзьями, связанными с Христианским Университетом William Jessup, Christ Centered University в Калифорнии.

Наши друзья, это команда миссионеров имеющих большой опыт по основанию новых церквей. В Юго-Восточной Азии, они создали большую сеть единомышленников, которая выросла до глобальных масштабов. За последние 8 лет, они благовествовали более чем в тысяче недостигнутых проповедью Евангелия групп и основали около одного миллиона новых групп и церквей. Посмотрите: www.hill111.com

С этой целью были созданы два инструмента, которые оказались очень эффективными для достижения цели озвученной в Послании к Колоссянам **«…представить Богу всякого человека совершенным во Христе Иисусе» Кол.1:28.** Видя эти замечательные плоды, желание нашей Миссии, чтобы опыт этого служения был доступен и нашим церквам.

В Евангелии от Луки (13:20-21) Иисус делится секретом роста Царства используя метафору «закваски» и говорит: – мы должны «заквасить» весь мир. Предлагаем вам ознакомиться с **бесплатным** онлайн курсом ученичества **«ZUME»**. ЗУМЕ – это Греческое слово: **Закваска** или **Дрожжи**. На этом курсе верующие изучат практические шаги ученичества, которые доказали свою эффективность.

На **zume.training** вы можете познакомиться с этим курсом. Это идеальное пособие, для домашних, молодежных, женских групп, для церковного изучения, включает в себя 10 уроков ученичества. Вместе с друзьями, вы можете сделать самостоятельную регистрацию. Курс ЗУМЕ переведен на 38 языков, включая Русский. Посылайте его своим друзьям в разные страны. Это «Великое Поручение» Господа. Матф.28:19-20.

Второй курс, – это «Fidelis Project». «Фиделис» означает «Верный». Проект Fidelis – это формальная Семинария на уровне Магистратуры. Она включает в себя 65 уроков богословия на английском языке. www.fidelisproject.com

Этот курс, создан на основе послушания и используется во многих странах мира для обучения ключевых служителей, озабоченных ростом церквей и миссионерских движений. Обучение **бесплатное.** По окончании курса вы получите Аккредитацию из Семинарии.

За дополнительной информацией обращайтесь к Владимиру Мысину по электронной почте: vladmysin1@gmail.com

БИОГРАФИЯ

Родился в дружной русско-украинской семье, в которой выросло девятеро детей. Мне было два года, когда родители переехали из Москвы в Ташкент.

Закончил Ташкентское Музыкальное Училище и Московский Институт Духовной Музыки. Получил степень бакалавра Церковной Музыки. Более тридцати лет был дирижером церковного хора, написал более двухсот песен, выпустил семь музыкальных альбомов. Закончил библейский Институт «Логос» в Калифорнии.

Написал пять книг. «Разговор с Будущим», «Добро и Зло», «Окна Небесные», «Кучерябенькая», «Сквозь Тусклое Стекло». Много публикаций в русскоязычных газетах Америки.

В 1989 г. вместе с семьей эмигрировал в Америку. В настоящее время работаю Исполнительным Директором Миссии «River of Faith» (ex. WTR) (Сакраменто, Калифорния). Женат. Имею четыре сыночка, лапочку дочку и (пока) тринадцать внучат.

ПОСЛЕСЛОВИЕ

«Ибо мы – Его творение, созданы во Христе Иисусе на добрые дела, которые Бог предназначил нам исполнять» Еф.2:10.

В начале девяностых годов мне посчастливилось начать свою трудовую деятельность в Америке в радио-миссии «Слово к России» под руководством Михаила Локтева и замечательного коллектива Совета Директоров миссии, состоявшего, в основном, из американцев.

Это была прекрасная команда жертвенных и любящих Бога людей, объединенных большим и искренним желанием трудиться для Его славы в деле евангелизации восточноевропейских народов.

Основной духовный труд Миссии «Слово к России» – это радио-проповедь славянским народам. Наряду с радио-служением, в Миссии велась большая работа по переписке с нашими радиослушателями. Мы отсылали им копии понравившихся радио-программ, духовную литературу, вещевые посылки, отвечали на вопросы и т.п.

В 2022 году, Миссия «Слово к России» будет отмечать свой «Золотой Юбилей» – 50 лет служения славянским народам мира. Начиная с 1972 года, наша Миссия возвещает Благую Весть Евангелия и помогает Господу наполнять спасенными небеса. Мы благодарны Богу за эти благословенные годы служения, в которых Он, признав нас верными, доверил делать Его дело среди славянских народов земли.

Основную цель служения нашей Миссии, выразил Апостол Павел в первой главе Послания к Колоссянам.

«...Которого мы проповедуем, вразумляя всякого человека и научая всякой премудрости, <u>чтобы представить всякого человека совершенным во Христе Иисусе</u>»

За эти годы, в Миссии были созданы сотни оригинальных программ для взрослых и детей на самые разные темы. Проповеди, поэзия, песни, радиопередачи, постановки, рассказы на CD и DVD, Евангелие на кассетах и CD, издание книг и брошюр, издали 100 тысяч Евангелий на Грузинском языке. Эти уникальные программы являются неоценимым пособием для христианского воспитания детей в Детских Садиках, Воскресных Школах, в Церквах и домашних группах. Несколько поколений детей прошло через нашу Миссию, которые принимали непосредственное участие в наших служениях.

21-й век принес много новых изменений. Новые технологии открыли потрясающие возможности для благовестия. На сегодняшний день, кроме служения в Калифорнии, Миссия «Слово к России» имеет несколько филиалов в Украине, в России, в Узбекистане и в Пакистане.

Винница. В 1997 году, мы создали и спонсируем Студию Звукозаписи, на которой производятся новые радиопрограммы и транслируются на волнах местного радио в нескольких областях Украины. Записываются новые детские песни на русском и украинском языках. Создан курс изучения Библии по интернету. Уже более десяти лет из Винницы идут трансляции Детского Радио, которые круглосуточно, 7 дней в неделю, можно слышать в любой стране мира. Это детские песни, музыка, радио-постановки, рассказы. Совершенно бесплатно можно скачивать с сайта сотни фонограмм, слова песен и т.п. Адрес Детского Радио: www.detskoeradio.org Посылайте этот линк своим друзьям.

Донецк. В 2005 году, мы открыли и спонсируем Студию Звукозаписи в Донецке. К сожалению, в связи с военной ситуацией, мы больше не имеем там эфирного времени, но Студия работает. Создаются программы для детей и взрослых, идет активная работа в Детских Домах, Интернатах, посещение вдов и сирот войны, Летние Детские Лагеря, бесплатные обеды в прифронтовых селах и т.п.

Мариуполь. Много лет мы стали сотрудничать с церковью в Мариуполе и с церковью в прифронтовом селе Ольгинка. Спектр служений в Мариуполе и Ольгинке весьма разнообразный. Работа с детьми и молодежью, посещение Госпиталей и Бомжатников, Летние и Зимние Лагеря, проповедь Евангелию и раздача хлеба нуждающимся и т.п.

Самара. Более 20-ти лет назад, при непосредственном участии нашей Миссии, в Самаре был открыт первый в России Христианский Хоспис. Люди, больные неизлечимыми болезнями, находят в нем свой последний приют и уходят в вечность примиренные с Богом. Некоторые всего за несколько часов до смерти. За годы служения Хосписа, сотни людей ушли с этой земли приняв Господа в свое сердце.

Новосибирск. С конца девяностых годов, наша Миссия сотрудничает с Христианским Издательством «ПОСОХ». Переведено на русский язык и издано 64 книги христианских авторов. Также идет посещение Колоний для заключенных. Из 16-ти Колоний области, наши братья имеют возможность посещать 12-ть, среди которых: Малолетка, Женская Колония и Тюремный Госпиталь. В каждой Колонии есть группы по изучению Библии. Регулярно проводятся Летние Лагеря и посещения детей чьи папы или мамы находятся в заключении и многое другое.

Ташкент. С избранием нового президента, в Узбекистане стало немного легче заниматься духовной работой. Наш филиал в Ташкенте проводит большую работу по воспитанию детей. Во-первых – это дети которые посещают церкви. Далее – это дети в Детских Домах, дети инвалиды, Летние Лагеря. Идет серьезная работа по заполнению интернета христианским контентом. Есть группы детей из местной национальности. Эта работа идет в разных областях Узбекистана.

Пакистан. В 2020 году, Бог стал нам открывать христианский мир Пакистана. Удивительная простота и первозданная радость о Господе, – так можно назвать «Визитную Карточку» Пакистанских христиан. К ним в полной мере можно приложить слова Апостола Павла о церквах в Македонии: **«...ибо они среди великого испытания скорбями преизобилуют радостью; и глубокая нищета их преизбыточествует в богатстве их радушия»** 2Кор.8:1.

Пакистан стал для нас откровением от Господа. Потрясает воображение множество детей посещающие Воскресные Школы, сотни женщин на Женских Служениях, как от двери к двери наши братья и сестры в Пакистане идут к людям с Евангелием в руках. Молитесь о пробуждении в этой стране.

Калифорния. Продолжается служение в нашей студии в Вест Сакраменто. За эти годы, в Миссии накопился обильный духовный архив. Это сотни и тысячи песен, постановок, проповедей, архивы других радио-служителей. Многое было, в свое время, записано на больших ленточных бабинах. Но сегодня, весь наш архив, переписан на цифровые носители информации. Слава Богу за совершенный огромный труд в этом направлении.

Каждую неделю мы транслируем наши радиопередачи по местному радио. Вы можете слушать нас на волне: KJAY 1430 AM в субботу с 10 – 1pm, во вторник и в четверг с 6 – 7ам.

Уже два года, из студии нашей Миссии, звучит Интернет-радио. Вещание идет 24 часа в сутки и 7 дней в неделю по всему миру. Мы можем слушать наше новое радио набрав адрес: www.riveroffaithministry.org

Также на фоне потрясающей весь мир Пандемии, мы ощутили, что наша страна особенно нуждается в проповеди Евангелия не только с церковных кафедр. Исполняя «Великое Поручение» Господа – «идите и проповедуйте», наша Миссия организовала команду Уличного Служения. Происходят регулярные посещения Сан Хосе, Сан Франциско и Сакраменто. Наши братья проводят семинары и практику по Уличному Служению и в других городах Америки. (Лос Анджелес, Сан Диего, Финикс, Даллас и др. города).

Более десяти лет, мы проводим еженедельные посещения Центра для Пожилых Людей в Вест Сакраменто. Пожилые люди особенно нуждаются в заботе и внимании.

Около десяти лет, восемь учителей музыки, из Музыкального Отдела Миссии, дают бесплатные уроки музыки детям из семей с низким доходом.

«Который воздаст каждому по делам его: тем, которые постоянством в добром деле ищут славы, чести и бессмертия, жизнь вечную...» Рим.2:6.

«Делая добро, да не унываем: ибо в свое время пожнем, если не ослабеем» Гал.6:9.

Посетите сайт нашей Миссии:
www.riveroffaithministry.org

Я ДОКАЗАЛ СУЩЕСТВОВАНИЕ БОГА

«Бог не смотрит на нас сверху, – Бог видит нас изнутри».

Миссия «Слово к России» – предлагает вам познакомиться с открытиями Профессора **Нажипа Валитова**, который научно доказал: Бог, в самом деле, видит, слышит и знает каждую нашу мысль, каждое слово и намерения сердечные любого человека. Да благословит вас Господь приложить эту информацию к своему сердцу.

«Ты знаешь, когда я сажусь и когда встаю; Ты разумеешь помышления мои издали. Иду ли я, отдыхаю ли – Ты окружаешь меня, и все пути мои известны Тебе. Еще нет слова на языке моем, – Ты, Господи, уже знаешь его совершенно» Пс.138. Некогда царь Давид, движимый Духом Святым, написал эти слова, которые, долгое время, воспринимались как фантастика и атеисты называли Давида: «восторженный мечтатель!»

Но вот, совсем недавно, ученые еще раз подтвердили пословицу: **Смеется тот, кто смеется последний.** Оказывается, все, что написал Давид в этом Псалме, – сегодня доказано строгими научными фактами.

ЭКОЛОГИЯ ЖИЗНИ

Профессор Башкирского университета Нажип Валитов прежде был весьма далек от богословия. Он химик с мировым именем, всю жизнь занимался проблемами исключительно науки. И не предполагал, что его открытиями заинтересуются духовные лидеры.

Монография профессора Валитова «Вакуумные колебания при химическом возбуждении атомов, молекул и хаотичность силовых линий электромагнитного и гравитационного поля» произвела шок в научных кругах. С февраля 1998 года находится в 45 научных библиотеках 12 стран мира, в том числе 7 ведущих университетов США, 2-х ведущих университетов Англии, 2-х ведущих университетов Франции, Токийском Университете, 15-ти ведущих университетов и институтов Москвы и т. д.

В этой монографии научно однозначно доказаны: 9 новых свойств искривленного пространства, 16 новых данных о строении атома, 16 новых уравнений единой теории электромагнитного и гравитационного поля, 16 новых законов, 14 новых свойств гравитационных сил в астрономии.

Строгим языком формул Валитов доказал, что любые объекты во Вселенной взаимодействуют друг с другом мгновенно, независимо от расстояния между ними. Прежде считалось, что никакое взаимодействие не может совершаться со скоростью, превышающей скорость света, - рассказывает о своем открытии профессор Валитов. - Это 300 тыс. км/сек. Но оказалось, что электромагнитные и гравитационные поля взаимодействуют мгновенно. Это было обосновано теоретически и подтверждено экспериментально.

А ведь это говорит о существовании во Вселенной какой-то единой Высшей силы! Ведь, по сути, все связано во всем. Профессор Валитов, неожиданно для себя, получил письмо из Ватикана от самого Папы Римского, в котором говорится, что Его Святейшество посвящает Нажипу Валитову свои молитвы и очень ценит те чувства, которые сподвигли ученого написать эту монографию. Причем - заметьте! - «только после тщательного исследования и солидной экспертизы мы решили прислать Вам нашу благодарность» (конец цитаты).

Профессор перечитал Коран, Библию и Тору, и удивился, насколько они сходны, он выразил восхищение, насколько точно в текстах божественного Откровения обозначена суть его научного открытия. Мысль материальна, уверен ученый, и ее можно мгновенно засечь из любой точки Вселенной.

- В священных книгах основных мировых религий, - говорит профессор Валитов, - написано, что Бог всевидящий и всеслышащий. Прежде некоторые ученые-атеисты часто критиковали именно это определение. Их логика была, на первый взгляд, железной: поскольку скорость света имеет предел, то Господь Бог, если Он есть, не может мгновенно услышать и увидеть содеянное человеком.

Однако оказалось, что мысль каждого из нас материальна. Атомы в молекулах, из которых состоят нейроны мозга, совершают поступательные, колебательные и вращательные движения. И процесс мышления обязательно сопровождается испусканием и поглощением силовых линий электромагнитного и гравитационного полей. Этот процесс можно мгновенно засечь из любой точки Вселенной.

Значит Бог знает каждую нашу мысль? Да. Есть сила, которой подчинено все. Мы можем называть ее Господом, Аллахом, Мировым разумом. Суть не меняется. И взаимодействие в мире мгновенно, где бы ни находились объекты.

Коллеги подсчитали: теория Валитова опровергает 12 законов термодинамики, 20 разделов химии, 28 разделов физики, 40 разделов механики. Чего только стоит одно утверждение профессора о том, что «в равновесных обратимых процессах время может превращаться в массу и энергию, а затем претерпевать обратный процесс». Значит воскрешение мертвых, на что указывают все священные писания, возможно!

Профессор предложил проверить свои выводы научным оппонентам. И они не смогли их опровергнуть. Академик РАН Андрей Трофимук прислал восторженный отклик на монографию коллеги... Посыпались отклики на его труды от религиозных и государственных деятелей.

Сейчас профессор Валитов считает себя верующим человеком: **«Сначала я доказал бытие Бога формулами. А потом открыл его в своем сердце.»**

Источник: https://econet.ru/articles/152675-professor-nazhip-valitov-ya-dokazal-suschestvovanie-boga

P.S. В интернете имеется достаточно много информации о Нажипе Валитове. При желании, вы можете самостоятельно исследовать его труды, которые еще раз подтверждают истинность Священных Писаний. Это особенно важно делать сегодня, когда многие Государственные Школы, Колледжи, Университеты воспитывают наших детей на основах Дарвинизма. Когда Теория Эволюции насаждается через средства Массовой Информации и имеет много сторонников в мире. Мы делимся с вами этой информацией в надежде, что она станет хорошим инструментом для Пасторов, Молодежных руководителей, в группах по изучению Библии и для Домашнего Обучения детей у неравнодушных родителей.

Коллектив Миссии «River of Faith»

www.riveroffaithministry.org

От автора

Если Вы познали Бога и веруете в Иисуса, Если Вы ищете истинного общения с Богом, Если Вы понимаете, что не все в жизни зависит от Вас, Если вдруг жизнь представилась Вам ненужной и безысходной, Если Вы, напротив, счастливы и хотите таковым оставаться всегда, Если Вы, наконец, просто любознательны – я приглашаю Вас прочитать эту книгу, чтобы поделиться радостью, которую Бог предлагает всем людям.

Я верю, что эта книга не только обогатит Ваш внутренний духовный мир, но и поможет открыть глаза многим на правду о Боге и приведет к спасительной вере в Иисуса.

Нам очень хочется не только говорить, но и слушать, ведь эта книга для Вас, и нам небезразлично Ваше мнение.

Ваши отзывы и пожелания пишите на адрес электронной почты: vladmysin1@gmail.com

Владимир Мысин

www.ingramcontent.com/pod-product-compliance
Lightning Source LLC
Chambersburg PA
CBHW071803080526
44589CB00012B/659